各國中小學教師

在職進修制度比較研究

楊深坑　主編

蘇永明　李奉儒　姜添輝　蔡清華　楊銀興

周蓮清　楊深坑　楊思偉　舒緒緯　湯維玲

顏慶祥　李鴻章　Bob Elliot　謝斐敦（譯）等著

比較教育叢書總序

　　比較是一種普遍的心靈活動，任何具有進步意識的人，或多或少都會今與昔比，己與彼比，以爲自己在時空交織而成的歷史情境中，尋找合宜的安身立命之所。今與昔比事實上就構成了歷史層面的比較，己與彼比包括的不只是人與人之間的比較，也擴及於地區之間、國家之間，甚至於文化之間的比較。就歷史層面之比較而言，孔子從「周因於殷禮，殷因於夏禮」而推論出「其後百世可知也」，可以說是從歷史比較中，推演出人類典章制度之發展法則。就空間之比較而言，春秋時代吳公子季札從各國音樂風格之不同，而評析各國政教得失，可以說是不同文化風格之比較。

　　比較雖爲普遍的人類心靈活動，不過把比較提升到科學方法層次卻是十八世紀末葉的事。十八世紀以降，承襲啓蒙運動探索可靠科學知識之訴求，各種學術研究領域也有導向科學化的要求。「比較」被認爲是建立客觀有效科學知識的方法，解剖學、語言學、法學與宗教學等均曾試圖以比較方法來建立其本身的科學知識體系。教育研究也在這種學術氣氛下，將比較提升到科學方法層次，試圖透過比較來建立嚴謹的教育科學。比較教育之父朱利安（Marc-Antoine Jullien de Paris, 1775～1848）在 1816～1817 年刊行的《關於比較教育工作的計畫與初步意見》（*Esquisse et vues préliminaires d'un Ouvrage sur l'éducation comparée*）中就指出：「比較解剖學已

經促進了解剖學的進展，同樣的比較教育研究也可提供新方法，以導使教育科學趨於完美。」比較方法之運用即在於導引出真正的法則，使得教育能夠建立成為實證科學。

一旦真正教育發展法則確立，朱利安認為便可據以為進行本國教育改革之參照。十九世紀的重要比較教育學者如法國的庫辛（Victor Cousin）、英國的安諾德（Matthew Arnold）與美國的曼恩（Horace Mann）等咸認稍作修正而移植他國的制度是可能的，因為其基本信念以為教育通則既適用於各個民族與國家，其他國家的教育改革經驗亦因而可以運用於本國的教育改革。

1900年，英國薩德勒（Michael Sadler）首先質疑教育制度移植的可能性，他認為學校之外的事務較之學校之內的事務來得重要，學校之外的事務主宰並詮釋學校之內的事務。質言之，教育制度植根於民族文化，不可能作橫的移植。自是而後，比較教育開展了教育的民族性、因素分析、文化形式、影響因素與動力等的研究，自1930年代以迄於1960年代的比較教育大家，如康德爾（I. L. Kandel）、韓斯（N. Hans）、許耐德（F. Schneider）和馬霖森（V. Mallinson）等均進一步的開展薩德勒的基本觀點，透過比較研究探討教育現象與社會及文化現象之間的基本關係。

對於教育制度與社會文化之間基本關係之探討，1960年代以降比較教育中的實徵論者嘗試以自然科學中的因果法則來加以分析。尤有甚者，過去以國家教育制度為主要分析單位，徹底的實徵論者將制度肢解為變項（Variables）來處理。這種論述的方式，也遭致詮釋學、批判理論、現象學、俗民方法論等研究取向之批判。這些論爭背後，隱含著一個比較教育的一個危機——比較教育在學術體系中地位不明確，無法確立自己本身的學科認同（Disciplinary

Identity）。

　　不管比較教育研究的理論與方法有多紛歧，比較教育從朱利安以迄於當代的主要理論，均有一種改良主義的企圖。比較教育研究雖有建立解釋教育發展之理論知識之意圖，然最終終將研究成果轉而爲教育改革的政策。晚近世界各國教育改革均極重視比較教育研究，試圖借助於比較教育研究的成果，來釐定高瞻遠矚，而又具體可行之教育改革政策。

　　本叢書的編纂主要針對比較教育兩個發展主軸：理論知識的建構與教育決策的形成。本叢書的理論系列部分將以深入淺出的文字對比較教育中的重要理論，加以闡釋，使讀者對於比較教育這門學科的發展有通盤的瞭解。另外，本叢書也將對世界主要國家的最新教育發展動態，進行分析，使讀者能夠掌握世界性教育改革動態，而認清我國當前教育改革之定位。因此，本叢書不僅可以提供專門研習教育者作爲基本讀物，對於關心我國教育改革前途者亦極具參考價值。

　　　　　　　　　　　　　　　　　　　楊深坑謹識

編輯弁言

不敢以一息不用吾力，不盡吾心，則彊勉之實也。

——陳亮

ἡ τοῦ ἀνθρώπου ἀρετὴ εἴη ἂν ἡ ἕξις ἀφ᾽ ἧς ἀγαθὸς ἄνθρωπος γίνεται καὶ ἀφ᾽ ἧς εὖ τὸ ἑαυτοῦ ἔργον ἀποδώσει.

——*Aristotle*

Im Betrachten wie im Handeln ist das Zugängliche von dem Unzugänglichen zu unterscheiden; ohne dies läβt sich im Leben wie im Wissen wenig leisten.

—— *J. W. Goethe*

　　1996年聯合國教科文組織（UNESCO）的「國際廿一世紀教育委員會（International Commission on Education for the Twenty-First Century）」在J. Delors的主持下刊行《學習：內在的寶庫》報告書，進一步闡釋1972 Faure《終生教育》（*Lifelong Education*）報告書的理念，認爲「終身學習」（Learning Throughout Life）是爲進入廿一世紀之鎖鑰。在「終身學習」的理念下，傳統的「職前教育」（Initial Education）和「繼續教育」（Continuing Education）的界線

將漸漸消逝，而代之以一種鼓勵終身學習社會之建立。

在這種學習社會理念下，教師的角色亦宜重新釐定。教師與學習者的關係，宜由獨唱者（Soloist）轉而為伴奏者（Accompanist），教師工作的重點已不再是分派知識給予學習者，而是幫助學習者追求、組織並管理自己的知識。質言之，教師是引導者，而非型塑者。在這種教師角色轉換的過程中，教師更宜不斷進修，才能協助學習者不斷成長。尤其面對知識、訊息快速膨脹的新世紀，教師不進修更難發揮引導學習者不斷學習的功能。以此，世界各國莫不重視教師的在職進修教育。

為因應新世紀教師在職進修之新需求，我國「教師法」及「教師法施行細則」均有有關教師在職進修之相關規定。1996年10月2日教育部訂頒「高級中學以下學校及幼稚園教師在職進修辦法」對於教師在職進修機構、內容、方式、時間、學分等有較為周詳的規定。惟徒法不足以自行，有關於教師進修的主管機關、場所、課程規劃、獎懲、職級制度、專業發展、績效評估等仍有待於審慎研究，以建立適合我國國情之可行的教師在職進修制度。

本書編者有感於我國中小教師在職進修體制亟待建立，世界各國基於其不同的歷史文化背景所發展出來的進修制度又各具特色，足供我國作為借鑑之資。因而，邀集關心教師進修的學者共同向國科會提出「多元化師資培育之中小教師在職進修制度研究」整合型研究，第一年先就世界各國中小學教師進修體制進行深入分析。第二年再就分析所得結果，配合國情，審慎研究規劃較為完善的進修制度。本書所輯各文即是第一年計畫的部分成果，作為整合型計畫總召集人在此謹向國科會提供研究經費敬致謝意。各子計畫的研究人員孜孜矻矻，不辭辛勞，深入各國教師進修相關單位訪談，取得

第一手資料。這種對於研究的專業執著，也令人至為感佩，在此對各子計畫相關研究人員不計代價的努力表達敬意。

　　為了使本書各文更臻完善，由中華民國比較教育學會、國立嘉義大學國民教育研究所及國立暨南國際大學比較教育研究所共同舉辦「各國中小學教師在職進修制度比較研究」學術研討會，各文均在研討會中發表，徹底討論後訂正。在此謹向承辦研討會三個單位的工作人員敬表無限謝意。研討會經費的部分來源係教育部顧問室的補助，也在此一併感謝。

　　研討會也邀請了澳洲昆士蘭科技大學（Queensland University of Technology）「教育與訓練專業實踐中心」（Centre for Professional Practice in Education and Training）主任Bob Elliot教授蒞臨專題演講「Professional Development with Eyes Shut Wide」，對於面向新世紀的專業發展提出嶄新的見解，對於規劃我國未來教師進修與專業發展極具參考價值，併刊於此以供參考。

　　揚智文化事業公司葉忠賢先生慨允本書的出版，在此敬申謝悃，范維君小姐細心校讀本書，併此致謝。

楊深坑 謹識
2000年歲末

目　錄

主編

楊深坑　台灣師範大學教育學系教授
　　　　現任教育部國家講座教授

作者群（依章節順序排列）

蘇永明　新竹師範學院初等教育系副教授
李奉儒　中正大學教育學研究所副教授
姜添輝　臺南師範學院社會科教育學系副教授
蔡清華　中山大學教育研究所副教授
楊銀興　台中師範學院初等教育系副教授
周蓮清　台中師範學院初等教育系講師
楊深坑　台灣師範大學教育學系教授
楊思偉　台灣師範大學教育學系教授
舒緒緯　屏東師範學院初等教育學系助理教授
湯維玲　屏東師範學院初等教育學系副教授
顏慶祥　屏東師範學院初等教育學系副教授
李鴻章　台東師範學院教育研究所碩士
謝斐敦　暨南國際大學比較教育研究所博士班
Bob Elliot　澳洲昆士蘭科技大學
　　　　　　教育與訓練專業實踐中心主任

英國英格蘭地區
中小學教師在職進修制度研究[1]

蘇永明　新竹師範學院初等教育系副教授

李奉儒　　中正大學教育學研究所副教授

壹、摘要

　　本文基本上是以文件內容分析法、歷史研究法，再配合實地訪談法等來探討英國英格蘭中小學教師在職進修制度的發展背景、實施內容、目前現況及未來趨勢等。本文由縱向及橫向兩個方面來探討英國的教師在職進修制度。在縱向方面依據教師進修制度的重大變革作為分水嶺，分為二次世界大戰前的發展，1944年《McNair報告書》到1972年，1972年《James報告書》到1986年，1986年實施的LEATGS到1997年，以及1997年工黨上台執政以後等時間上的重大變革。最後，1997年工黨執政後對於英國的教育注入了一股新生力量，故特別探究其對於提高教師教學品質與關於教師在職進修的政策和作法。

---

[1] 本文為行政院國科會補助88年度研究專案「英國中小教師在職進修制度研究」（NSC88-2413-H-260-001-F17）之成果。特此致謝。

在橫向方面則以特定事例來說明，尤其英國本世紀以來主導師範教育的機構更迭迅速，在政策上更是推陳出新，相當值得注意；此外，配合各種教師進修方式之演進的探究，務期較爲全面檢視英國英格蘭之教師在職進修制度。未來展望則從1997年英國工黨政府上台後的系列報告書和改革措施（如新設全英教學總會和頒佈之教師綠皮書等）爲依據，輔以對在職進修相關議題的探討，綜合探索其趨勢與措施；最後形成本文的結論與建議，包括教師在職進修的定位、學校本位（School-Based）走向的進修、在職進修日益市場化的取向、進修方式的多樣化，以及「教學總會」將扮演重要角色等五項，作爲我國規劃教師在職進修制度的參考。

貳、前言

現代教育的改革思潮已進入國際間互動頻繁，影響現今的教育甚鉅，教育系統間的滲透與整合，有漸多趨深的狀態。我國的師資培育在各國均走向多元開放的制度層面下，又出現教師專業的維護與教學品質提昇的呼籲；從教師生涯發展的觀點，將關注的層面，從職前的師資培育，逐漸擴展至實習教師階段，或初任教師的輔導，與繼續教育的在職教育階段，期使教師通識能力、專門知識與專業素養與日俱增，達到終生學習的教育目的。在職進修係屬師育教育的第三階段，爲期最長，可茲改變的內容與型態也最具多樣性，就教師生涯發展而言是極爲重要的一個階段。因此，教師在職進修成爲師資教育的主要焦點，自屬正當，值得進行廣泛且深入的研究。

現今世界各國教育改革正是風起雲湧之際，英國更是其中引領

風騷者之一。我國目前也正進行各項教育改革，以英國為鑑，或有助於我國建立一套良善的教師在職進修制度。事實上，教育改革和中小學教師的在職進修有緊密關係。教育改革相當程度決定了教師在職進修的必要性和推展方式；教師在職進修則可促使教育改革更為深入和更有效率的達成。教育革新的各項措施，如果未能適當地調整教師執行其專業責任的方式，則很難有效地落實教育革新。教育改革的種種措施如教育理念的落實、教育內容的變更、教學技術的更新、教學方法的改善等，都需要有能力、高素質的教師來進行和推動，這除了改進師資的職前培育之外，更有待加強為數眾多的教育改革舵手之在職進修。

在職進修教育或稱在職訓練（In-Service Education or Training），係跟職前養成教育（Pre-Service Education）相對而言。二者雖有時間前後之不同，但彼此均為提昇師資素質所不可缺少之要素。教師職責在於追求卓越、良善和正義，協助學生適性發展其潛能，最終則是希望使人類境界更為豐富多樣。雖然理論上，職前養成教育應該充分地使教師在未來的教學生涯中準備妥當，但隨著時代環境的變遷、社會結構的轉化、科技知識的爆炸、課程內容的更新、教學技術的發明，以及大眾對於教育目的的不同期待等，教師在其經過職前教育而獲得初任資格之後，很難就此安於現狀或不再參加任何繼續教育的課程，以致於不能更新他們的專業知識和技巧，或擴展教育視野，達成學生接受教育的目的。英國早在1944年的《McNair報告書》（Board of Education, 1944）中就指出，「一般說來，在教師之間總有一些教師直到在正式的學校環境中，且有實際的教學經驗之後，才能瞭解他們任教學科的意義；因此，如果每五年的教學經驗之後就有一個學季（在職訓練）的課程，對他們將有

無可評量的價值」。四十年後，英國教育與科學部白皮書《較佳的學校》（Better Schools）更指出：「良善的教學非常依賴教師的資格和經驗，以及任教學科之間的合理配合，……但現在約有五分之一的中學有這種（不能配合的）問題」（DES, 1985: 7），所以要「改進教師的專業效能和教師人力的管理」（第29節）。不論如何，這些改進措施都必須有妥善的教師在職教育的配合。然而，為適應教育發展的不同需要，在職進修的方向和內容也必然呈現多樣化，僅僅是依賴單一的形式和途徑是不切實際的作法。

英國自本世紀二次大戰之後，遭受社會、經濟劇烈變遷的衝擊，以及知識突飛猛進、科技日新月異的影響，乃不斷提高教育素質和教師專業精神，並逐漸將教師在職進修制度列為師資培育的重要體制，予以優先實施。因此，探究並分析其教師在職進修理念、政策與制度的演變、在職進修與教師職級制度、相關課程內容與教學、和實施型態與方式或有助於我國作為攻錯之殷鑑。教師在職進修的重要性，可以說是和師資職前培育（Initial Training）一樣重要，一方面可以補師資培育的不足，又可適應新的變化。可是，其執行的困難度卻比師資培育要高，因為一旦成為合格教師後，任何強制性的措施皆較難執行，且影響的因素也更多。

本文基本上是以文件內容分析法、歷史研究法，再配合實地訪談法等來探討英國英格蘭中小學教師在職進修制度的內容範圍、發展背景、實施現況及未來趨勢等。本文由縱向及橫向兩個方面來探討英國的教師在職進修制度。在縱向方面依據教師進修制度有重大變革作為分水嶺，分為二次世界大戰前的發展，1944年《McNair報告書》到1972年，1972年《James報告書》到1986年，1986年實施的LEATGS到1997年，以及1997年工黨上台執政以後等時間上的重

大變革。首先的分界點是1944年的《McNair報告書》，主要在因應二次世界大戰以後的變遷；其次，1972年的《James報告書》對英國師資培育和教師進修都有重大影響；第三，1986年的LEATGS將教師進修的經費分配方式改爲市場導向，並使「地方教育當局」（Local Education Authorities, LEAs）喪失在教師進修的經費分配方面的主導權；最後，1997年工黨執政後對於英國的教育注入了一股新生力量，一方面延續保守黨的市場策略以提高教師教學品質，另一方面則是兼顧到弱勢團體。

在橫向方面則以特定事例來說明，尤其英國本世紀以來主導師範教育的機構更迭迅速，在政策上更是推陳出新，相當值得注意；此外，配合各種教師進修方式之演進的探究，務期較爲全面檢視英國英格蘭之教師在職進修制度。未來展望則從1997年英國工黨政府上台後的系列報告書和改革措施（如新設全英教學總會和頒佈之教師綠皮書等）爲依據，輔以對在職進修相關議題的探討，綜合探索其趨勢與措施；最後形成本文的結論與建議，作爲我國規劃教師在職進修制度的參考。

本文在研究的資料上，除了購置與實地參訪所蒐集得來的書面資料外，較新的部分幾乎都是藉由英國教育與就業部的網站（http://www.dfee.gov.uk），以及皇家文物出版社（HMSO）的網站（http://www.hmso.gov.uk）。這兩個網站已能對英國的各類教育資訊，提供官方出版品和相關教育政策的全文資料說法，尤其是各種通諭（Circulars）和教育法全文，值得多加利用。

參、歷史發展

英國過去的師範教育體系較為強調職前的教育和訓練，後來才開始重視教師的進修，但也只作為職前培育的補充、在職教育或繼續教育而已。現在的概念則是將其視為整體師資培育的重要部分，跟職前教育互為一體的兩面。這一走向跟我國新的教師在職進修辦法的精神非常吻合，因此，在我國實施新制之際，對於英國中小學教師在職進修制度的深入瞭解實為當務之急。

一、二次世界大戰之前的發展

英國最早的教師在職進修以及師資培育幾可以是同義字（Henderson, 1978: 22）。這裡所指的是當時的導生制（Monitorial System），可以說是一邊學一邊教。James Kay-Shuttleworth爵士所發展出來的師徒制（Apprenticeship）也是由學徒一邊教學，並由該小學的校長一邊教這些「學生老師」（Pupil-Teacher）。當了五年學徒後，才有機會再取得獎學金去師資培育的學院就讀。這種學院大都由宗教團體所設立，最早的是在1841年成立，到1845年已有22所（Henderson, 1978: 22-23）。

1862年的「修正命令」（Revised Code）確立了以學生成績做為補助依據的原則（Payment by Results）。此一規定引起教師們的反彈，其副作用是各地的教師自組團體，而這樣的團體也開始辦理教師進修的事務（Henderson, 1978: 23）。「1870年教育法」規定普及教育，這使得學校有更多的機會來爭取補助，學校並對於學生要考

試的科目辦理教師研習，以幫助學生取得良好成績，此一措施直到1925年教師薪水的新辦法訂定後才停止。

英國國會於1899年通過「教育委員會」（Board of Education）的設置，做為中央層級的教育行政單位，並開始提供一年的進修給那些只接受過兩年師資培訓的教師進修。就如同我國提供師範學校或師專畢業生進修更高學位的機會。此一方式延續到二次大戰爆發才停止。在1925年後，開始有教師短期進修的課程。根據《McNair報告書》，在1938年，大約有7,000名教師全時進修，約700名參與一整學期的進修，47,000名參與短期進修。

二、1944年的《McNair報告書》之後到1972年

《McNair報告書》的具體成就是提議設立了「地區（師資）培訓組織」（Area Training Organizations, ATOs）和「全國教師訓練和供給諮詢委員會」（National Advisory Council for the Training and Supply of Teachers）來規劃師範教育的相關問題（Maclure, 1965: 217）。此外，《McNair報告書》雖然有多項建議具爭議性或是未被政府採納，但已奠立二次大戰後教師在職教育的發展基礎。如四〇年代末根據《McNair報告書》建立的「地區（師資）培訓組織」，為在職教師的進修和獲得更高資格提供了更多的機會。《McNair報告書》也向中央教育單位建議設立教育「研究獎學金」（Research Fellowship），「提供給少數經仔細挑選的、高度心智能力的現任教師，讓他們可以有一年至二年留職的機會來觀察或研究教育的某些重要層面，且如有可能的話則至海外進行研究」。研究結束後，有些人可能被指派為教育系講師、校長或督學、特別責任的職位（副

校長或科主任等），以及教育行政的職位等，說明了教師在職進修的成果有助於教師職級的提昇。相當值得注意的是，目前工黨政府所實施的「研究獎學金」或「教師海外進修」等措施，有著《McNair報告書》的影子。

《McNair報告書》建議教師在任教五年後，有一學季帶職帶薪的進修機會。按規定，這些課程是由大學或師資培育機構來提供（Williams, 1991: 2），稱做「補習課程」（Refresher Course）（李奉儒，民86：350）。另外，在二次大戰後經由「緊急訓練學院」（Emergency Training College）提供了大量中小學的師資，在1950年前，特別設立的「訓練學院」總共訓練了27,000名教師。然而，這些教師的進修則等到1972年的《James報告書》才提議加以解決（Williams, 1991: 3）。

李奉儒（民86）指出，從1954年起，英國在職教師可以帶職帶薪參加較長時間的進修，像是半年全時制、一年全時制，後者在結業時可以授予學員專門的證書或文憑，並藉此取得較多責任的職位。教師進修的課程也不只是由高等教育機構提供，地方教育當局也逐漸設立「教師中心」（Teachers Centres）來提供教師進修的機會。「教師中心」原先是為了進行數學科和初級科學等教材實驗的事宜，經過1964年成立的「學校委員會」（School Council）建議後，各地方教育當局在1967年才將它擴充為教師進修的機構（李奉儒，民86：356）。1960年代晚期，英國各地區的「教師中心」越來越多，成為教師在職進修的另一重要基地。例如，Townsend（DES, 1970）在1967年的一項綜合調查發現，超過一半的在職課程是由地方教育當局組織的。它們提供的主要課程有短期課程、一年的補習課程、一年的深造課程、一個學季的課程，或者以取得更高

資格爲主的部分時間制課程。這說明了教師在職進修形態可有不同的組織、運作方式。

根據Bob Gough的分析，將「教師中心」的發展分成如下幾個階段：（Gough, 1989: 53）

1.六〇年代的肇始及成長（Initiation and Growth）期。
2.七〇年代的鞏固（Consolidation）期。
3.八〇年代的縮減（Retrenchment）期。

至於九〇年代則可說是衰微期，各地教師中心已逐漸裁撤或停止運作。

英國的教師享有相當多的課程自主權，「教師中心」也提供了教師們對課程所需的支援，但是在「國定課程」（National Curriculum）於1988年頒布後，此一功能即萎縮。再者，因教師進修政策的改弦更張，使得其「教師中心」走上關門的命運（李奉儒，民86：359）。最後，「教師中心」紛紛改爲「教師專業發展中心」（Professional Development Centre for Teachers, PDC）（陳惠邦，民86：181）。

中小學教師在1961年到1972年之間，根據進修的內容來區分，有以下幾個主要的進修方式（參見Erant & Seaborne, 1984: 168-176, 李奉儒，民86：359-361）來說明。

長期課程

長期課程（Long Courses）是指一年的課程，對象是當年在師資培育時接受不足三年者，所以亦稱「補充課程」（Supplementary Course）。主要學習的是學科知識（Knowledge of subjects），大部分是由師範學院（Colleges of Education）來開設這些課程。

文憑課程

文憑課程（Diploma Courses）裡所指的「文憑」是提供給不具有大學文憑的人，相當於大學畢業的學位。所以，得到「文憑」之後就可以申請攻讀碩士學位。進修時間很有彈性，全時制學生（Full-Time Student）約一年，在職學生（Part-Time Student）則為二至三年。當時各大學開設這方面課程有兩個不同的導向，一個是偏重理論的學術探討，另一種是偏向教學實做的訓練。這主要是以開課的單位對自己的定位來考量。例如，Liverpool大學是以實做為主。

大學以上學位

大學以上學位（Higher Degrees）是指取得碩士（MA）或教育碩士（M.Ed）學位的進修。當時提供的班次如下：

學年度	1965/6	1966/7	1967/8	1968/9	1969/70	1970 /1	1971/2	1972/3
班　次	4	15	20	22	21	25	31	54

這比我們在各師範大學和師範學院的四十學分班要來得早。而這個課程是可以取得學位的。英國至今碩士學位若是修課（By Course），只要一年。此項教師進修也是全時一年，在職進修（等於部分時間）要二至三年。

從上述的時程和國內相比較，台灣的國小教師從師範學歷（相當於高中）提升到師專學歷，再提升到大學學歷，直到1998年才開放了各種在職進修的教學碩士班。可以說，台灣在時間上至少慢了二十年以上。

三、1972年《James報告書》到1986年

　　英國的師範教育逐漸面臨許多批評，在1970年2月，當時的教育與科學部大臣Edward Short要求「地區教學組織」檢視他們的現行政策，並提出改善的方法。同年12月，新的教育與科學部大臣Margaret Thatcher任命York大學副校長James爵士組織一特別調查委員會，檢視有關師範教育課程所應提供的內容和組織方式，特別是有關教師在其生涯中的專業課程之提供。1972年12月，James委員會提出《師範教育和訓練》（*Teacher Education and Training*）報告書（以下簡稱《James報告書》）。該報告書的基本假定是：教師是培養的而非天生的，並指出當前的師資訓練需要徹底革新，反對任何師資訓練可以一勞永逸的想法（DES, 1972a: 1）。所以，教師在教學生涯中必須接受繼續的訓練和再教育，以配合現代技術革新和知識爆炸的需要。《James報告書》發表時，正值國際上終身教育思想提出和迅速傳播時期，英國政府和社會各界普遍支持該報告書對於教師在職進修的探討和建議；並且擴大中小學、師範教育機構、地方教育當局和教育研究部門之間的聯繫，提高教師在職進修的質與量。教育學者Dowling（1988: 10）曾評論說，教師在職進修成為一實質的教育議題主要是《James報告書》的成果。

　　《James報告書》將師資培育分成三個連續性週期（Cycles）：（DES, 1972: 3）

　　1.個人教育（Personal Education）。

　　2.職前訓練與導入（Pre-Service Training and Induction）。

　　3.在職進修與訓練（In-Service Education and Training）。

在此一劃分中，《James報告書》賦予第三個週期「最高的優先性」，包括「全方位的活動，教師藉此擴展他們的個人教育，發展他們的能力，並改進他們對於教育原則和技術的理解」（DES, 1972: 5）。報告書指出，過去對於教師的培育只限於職前訓練的觀念，已不適應於終身教育的時代要求，必須兼顧教師的在職進修之繼續教育需求。第三週期貫穿教師的終身教學生涯，包括有權利「在一特定的服務時間內——先是每七年，其後是每五年——至少留職留薪一個學季（進修）」（DES, 1972: 12）。英國一年有三個學季，進修的比率爲21%（約5%，扣除未達七年者，實際人數約3%）（DES, 1972: 12）。

爲了要有效執行第二和第三週期，報告書建議各校設立「專業導師」（Professional Tutor），負責指導校內與校外教師進修活動的聯繫（DES, 1972: 13）。報告書也提議設立「專業中心」（Professional Centres）來負責進修事宜。除了現成的師資培育機構外，地方教育當局應再普遍設立，讓每個學校都可以很方便的與這樣的中心接觸（DES, 1972: 14-15）。地方教育當局也應設負責教師進修的諮詢人員（Advisor），並與學校和進修機構密切配合，來統合進修事務（DES, 1972: 17）。

在行政體制上，報告書建議廢除「地區師資培訓組織」，因爲大環境已改變了，大學已接手師資的培育，此一組織於1975年結束。報告書中建議用以取代的組織名稱叫「教育學院與學系區域委員會」（Regional Council for Colleges and Departments of Education, R.C.C.D.E.）（DES, 1972: 55）。用以統合的全國性機構爲「全國師資培育與訓練委員會」（National Council for Teacher Education and Training, N.C.T.E.T.）（DES, 1972: 57）。這與英國後續的發展，大

致相符。

《James報告書》發表的十一個月後，英國政府發佈白皮書《教育：擴展的架構》（*Education: A Framework for Expansion,* 1972）以回應《James報告書》的提議。教育與科學部在其中接納James委員會的六項主要目標：其第一項即是大規模的與系統的擴增（教師）在職訓練。大致上說來，政府接受James報告書第一個和第三個週期的提議，但跟其他專業團體的意見一樣拒絕第二個週期的提議，因其未能給予教師充分的教學實習時間。《教育：擴展的架構》對教師在職進修提出許多具體的決策，如教師每任教七年級可帶職進修一個學季，每年維持全國3%的教師參加在職進修等。1976年的工黨政府更把教師的帶薪進修期由原來的一學季延長為一年。雖然這些措施因隨後而來的全球性石油危機而未能落實或系統地發展，但教師在職進修的理念已深植在教育團體和大眾的思維中，且許多機構包括中小學校也都重視和促進教師在職進修。

在七○年代末，英國政府一方面加強對於初任實習教師（Probationary Teachers）導入階段的管理和監督，力求提昇他們的教學能力，使90%的實習教師在被錄用後的第一年即可定期到「專業中心」參加進修活動，並經考核及格後才能取得合格教師的地位；另一方面根據學校現況，制訂在職教師培訓與再教育計畫，每年提供一千個教師進修名額，加強數學、理科和技術等更為缺乏合格教師的學科。

1978年「教師訓練與提供諮詢委員會」（Advisory Committee on the Supply and Training of Teachers, ACSTT）發表了《讓在職進修運作》（*Making INSET Work*）報告書（Williams, 1991: 10），其中列出教師在職進修的原則：

1.確認主要需求（Identify the Main Needs）。

2.決定和執行一般課程（Decide on and Implement the Ggeneral Programme）。

3.評量這課程的效果（Evaluate the Effectiveness of This General Programme）。

4.繼續執行所得到的理念（Follow up the Ideas Gained）。（Williams, 1991: 10）

　　Williams認為上述的步驟之間有交集，不是完全按先後秩序排列。到了1983年教育與科學部發表白皮書《教學品質》（*Teaching Quality*），強調教師進修的重要性。1984年經過改組的「師資培育與提供諮詢委員會」（Advisory Committee on the Supply and Education of Teachers, ACSET）發表報告書，其中特別指出：「教師進修的最終目的在經由學校和教師表現的改善，來提昇學生的學習（第36段）（轉引自Williams, 1991: 14）。換言之，教育品質的提昇端賴有機會進一步培訓與專業發展的教師。

　　教育與科學部1985年公佈「技術與職業教育方案」（Technical and Vocational Education Initiation, TVEI），隨之將教師的進修放進這個方案裡，稱為「技術與職業教育方案相關的在職訓練」（TVEI Related In-Service Training Scheme, TRIST）。此一方案實行時間很短，執行時間是從1985到1987年，後來為LEATGS所取代，但代表的是中央集權的趨勢和做法，以及「學校本位」的進修方式逐漸受到重視（參見李奉儒，民86：364）。TRIST是由「人力服務委員會」（Manpower Service Commission, MSC）所執行，所適用的教師僅限於任教年齡層14至18歲的教師（Williams, 1991: 16-17）。

英國中小學教師從《James報告書》頒佈後的1973年到1982年間的主要進修方式如下：（Erant & Seaborne, 1984: 176-192；李奉儒，民86：361-363）

取得大學第一學位課程（First Degree Courses）

《James報告書》要求每位教師都要有大學的程度，主要的進修管道有「開放大學」（Open University）以及大學的「教育學士」（B.Ed）課程。英國的「開放大學」在1971年開播，就讀學生中有40％是在職教師，到1982年降為14％。一般大學要求先修「銜接課程」（Bridging Course）之後，再就讀四年制的教育學士課程的最後一年。但是，這樣的做法就等於將教師在職進修與師資培育的課程視同一樣而沒有區隔，在理論上說不通。

大學以上學位

由於已有更多在職教師具有大學學歷，所以想進修大學以上學位（Higher Degrees）的教師就增加了。英國碩士學位有兩種：一種是獨立研究（Research Degree），不必上課，完全以論文寫作作為評量標準，所得到的學位為哲學碩士（M. Phil）；另一種為修課學位（Taught Course Degree）即修足規定學分，只要寫簡單的論文即可取得碩士，論文一般只是經書面審查，必要時才口試，所得到的學位為碩士（MA）或教育碩士（M.Ed.）。這兩種學位都開放給教師進修，在1977/8學年度，16％的全時進修教師和33％的部分時間進修教師（總共占26％）選擇哲學碩士學位。

文憑課程

「教育學士」（B.Ed.）和「教育碩士」（ M.Ed.）雖然有相當的吸引力，然而這種正式學位規定較多。「文憑課程」（Diploma Courses）則較有彈性，而且也有各種相當於大學畢業或是碩士學

位的文憑，所以，各式各樣的文憑名稱也一直難以統一（例如有：Diploma in Education, Advanced Diploma, Postgraduate Diploma, Diploma in the Advanced Study of Education, Diploma in Professional Studies in Education 等），有的相當於學士學位，有的相當於碩士學位。文憑課程相當有彈性，所以較能配合教師的需要，可以只針對教育學中的某一主題來開課，如「輔導」、「課程」、特殊教育等。碩士程度的文憑課程也常可免除寫論文，比正式的碩士或教育碩士優待些。

「地方教育當局訓練基金計畫」

1986年的「地方教育當局訓練基金計畫」（LEATGS）到1997年自1980年代中葉之後，教師在職進修在整個教育體系中占有更重要的地位。例如，1985年的教育白皮書《較佳的學校》（DES, 1985）第178節指出，所有的教師都需要參加有關他們專業需求與發展的在職進修，但這主張仍較少受到學者或研究者的注意。教師在職進修往往只是宣傳或建議的題材而已，而沒有大規模實施，也沒有相對配合的必須經費預算來執行。1986年教育與科學部頒發的第六號通諭「地方教育當局訓練基金計畫：1987/1988」（Local Education Authority Training Grants Scheme, LEATGS）（DES, 1986），一方面使得教師在職進修能夠確切落實；但在另一方面，也使得地方教育當局喪失主導權，變成只是中央教育部和地方教育當局所管轄的學校間的中間人角色，要協助所管轄學校去向中央政府競標，才能要到經費；而地方教育當局也必須將一定比率的經費直接撥給學校去執行。

第六號通諭（Circular 6/86）列出教師在職進修的四項主要目的如下：（1）提昇教師的專業發展；（2）對教師在職進修提出系

統的和有目的的規劃；（3）促進教師人力的有效管理；以及（4）針對被列入全國優先性的特別領域加強訓練。（DES, 1986）此後，雖然這一地方教育當局與學校協商合作進行的在職進修迭經修改（像是GRIST、GEST等），其強調的全國優先性主題仍大致上相同。這些主題主要包括校長與資深教員的組織與管理之訓練；特別學科之訓練，如數學、科學、工藝、設計、微電子和宗教教育等；特別主題之訓練如特殊教育之需求、多元文化教育和學生之未來生涯準備，或是健康教育、藥物使用和學前教育等；以及爲配合1988年教育改革法頒佈後，國定課程實施需求的相關訓練（Circular 9/87，5/88），教師在職進修在整個教育體系中方才益形重要。

「1988年教育改革法」（Education Reform Act, 1988）雖然對英國的中小學教育有重大的變革，但並未直接對教師進修制度有所規定。不過，在進修內容上，爲了配合國定課程的實施，教師進修的主題一大半也都爲此一項目所占據。另一方面是，市場導向的申請制度也更加明顯，進修經費是由各地方教育當局出面去公開競標（Bids）。這在政府的措施上，可說是徹底的市場化。

「教育贊助與訓練基金」

英格蘭於1991年開始實施由「地方教育當局訓練基金計畫」（LEATGS）轉變成的「教育贊助與訓練基金」（Grants for Educational Support and Training, GEST），地方教育當局必須逐漸將「教育贊助與訓練基金」經費轉移到各學校去。在1994至1995年度的經費分配中，有57%用於國定課程與評量方面，21%關於學校經營與評估，9%用於特殊教育（李奉儒，民86：378）。根據British Council（1999）的資料，「教育贊助與訓練基金」到目前爲止仍是教師進修的主要經費來源。根據1997年教育規程（Regulation）

的施行細則第二條，本基金對於學校的贊助項目有四：

1. 改進教師與班級助理之效率。
2. 改善學校管理、運作和策略規劃之品質。
3. 支持基本課程的有效實施（含圖書、資訊科技和其他設備的供應）。
4. 安置作業的建立或發展，以增進比較資料的取得和運用（亦即相似學校機構間各種事務的表現之比較），並促進學校中的水準標記（Bench Marking）和目標設定（Target Setting）。（李奉儒，民86：378-9）

「師資培訓局」

英國在1984年成立的「師資培育許可委員會」（Council for the Accreditation of Teacher Education, CATE），根據「1994年教育法」（Education Act 1994）改為「師資培訓局」（Teacher Training Agency, TTA），其任務在第一款第（2）項規定如下：（DES, 1994）

1. 致力於提昇教學水準。
2. 使教學為終生奉獻的工作（Career）。
3. 用任何可能的方法來提昇教學專業的品質和效率。
4. 使中小學加入提供師資培育課程中。

「師資培訓局」1994/1995的年度報告中，說明其實施的教師進修項目如下：（TTA, 1995）

1. 學校管理和領導，提供給初任校長的HEADLAMP計畫。
2. 中等學校的「中層管理」，著重在各科主任。

3. 在小學階段的專家教學示範，著重在科目間的統合。

4. 增進國定課程第二關鍵階段教師的學科知識，特別是在識字、數學、科學和科技。

5. 對14到19歲年齡層的有效教學。

6. 使用資訊科技來改善學生的成績表現。

7. 對年幼兒童的有效教學。

8. 負責特殊教育兒童需求的協調者。

目前「師資培訓局」在有關教師的各項事務上，扮演相當重要的角色，如設有「TTA教師在職進修撥款」（TTA INSET Funds）來執行各項補助。回顧當年TTA成立時，工黨作為在野黨，聲言執政後要廢除這種「準自主的非政府組織」（Quangos）。然而工黨於1997年上台後並沒有這麼做，且於1999年通過TTA成立五年的評估，賦予更多的任務。因此，對於工黨新政府的教師在職進修政策與實際措施有必要再深入探討。

肆、現況分析

工黨政府的上個政權是James Callaghan內閣，從1979年起，歷經保守黨的 Margaret Thatcher、John Major 兩位首相後，於1997年重掌政權，由Tony Blair組閣。Blair採用著名社會學者Anthony Giddens的《第三條路》（鄭武國譯，民88）主張，大肆改造工黨。所謂「第三條路」，就是調合左、右兩派的路線。事實上，這在工黨未上台以前所發表的「社會正義宣言」（The Commission on Social Justice, 1994）中已可看出這種想要兩面討好的策略。在教育

上，也可以看到這樣的路線，最明顯的是，工黨並沒有改變原先保守黨的市場化導向。

工黨任命了盲人國會議員David Blunkett為「教育與就業部」國務大臣。在1997年7月立即發表了白皮書《學校中的卓越》（*Excellence in Schools*）（DfEE, 1997），在這份白皮書中已預示了工黨政府將實施的各種教育政策。接著「1997年教育法」和「1998年教育法」都展現了相當積極的作風，1998年還通過了「教學及高等教育法」（The Teaching and Higher Education Act of 1998）（DfEE, 1998a）。在1998年12月發行了綠皮書（Green Paper）《教師：面對變革的挑戰》（*Teachers: Meeting the Challenge of Change*）（DfEE, 1998b）（以下簡稱為《教師綠皮書》），其諮詢時間到1999年的3月31日止。

本節將分別就《教師綠皮書》以及師資培訓局的政策、撥款與評鑑機制中與教師進修較有關的部分及實際上已執行者加以分析，說明師資培訓局目前在教師進修上的各種措施，以掌握英國最新的教師在職進修現況。（《教師綠皮書》部分主要參見蘇永明，民88）

一、《教師綠皮書》關於教師在職進修的政策

《教師綠皮書》一開始就以提升教師地位和教學品質的「新專業主義」（New Professionalism）為目標，它對於一個好老師所設定的指標如下（頁14，以下只註明頁碼者為《教師綠皮書》頁碼）：

    1.對自己和學生有很高的期許。

    2.接受績效責任（Accountability）的考驗。

3.對教學技術和學科知識不斷改進，並負個人和團隊的責任。

4.願意去找出本國和國際上有效的方法來改進教學。

5.能與學校的其他同仁合作。

6.能接納校外家長、商業界和其他人的助力，一起來創造成功。

7.期待改變及促進革新。

根據上述的目的，教師在教育活動中應扮演相當重要的角色。並且，上述的目的須要不斷的教師進修才可能完成。以下僅就《教師綠皮書》中所提出的幾個主要的策略，加以說明：

（一）採用市場策略，對教師進行評鑑，並據以調薪

《教師綠皮書》也將教師生涯規劃成五個里程碑，這比《James報告書》的三個週期更爲詳細，尤其進修部分占了三個階段：

1.取得合格教師資格（Qualified Teacher Status, QTS）。

2.進入引導期（Induction）。

3.申請越過關鍵評量（Threshold Assessment）。

4.取得「高級技術教師」（Advanced Skilled Teacher）資格。

5.成爲校長（頁45）。

擔任校長被認爲是教師發展的最高階段。不過，「高級技術教師」應該是大多數教師的生涯終點。這在英國還未有教師分級的情況，確實是創新。新的辦法打算每年對教師進行評鑑，並與是否調薪連在一起，表現不好的就不加薪。其評鑑方式包括內部和外部評鑑（頁36），即有自己校內和校外的評鑑委員。其調薪又相當有彈

性，凡表現特別好的，只要越過幾個瓶頸，就可快速達高薪（頁47），其名額將占所有教師的5%，且他們應接受較困難的教學任務（48頁）。另外，也提供快速的升遷管道「快速升遷系統」（Fast-Track System），使能力較強的教師可以很快當校長（頁26），並於2000年9月份開始實施。學校也要配合設置「快速升遷職位」（Fast-Track Post）公開招募具備這種資格的老師來發揮所長。快速升遷後的職位即「高級技術教師」或校長。當然，這整個過程是和教師進修結合，有各式各樣的培訓計畫。

工黨在《學校中的卓越》白皮書中，就主張要設新任教師的「導入期」（Induction Period）（DfEE, 1997: 47）。此一政策已在1999年第5號通諭（DfEE, Circular 5/99）發布實行辦法，並於1999年9月1日起執行。目前，未通過評鑑者在國立學校和特殊學校就不能續聘，而其實施對象將逐年增加。

根據研究者李奉儒至英格蘭「師資培訓局」所做的訪談記錄，1999年9月實施第一次的初任教師的「導入期」，初任教師有工作的十分之一的時間來進修：（參見李奉儒等，2000）

> 在1998年9月份剛我們剛實施一個新的方案，此方案稱為「導入」（Induction）。標準撥款中有一部分的特別經費是給新進的教師。1999年9月份是第一次舉行。……每位教師的「生涯檔案」（Career Entry Profile）中都應有教師訓練部分。
>
> ……這種「生涯檔案」造成並且強化教師某領域的發展。「導入」使新任教師在初任教之初不會遭受太多挫折。「導入」結合第一年的教學。對初任教師應提供支

持、建議、以及有機會發展「生涯檔案」所認可的領域。初任教師有十分之一的時間不必進行教學，但是在學年結束之前，他們必須達到一些標準。

……這些標準會發行在政府通諭上。我們（TTA）會在再次檢視這些標準。每間學校都有相同的標準。如果教師沒有通過這些標準，他們就必須離開教職。

此一「導入期」的定位似乎是和師資培育緊鄰，但又是在已取得「合格教師」之後，固也可算是有進修的成分。即先取得「初任教師資格」（Newly Qualified Teacher），再經「導入期」才能繼續教師的生涯。目前，台灣的師資培育在職前養成部分將併入教育實習，似乎也是朝類似的方向在修改。

在教師進修方面，每一位教師都有一分「個人學習記錄」（Individual Learning Accounts），而且也鼓勵學位課程的在職進修（即獲得碩士或博士學位）（頁50）。整個在職進修也要配合跨越前述的生涯里程碑。在進修的途徑，還配合資訊科技，利用網路來建立「虛擬教師中心」（Virtual Teacher Centre），並在教育與就業部成立「標準站」（The Standards Site, http://www.Standards.dfee.gov.uk）的網站，提供如何提升學校表現的各種做法及其他訊息（頁51）。在進修方式上，並且考慮一向只有大學教師才有的「帶職帶薪進修」（Study Leave）、「休假進修」（Sabbaticals）和「以研究者的身分進修」（Teacher Researcher）（頁52），也就是中小學教師也可以進行上述的進修方式。

（二）甄選「高級技術教師」

《教師綠皮書》建議在2000年前設5,000名「高級技術教師」，

到2002年以前設置10,000名。「高級技術教師」年薪可達40,000英鎊，突破目前的年薪上限23,000鎊。在教育與就業部1998年第9號通諭，就已詳細地規定了設置「高級技術教師」的相關事宜（DfEE, Circular 9/98）。目前在「教育行動區」（Education Action Zone）和特殊學校已經設置了「高級技術教師」。

「高級技術教師」接受評量時有下列六方面的要求：（DfEE, 1999a）

1.所教學生成績表現優良。

2.擁有良好的學科或專業知識。

3.有良好的規劃能力。

4.有良好的教學、管理、和訓導學生的能力。

5.良好的評量和評鑑學生的能力。

6.能有效教導和支持其他教師。

在教育與就業部1998年第9號通諭，就已詳細地規定了設置「高級技術教師」的相關事宜（DfEE, Circular 9/98）。「高級技術教師」在評量時有下列六方面的要求：

1.所教學生成績表現優良。

2.擁有良好的學科或專業知識。

3.有良好的規劃能力。

4.有良好的教學、管理、和訓導學生的能力。

5.良好的評量和評鑑學生的能力。

6.能有效教導和支持其他教師。（DfEE, 1999a）

這幾個評量的方向也說明了目前英國政府在政策上要求學校教

師必須進修的主要課題。

（三）規劃校長領導的進修管道

良好的領導是改善學校品質的關鍵。《教師綠皮書》也以校長的實際表現來核薪，表現特別好的校長，其年薪可達70,000英鎊（頁23）。而評定校長表現良好與否的最主要指標仍是學生的成績表現（頁23）。另一方面，並加強「學校管理委員會」（Governing Body）對校長的監督（頁24）。當然，「學校管理委員會」應該找專家來幫忙如何評鑑校長的表現。再來就是對校長的培訓和進修，《教師綠皮書》列了三種，即提供「全國校長專業資格」（National Professional Qualification for Headship）給準校長（2002年實施）、「HEADLAMP計畫」給初任二年內的校長、「現職校長領導訓練」（Leadership Programme for Serving Heads）在1998年已開始實施（頁27）。師資培訓局的「繼續專業發展」小組主任Angela Walsh指出：（參見李奉儒等，2000，附錄二之二）

> LPSH領導方案專門提供給已經擔任五年以上的校長。此方案提供他們進一步接受INSET的機會。因此，得到校長資格之前先接受NPQH，剛成為校長一年左右的人則適用HEADLUMP方案。資深的校長則參加LPSH方案。因此，針對校長有三種不同時間階段的方案設計。其中，HEADLUMP與LPSH屬於自願性質。

HEADLAMP自1999年5月實施後，已有85%的新任校長都接受這項訓練。為了強調領導的重要，英國將成立「全國學校領導學院」（National College for School Leadership），於2000年9月開始運作來

執行上述的三項訓練。此一學院是採集訓的方式，校長們要住到學院來（頁28）。這學院也將提供給優秀的校長以休假的（Sabbatical）方式來做研究。

事實上，《教師綠皮書》中的許多建議和相關措施都已經開始實施。《教師綠皮書》的特色在於能將教師進修與教師的生涯發展結合在一起，而且是用了大量的鼓勵方式。一方面也提升了教師的地位。

二、師資培訓局現行的教師在職進修措施

師資培訓局（TTA）的網站於1999年10月1日掛出「教師在職進修」的專頁（TTA, 1999: Inset）。茲就幾項主要措施加以說明：

（一）「TTA在職進修基金」（TTA INSET Funds）

在英格蘭有兩種獲得INSET撥款的方法，一為「標準撥款」，另一為「TTA在職進修撥款」；「標準撥款是給短期課程的。TTA的撥款則針對長期INSET課程，例如，學士後文憑課程、碩士學位課程、博士學位課程。這些是我們TTA撥款的領域。」（參見李奉儒等，2000，附件二之二TTA訪談記錄）

第一種撥款是直接從教育與就業部獲得，這種經費之所以稱為「標準撥款」（Standards Fund），是因為政府希望透過該項撥款可以提升教育標準，所以這項撥款稱為「標準撥款」，亦即教師在職進修目的是為了提高學生之教育成就。至於撥款的範圍則是根據政府每年頒佈的通諭中規定之「國定優先領域」（李奉儒，民86）。目前分為八個領域，其中「政府的計畫有三個領域，分別為讀寫能力、

數字能力、ICT。亦即目前政府所撥款的領域有這三項。讀寫能力與數字能力只有在小學階段；ICT則適用於小學階段與中等教育階段。這些方案將延續三年到四年，也就是到2002年。每所學校都包含在這些方案中，而經費則直接來自於教育部。」Walsh女士指出「撥款的對象包括大學、地方教育當局、教育專業組織以及任何想提供INSET訓練的機構。」地方教育當局則會：

> 根據不同的學生數有不同的撥款經費。如果視察學校時有發現一些問題，學校也將獲得額外的撥款。「Means Tested」通常指的是學校所遭遇的困難。例如，通常是指學校的貧困（Deprived）程度。貧困是指該地方有許多失業的父母，或者是許多學生參加所謂的免費午餐。因為，學校提供免費午餐的原因是家長不太富裕。Means Tested通常指的就是這類的因素。（李奉儒等，2000，TTA訪談記錄）

教育部每年都會出版「標準撥款」通諭，這些資料將告訴地方政府當局有多少經費可以利用、應該撥多少經費到學校。在2000/2001年通諭公佈的申請項目下，規定了以下的撥款標準：

1. 經由改善學校教師的專業知識、理解、技能和效能，及校長的領導與管理能力來改善學生的成績表現。
2. 滿足訓練與發展的需要。
3. 能經由內在和外在的品質管制來確認對學校專業措施的改進。
4. 能導致教師取得大學以上階段的專業認定或學位。

5.符合某些學校的特別需要，且有助於這些學校的發展。

6.能經由研究和視察來反映，且能發展出學校教師的研究能力。

第一種方式是由TTA撥款給地方教育當局，之後經費會經由地方當局再轉到學校。「目前的模式是經費會轉到地方教育當局，但是地方教育當局必須把經費撥到學校。他們並不能選擇；他們必須這樣做。並且，對於接受撥款的學校與款項金額也有精確的要求。地方當局必須遵照要求辦事」。（李奉儒等，2000，附件二之二TTA訪談記錄）此項TTA在職進修撥款每年約有100萬英鎊用於已取得教師資格（Qualified Teacher Status）者之進修。其使用的原則是：

1.此項經費應使用於教師專業的長期發展。

2.此項經費的使用，最終應反映在學校水準的提昇。

3.此項經費的提供係以提昇教育品質為目的，並以明確、公開為原則。

這項撥款是由學校擬定教師在職進修方案計畫或是繼續專業發展的方案計畫，經由地方教育當局向師資培訓局提出申請撥款，再由師資培訓局來審核提出INSET課程設計之申請者（競標者），有時也會「參考各方意見，例如，大學、學校、教師、校長、地方教育當局、督學、或者負責教育的主要人員以及其他政府機構，就像是教育部或是政府課程機構。因此，我們是綜合各方有代表性群體的意見，以確保我們所做的決定具有代表性。」（李奉儒等，2000，附件二之二TTA訪談記錄）師資培訓局的繼續專業發展小組

總計有25位成員，其職責正是要確保教師在職進修的品質與適當性。

（二）教育標準局（OFSTED）對教師在職進修的外在評鑑

這不同於TTA的自我內部評鑑，而是從1998年開始由「教育標準局」（Office for Standards in Education, OFSTED）對TTA所支助的撥款之執行成效進行外部評鑑，以求其績效，並做爲未來補助之參考。受TTA在職進修撥款補助支助者（提供INSET課程的機構單位）可選定最能反映在職進修成效的項目供評鑑。TTA/OFSTED也可以自行選定項目來評鑑。從1999年的7月18日由教育標準局對這個模式的運作加以評估，而2000年的7月18日TTA將會由視察的個案中得到一份報告，說明INSET模式的品質好壞。以下爲師資培訓局的訪談記錄（李奉儒等，2000，附錄二之二）：

　　……對於標準撥款，我們（TTA）會有國定的法規。因為每個部門都必須採用這個法規，所以這個法規將有許多改變，對於TTA的關於INSET的工作加以評鑑，這種模式上一年才開始採用。這是一個新的模式。我們只執行不到一年的時間。1999年的7月18日我們將對這個模式的運作加以評估。2000年的7月18日我們將會由視察的個案中得到一些資料；我們會從每個視察的個案得到一份報告，告訴我們此模式的品質好壞，因此，我們將獲得許多資訊。

　　……由「教育標準局」（OFSTED）進行視察，他們

會給我們所有的報告，之後我們會對撥款的部分進行分析。我們會根據分析結果，考慮下一次對每個提供INSET者撥多少經額。……因此，OFSTED的資料幫助我們瞭解將來應撥款的對象及經費額。我們也會送一分公文給各個提供INSET的機構，告訴他們實行最好的機構是哪一個。所以，當我們得到所有的報告，我們要能夠知道實行INSET很好的機構是哪些，並且把訊息與各個實行機構分享。如此一來，我們可以使每個機構做得更好。我們的目的是幫助每個機構變好；我們並不是想要阻止機構進行INSET。我們的目的是使INSET辦得更成功。因此，我們必須能夠提供他們成功的例子，使他們能夠有所改進。

可見OFSTED每年對於教師在職進修的提供機構和課程內容會進行外部評鑑，再加上師資培訓局所進行的內部評鑑，藉以使教師在職進修可以辦理得更好。由於我國尚未實施在職進修的評鑑，英國的作法或有值得參考之處。

伍、未來展望：2000年英國中小學教師進修制度的規劃

專業的特徵之一就是能夠不斷地進修，也就是「專業發展」（Professional Development）。尤其在進入資訊化社會之後，教師的進修更是刻不容緩。本節的焦點是針對英國於1998年12月頒佈的綠皮書《教師：面對變革的挑戰》（*Teachers: Meeting the Challenge of Change*）之後，最新有關教師進修和生涯發展的相關政策文件，教

育與就業部（DfEE）於2000年2月11日發布的諮詢文件《專業發展：教與學的支持》（Professional Development: Support for Teaching and Learning）（DfEE, 2000a）。這是一份諮詢討論文件，諮詢的截止日期是2000年4月20日。

　　本節主要是根據《專業發展：教與學的支持》（本節所引條目即該文件）來展望英國對於中小學教師進修的整體規劃，就相關措施加以說明、詮釋，並在適當處與國內實際情況兩相比較，考慮其相異與相同處，再探究可資我國借鏡之處。

一、教師進修規劃的大方向

　　《專業發展：教與學的支持》一開始就指出，教師進修是把教學變成是「一個學習的行業」（A Learning Profession）（第一條），並在此一大方向下訂出十大原則：（第四條）

1. 一個有效能的教師應以專業發展為優先要項，並積極參與，且學校和教師有共同的責任在政府的支援下，進行教師的專業發展。
2. 專業發展應以提昇教室的教學水準為要務，因此，在進修的過程一方面是與其他人學習專業智能，另一方面即在增進學生的學習效能。
3. 應提供廣泛的學習機會來滿足各種不同的需求。
4. 專業發展的過程也要兼顧機會的均等。
5. 教師應該從工作中和能力強的人學習，在教室中有機會與其他專業人士學習。

6.應不斷努力去找出時間和資源，以進行專業發展。

7.「資訊科技」(Information and Computer Technology, ICT) 應該扮演主要的角色，以方便個人可在不受時間和空間的影響下，進行學習。

8.專業發展的提供必須是高品質的，而且教師和學校也應該是挑剔的消費者 (Discerning Customers)。

9.良好的規劃和評鑑是成功的專業發展活動成功的要件。

10.應用「資訊科技」的潛力，儘量提供各種成功和失敗的經驗使老師們能共享。

　　這十大原則不只是規範了教師應參與進修，也要求提供進修活動的單位要提供高品質的進修機會，並指出進修的目的是要回到教室裡來改進教學。再者是強調「資訊科技」在教師進修中所扮演的重要角色。在這些大原則下，又分析了影響專業發展的三個主要因素：（1）個人的需要和動機；（2）個別學校的需要和優先事項（Priorities）；以及（3）全國性的優先事項。（第七條）

　　這三大因素可說是兼顧了個人和團體不同層次的需求。在專業發展要與個人生涯規劃結合方面，教師個人的優先項目是「資訊科技」(ICT)、學科知識、特殊教育知識、或擴大專業智能。教師個人的中長程目標則指通過「表現檢定」(Performance Threshold)，得到快速升遷（第十三條）。就個人生涯的規劃，又分成以下四個階段：（第二十條）

1.剛結束導入期——這時應檢討已達成的目標及確立未來的發展目標。

2.在申請「表現檢定」前的二至三年——集中在重點領域。

3.在通過「表現檢定」的三至五年——回顧生涯發展和規劃下一步。

4.每位資深教師在每三至四年都應再行檢討與規劃。

　　這是以每三年到五年當做一個階段來規劃。各種檢定就是在所謂「成效管理」（Performance Management）的名下行之。「成效管理」與教師的專業發展要結合在一起，是為了鼓勵教師有良好表現，並與教師的敘薪結合在一起的制度。在評鑑教師的表現時，目前採用的是Hay McBer所發展出來的評量方式，他對於有效教學的判定是採用面談、問卷調查、觀察、焦點團體討論（Focus Group Discussion）（第十八條）。專業發展涵蓋的時間，是指從接受完師資培育課程後開始，即導入期開始算起（第九條）。涵蓋的對象除了教師之外，還有代課教師、教學助理及學校職員（第十條）。

二、教師進修的配合措施

　　為了配合教師進修，教育與就業部特別在現有名額之外，再用20,000名「教學助理」（Teaching Assistant）（第二十五條）。另一方面也致力於減輕教師的行政負擔（第二十六條）。再來是與成效管理結合，薪水可以很快跳到20,000鎊（第二十九條），這是一般大學新進教師（具博士學位者）的起薪。每位教師從接受師資培育開始，就要建立「生涯發展歷程檔案」（The Career Entry Profile），這是一個用電腦磁碟片記錄的歷程檔案，可以記載個人進修的各種資料（第三十一條）。

　　關於是否給予「休假進修」（Sabbatical），則需要再考慮（第

五十三條）。這是一般在大學裡實施的進修方式，至於是否也適用於中小學教師，在本報告書中仍屬諮詢事項。環顧國內的情形，此項進修在大學裡也不是非常普遍，只有教授每七年才有一次機會。其餘的副教授、助理教授、講師都還得另外申請。此項進修結果除了獲得學位者外，目前並沒有實質的考核，往往只是寫個報告而已。因此，如果要將此一措施應用到中小學教師身上時，一個疑慮是他們的研究能力，如果不一定要做學術研究，由他們來研發各種與教學較相關的教材與教具，也仍具有價值，但其成果的考核仍得有相當的設計。另一方面的考量就是經費，畢竟這個方式是最費錢的，除非是無可替代的，否則仍宜慎重考慮。

教師進修屬於教師專業的範圍，所以新成立的「教學總會」（General Teaching Council, GTC）則應扮演「中間人」（Broker）的角色（第六十四條）。根據「1998年教學與高等教育法」（Teaching and Higher Education Act 1998）（DfEE, 1998b）第二條第2款規定，主要任務如下：

1.訂定教學標準（Standards of Teaching）。
2.教師的行為準則（Standards of Conduct for Teachers）。
3.教學專業角色（the Role of the Teaching Profession）。
4.教師的訓練、生涯發展和表現。
5.教學專業的加入。
6.適合教學的健康標準。

上述的第4項就屬於教師的專業發展。目前英格蘭的「教學總會」才剛開始運作，也才選出各種團體的委員代表，其在專業發展的運作仍未積極展開。事實上，英國的各種教師組織也會辦理與專

業發展有關的活動，只是這些組織仍屬工會（Union）性質，在專業標準上其發言的地位仍不具公信力。國內目前已有「教師會」的教師組織，雖然也辦一些研習活動，然而，從其成員性質來看，仍屬工會性質較濃厚，如何來組成教師自己的專業組織，並積極參與教師的專業發展是重要的課題。目前在進修活動上，似乎仍靠教育部的規劃，只是我國教育部似乎也不是很積極在進行。如果教育已是一項專業，那應該還是專業團體自己的事。

三、教師進修的各種方式

以下就諮詢文件中所規劃的各種進修方式一一加以分析，如果是已經在實施中的，則將完整說明：

（一）專業發展日（貝克日）的持續

目前每年五天的貝克日將繼續，而且可能再增加一天，以用於「成效管理」（第二十四條）。

這是英國現行教師進修的特色之一，原因是為了因應1985年以來的教師罷工，保守黨政府在佘契爾夫人領導下，對教師工會採強硬的態度，在1987年訂定了「教師薪資與條件法」（Teachers' Pay and Condition Act）。其中，規定教師一年必須履行1,265小時的教學契約（姜添輝，民87：24），這中間包括了五天的「專業發展日」（Professional Development Days），由於當時的部長為Kenneth Baker，所以又稱為「貝克日」（Bakers' days）。這樣的規定等於是強迫進修，而且進修的時間是在正常的上班日，大多排在週一或週五（稱為In-Set Day）。此時學生不上課，所以又叫Non-Contact

Days。如此一來，對有些家長確實會造成不便。但這樣的進修較能有系統的安排所有教師都必須修習的課程。這是屬於教師的專業發展，也被列入「標準基金」（Standards Fund）的補助項目（DfEE, 1997: Circular13/97）。

（二）資助修習碩士學位（第二十八條）

修習碩士學位是教師進修的主要方式，英國在1965年就開始頒給教師在職進修的碩士學位。目前英國的碩士學位課程設計得很有彈性，例如，在中學、小學擔任實習教師的輔導老師（Mentor）者，可以同時以行動研究（Action Research）的方式，一邊在大學教育系修習如何指導實習教師，一邊實際指導實習教師，當指導結束時，自己也修得了碩士學位。在國內，最近所開設的各種「教學碩士班」可以說專門是提供給在職教師進修（含教育行政人員）的學位，台灣在這方面可說是剛在起步。

（三）經由各式管道學習

經由「燈塔學校」（Beacon Schools）、「特殊專長學校」（Specialist Schools）、「教育行動區」（Education Action Zones）、「都市學校卓越計畫」（Excellence in Cities）、和高級技術教師的管道來學習（第三十三條）。

首先，英國政府在公共政策上採市場競爭策略，想要製造明星學校來做為引導，讓這些明星學校來辦理各種研習活動，希望能提高整個地區的學校水準。2001年9月前1,000所燈塔學校，2003年9月前800所特殊專長學校（第三十六條）。「燈塔學校」所必須辦理的主要四種活動如下：（DfEE, 2000b）

1. 提供其他學校教師／學校管理委員的研討會、提供輔導教師、工作跟隨（Work-Shadowing）、提供在職進修、提供諮詢服務。
2. 使用網路來傳播成功實務經驗（Good Practice）。
3. 與師資培訓單位／當地學校／教育當局形成夥伴關係；指派教師到他校輔導；對初任教師的輔導。
4. 準備課程設計的資源；製作錄影帶。

由此可見，燈塔學校的任務中，與教師的專業發展有密切的關係，而且可以就近學習。

其次，「特殊專長學校」所指的特殊專長有：藝術、語言、運動、和科技四種，這種學校於1998年時計有330所，其中科技類227所、語言類58所、運動類26所、和藝術類19所。英國政府計畫在2001年9月以前擴充到500所（DfEE., 2000c）。這些學校既然已有專長，由他們就近來辦理這些科目的研習也是相當有效的。

「教育行動區」的目的類似以往的教育優先區（Educational Priority.Area, EPA），它是針對教育水準較差地區給予較多的支援。每個區以不超過20個中小學和特殊專長學校的組合（DfEE, 2000c）。這一屆工黨政府打算設立25個教育行動區，所採取的措施有：（DfEE, 2000d）

1. 設立特殊專長學校、Early Excellence Centres、任用精深技巧教師、夏季識字補習學校（Literacy Summer Schools）、家庭識字計畫（Family Literacy Schemes）、放學後學習活動、與職業相關的學習活動、提供電腦科技學習活動。
2. 教師為了執行上述活動，勢必要進行相關的進修活動。而其

中任用較多的「精深技巧教師」，其主要職責就是領導教師進修的活動。

3. 「都市學校卓越計畫」是以都市學校為對象，因為英國教育的城鄉水準差距和台灣並不一樣，英國較好的學校常是在郊區，最差的學校反而是市中心附近的學校，因為貧民窟常是在市中心附近。所以，教育與就業部特別提出「都市學校卓越計畫」，目的在改善此一地區的教育水準。在這個計畫中，設有「學習輔導員」（Learning Mentor），他們只需從事本職的50%工作和時間，其餘任務與教師在職進修有關的就是「傳播成功的經驗」（Facilitate the Dissemination of Good Practice）（DfEE, 2000e）。

4. 「高級技術教師」的80%時間用於教學，目前正在考慮是否由高級技術教師來帶領校內的進修團隊（第四十六條）。至於高級技術教師額外的任務，上述《教師綠皮書》有以下的規定（DfEE, 1998b: 25；蘇永明，1999）：（1）規劃和進行教師在職進修；（2）示範良好的教室管理與教學，和經由ICT管道推廣到其他學校和師資培育單位；（3）設計和試用新教具；（4）在放學後做演示；（5）幫助其他教師發展良好教學風格；（6）改進小學和中學間的銜接。

以上除了第一項與教師進修直接相關，其餘也多多少少有所關聯，所以高級技術教師在教師進修方面扮演著相當重要的角色。

最後，其他相關的方式分別說明如下：

1. 藉由「輔導教師」（Monitor Teacher）來引導進修（第四十二條）。目前英國學校的「教學助理」（Teaching Assistant）在

校內都有「輔導教師」。初任教師也有輔導教師在指導，因為「輔導教師」可就近指導，所以諮詢文件中指出這是一種有效的教師專業發展的方式。

2.「同儕聯線」（Peer Networks）也是教師能與同儕分享經驗的方式之一，有助於教師的成長（第四十三條）。「同儕聯線」對新任教師、新的學科主任、或小型學校教師可能更需要；此一聯線也可以邀請「精深技巧教師」來指導。

3.「專業學習團隊」（Professional Learning Teams）也是相當有效的成長方式（第四十五條）。這可由校內或包含校外教師結合起來，以6到12人為一團隊來共同研討某一問題。

4.以「交換教師」做為互相學習的方式（第四十八條）。即各地學校之間短期和長期的交流，也包括上述的燈塔學校、特殊專長學校、教育行動區裡的學校、和都市追求卓越計畫學校的老師到其他學校交流。國內在這方面，以往有「省教育輔導團」，各縣市有「教育輔導團」，定期到各地示範教學，但還不能算是交換教師。

5.特別的是「國外進修」（第四十九條）。此一計畫的專有名稱是「教師的國際專業發展」（Teachers' International Professional Development, TIPD）。將於2000年9月開始實施，讓教師有機會到國外的學校觀摩，這類似以往教育廳的「長青計畫」。在2000年5月2日英國教育與就業部發布的新聞（DfEE. News）指出，每年將有5,000名教師可參加。在名額分配上，每個地方教育當局至少可以派4名，大的教育當局可派到60名。事實上，此一計畫他們已做了實驗，先派到日本、美國、和南非。整個國外觀摩分成四個步驟：

- ■準備（Preparation）──參與者在出國前需先提出明確目標及可能成果
- ■計畫（Planning）──參與者事先要說明所學將如何運用在教室情境
- ■評估（Evaluation）──參與者還需評估這樣的運用可能的影響
- ■推廣（Dissemination）──參與者要將所學與其他教師和學校共享

換言之，出國不是出去觀光遊玩，或是寫個報告而已，還得有實質的收穫才算有個交待。而爲了增進教師對於外國教育的理解，而不是道聽途說，還特別設立網站（網址爲：www.dfee.gov.uk/tipd）。

6.參觀其他行業，以爲參考（第五十條）。英國政府非常重視市場機制，對於企業界的經驗相當重視。因此，也將企業界的做法引入教育行政。例如，在各校評鑑時，一定要有一個非教育界的視導人員。而讓教師們去參觀其他行業，自也是理所當然。

7.鼓勵教師研究（第五十一條），設立「最佳教育範例研究獎金」（Best Practice Research Scholarships）。此一計畫已在「都市學校卓越計畫」先實驗了，也是在2000年9月要正式實施。此一計畫的特色是以實際教學上或各種教育措施的實例研究，也就是與純學術研究有所區隔，這才是教師進修眞正要努力的目標。

8.配合資訊科技，利用網路，在「全國學習網路」（National Grid for Learning, NGfL）中，所有老師建立「虛擬教師中心」

（Virtual Teacher Centre）（第五十七條），而此一網站不單是公告式或只單方面呈現資料，他還可以用Emial表達意見，可以有一些回饋（Feedback）。

陸、結論與建議

從以上的回顧，可以對英國教師在職進修制度的特點做以下的結論和建議。

一、教師在職進修的定位

早期的教師進修可以說是在補師資培育的不足，它一方面要提升個人的教育程度，另一方面才是教育方面的智能。這和我們將師範畢業的教師提升到大學程度是一樣的，只是我們至少比英國慢了二十年以上。然後教師進修逐漸與升遷、待遇結合。到了1998年的《教師綠皮書》，可以說是從教師的生涯發展來規劃教師進修。從《James報告書》將教師生涯分成三階段到《教師綠皮書》中的五階段，進一步將進修與整個教育活動或教育改革結合起來，使成為不可或缺的一環。

二、學校本位走向的進修

整個的進修趨勢，從原先的以師資培育機構為中心，或是補修學位的方式，逐漸轉以學校本位（School-Based）的教師進修。Stenhouse在劍橋發展出課程研究行動研究（Action Research）模

式，帶動了此一風潮。而進修經費的補助方式，在1986年LEATGS
實施後，大部分計畫案由學校提出，連地方教育當局也退居次要地
位，只是代表地方向中央投標，然後再將經費轉手給予學校。以學
校為本位的教師進修確實有許多優點，一方面教師的進修，不必離
鄉背井，而且較能配合教師所服務的環境之需要等。但也不應該變
成進修的唯一方式，長期的學位進修或是專題進修還是有其必要
的。

三、在職進修日益市場化的取向

自從保守黨於1979年上台後，政策上的市場走向就非常明顯，
教師進修政策也不能避免，如1986年的LEATGS改變了遊戲規則，
用市場化的模式來競標教師進修的經費。這個政策的背後或許有著
要把地方教育當局架空的意圖，但是表面上是市場導向。1997年工
黨上台後的政策，標榜第三路線，想要結合兩方面的好處，但是否
能如願仍有待觀察。在教師進修上，幾乎完全採行保守黨原來的市
場導向，而且更強烈的要實施「快速升遷管道」、「高級技術教
師」，等於是教師分級的做法，用利誘來追求卓越，這是典型的資
本主義做法。然而，如此一來，它如何照顧弱者，如何為弱者提供
補償性正義則將是另一個難以兼顧的課題。

英國自從佘契爾夫人執政以來就積極採用自由市場策略，將國
營事業民營化。並且將市場競爭的原則應用到公共行政的領域。如
開放家長的選擇權，讓好學校得以更發展，不好學校要關門，這是
所謂的「管理主義」（Managerialism）。工黨於1997年上台後，並沒
有改動這樣的政策，最多只是增加對於弱勢地區或團體的補助。在

本文中提到的「燈塔學校」等於是在製造「明星學校」，只是這所「明星學校」的任務是要做為附近學校的模範，教育與就業部特別補助經費給「燈塔學校」，來辦理各種活動以傳播成功經驗，希望把附近學校也拉拔上來。「教育行動區」和「都市學校卓越計畫」則是對於弱勢地區的特別行動。然而，它們所採用的方式還是訴諸市場機能，如在「教育行動區」率先設有「高級技術教師」的名額，希望以高薪吸引優秀教師能到教育水準差的地方來服務。這比我們偏遠地區的加給，在程度上是多出非常多的，因為「高級技術教師」的薪水比一般教師高出很多，是要真正吸引優秀教師來到這些地區。台灣的做法只是希望能留著在偏遠地區服務的老師而已。

所以，整體而言，英國已把教師進修與調薪結合在一起。經由「成效管理」，讓教師能（薪水）快速跳級。這等於實質上已形成了教師分級，而教師分級可說是訴諸市場法則的管理方式了。事實上，教師分級也要有許多配套措施，而與進修的專業發展結合應該是正確的方向。

四、進修方式的多樣化

英國的教師進修方式有許多開先鋒的創舉，如Stenhouse的行動研究方式。還有五天的「貝克日」，把學生放掉，老師去進修。這在各國都是少有的。幸好英國的學校常常在放假，如每學季才十週出頭，中間那一週又放假，家長已習以為常。它的進修方式從長期課程到各種短期進修，從校內到校外不一而足。事實上，除了教育系統所提供的教師進修以外，其他部會也提供這方面的機會，如為了教導少數民族，內政部也給經費讓老師去研究少數民族的語言與

文化等。《教師綠皮書》中又計畫用網站來做為教師進修的媒介，可以說是與時俱進的做法。

「貝克日」的強力實施可說是英國教師進修的主要特色之一。也是對教師進修的特別重視，竟然可以把全校學生放掉，所有老師去從事進修活動。筆者之一（蘇永明）當年在英國時，還不知道In-Set Day的意思，就帶著小孩，拎著便當去上學。到了學校看到大門深鎖才知道不用上學。可見這樣的進修日對學生家長會造成不便。但令人奇怪的是，英國每學季（Term）中間有一週是「學期假」，但學校也沒有利用那一週來進行教師的進修。這可能是進修場所容量的問題，而目前的In-Set Day，每個學校可輪流進行。既然有固定的天數，當然也比較好進行規劃。在「教師專業諮詢文件」中想再增加一天，可見成效應該是不錯。不過，如果在國內要實施的話，由於社會型態的關係，目前任何的停課都常會引起家長的反彈。所以，家長對於這樣的進修日接納程度可能會較低，畢竟這是一種非常強勢的進修方式。

此外，休假進修可說是成本相當高的進修方式，尤其是到國外的話。如果再加上代課教師的薪水，等於是支付兩個人的薪水，在成本上確實相當高。一般而言，這種方式是實施於大學較多。若要將此一方式用於中小學，則必須考量成效如何衡量。畢竟中小學教師在學術上的訓練較少，中小學的教師也不完全以學術為導向，若比較大學的學術研究模式，對於實際的教學未必有顯著的成效。這與報告書的十大原則中的第二項，要能兼顧個人發展與改進學生的學習效能不太符合。或許，可行與迫切的方式應該是先讓優秀教師定期（如一學期）休假到師資培育機構或研習中心，教師與這些機構合作開發教科書、各種教學資源、或從事各種教育實驗。即借重

他們的實務經驗來與學術界或相關單位合作，這對於中小學教師也會有相當的專業成長，中小學教師還是要以與中小學相關的教與學活動為進修的重點。

至於網路的應用是工黨政府特別重視的，尤其是與教師進修有關的網站。如在Powerpoint普遍使用的情況下，如果教學相關的網站能有各種資源可直接尋找、抓取的話，對中小學老師們在準備教材、從事教學時可說是事半功倍。據悉我國教育部也將設立這一類教師進修的相關網站，相對於英國的作法，我國是應該要急起直追，只要是相關的設施健全，在功能上才可以大力提昇。

五、「教學總會」將扮演重要角色

教師進修既然是專業的要件，那麼其專業團體應該扮演相當重要的角色。在相關的政策文件中，其專業團體是扮演「中間人」的角色。因為專業團體是負責專業標準的訂定與維持，教師的進修是維持專業標準的必要措施。雖然專業團體不必負責進修活動的提供，但是專業的標準仍需由它們來訂定。所以，新成立的「教學總會」將扮演此一角色。這在國內而言，並無相對的團體，我們的教師會純由教師組成，比較像是工會組織，因無消費者與相關團體的代表，所以還不能算是專業組織，不能來仲裁專業上的爭議。

總之，本文分別探討英國教師在職進修的歷史發展，分析目前政策的方向和運做的現況，以及展望未來教師進修的整體規劃等，目的在於希望能對國內正在起步的教師進修制度之規劃和建構能有值得參考的地方。就前述的五大特色與相關建議而言，大概只有電腦網路的應用和網站的設立是可以馬上進行的，因為那是比較偏技

術性。至於是否採用像貝克日這麼強勢的進修方式,可能機率不大。至於訴諸市場機制,整個政府的施政雖有往此一方向推進的趨勢,但要像英國的市場化,則還有一大段距離(當然,是否適合走向市場化自是另一個重要的議題)。有關休假進修甚至海外進修在國內雖然也有所討論,但比這個更基本的進修都還沒有妥善執行的情況下,顯然並不是當務之急。最後,由教師的專業組織來擔任教學爭議方面的仲裁工作是有必要的,目前國內並沒有類似英國的「教學總會」這樣的專業組織,所以其功能要由哪個單位來執行,仍有待從長計議。

參考書目

一、中文部分

李奉儒 （民86）。〈英國教師在職進修制度的回顧與展望〉，刊於
　　國立花蓮師範學院主編，《進修推廣教育的挑戰與展望》。
　　347-390頁。台北：師大書苑。

李奉儒、蘇永明、姜添輝（2000）。《英國中小學教師在職進修制
　　度研究》。國科會專題研究計畫成果報告書。NSC88-2413-H-
　　260-001-F17。

馬永成、陳其邁譯（1999），Tony Blair 著。《顛覆左右：新世代的
　　第三條路》。台北：時報。

姜添輝（民87）。教師組織是否是教師專業要件：英國全國教師聯
　　合會的個案研究。發表於八十七學年度教育學術研討會，台北
　　市立師範學院主辦，87年11月26-27日。

陳惠邦（民86）。〈英國教師進修政策的發展與評析〉。刊於新竹師
　　院學報第十期，173-187頁。

國立花蓮師範學院主編（民86）。《進修推廣教育的挑戰與展望》。
　　台北：師大書苑。

鄭武國譯，Anthony Giddens 著（民88）。《第三條路：社會民主的
　　更新》（*The third way: the renewal of social democracy*）。台北：
　　聯經。

蘇永明（民88）。〈迎接新世紀的教育挑戰：以英國教師綠皮書之

因應策略為例〉。載於中華民國比較教育學會主編，《新世紀
的教育挑戰與各國因應策略》。183-207 台北：揚智。

二、英文部分

Adams, Anthony & Tulasiewicz, Witold (1995). *The crisis in teacher education: a European concern?* London: The Falmer Press.

Alexander, Robin J., Craft, Maurice & Lynch, James (eds.) *Change in teacher education: context and provision since Robbins.* London: Holt, Rinehart and Winston.

Board of Education (1944). *Teachers and Youth Leaders. (The McNair Report).* London: HMSO.

British Council (1999). *Education and training in the UK: teacher education.* Http://www. britishcouncil.org/education/ukped.htm

Burgess, R. G. et al. (Eds.)(1993). *Implementing In-Service Education and Training.* London: Falmer.

Curtis, S. J. & Boultwood, M.E.A. (1966). *History of English Education since 1800: An Introduction.* London: University Tutorial Press.

Dent, H. C. (1977). *The Training of Teachers in England and Wales 1800-1975.* London: Hodder and Stoughton.

DES (1966). *Further Training for Teachers.* (DES Report Education No. 28. London: HMSO.

DES (1970). *Survey of In-Service Training for Teachers 1967.* London: HMSO.

DES (1972a). *Teacher Education and Training: A Report by a*

Committee of Inquiry. (The James Report) London: HMSO.

DES (1972b). *Education: A Framework for Expansion.* London: HMSO.

DES (1985). *Better Schools.* London: HMSO.

DES (1986). Circular 6/86 (Local Education Authority Training Grants Scheme: Financial Year 1987-88).

DES (1987). Circular 9/87 (Local Education Authority Training Grants Scheme: Financial Year 1988-89).

DES (1988). Circular 5/88 (Local Education Authority Training Grants Scheme: Financial Year 1989-90).

DES (1989). Circular 20/89 (Local Education Authority Training Grants Scheme: Financial Year 1990-91).

DfE(1992). *Choice and Diversity: A Framework for Schools.* London: HMSO.

DES (1994). *Education Act 1994.* London: HMSO.

DfEE (1995). Circular 8/95 (Grants for Education Support and Training., 1996-1997).

DfEE (1996). Circular 13/96 (Grants for Education Support and Training 1997-1998).

DfEE (1997a). *Excellence in Schools.* London: Stationary Office Limited.

DfEE (1997b). The Education (Grants for Education Support and Training) (England) Regulations 1997 (GEST)

DfEE (1997c). *General Arrangements for The Standards Fund.* Circular13/97 http://www.dfee.gov.uk/circulars/13_97_old/parta.htm

DfEE(1998a). *Teaching and Higher Education Act, 1998.* London: SO.

DfEE(1998b). *Teachers: meeting the challenge of change.* London: SO.

DfEE (1998c). *Circular to Headteachers and Teachers: Reducing the Bureaucratic Burden on Teachers.* Circular2/98
http://www.dfee.gov.uk/circulars/2_98/part1.htm

DfEE (1998d). *Advanced Skills Teachers.* Circular9/98
http://www.dfee.gov.uk/circulars/9_98/part4.htm

DfEE (1999a) AST-*Advanced Skills Teachers.*
http://www.dfee.gov.uk/ast/documents.htm

DfEE (1999b). *The Induction Period for Newly Qualified Teachers.* Circular5/99 http://www.dfee.gov.uk/circulars/5_99/5_99.htm

DfEE (1999c). *A fast track for teachers: a prospectus.*
http://www.dfee.gov.uk /fasttrack/

DfEE (Aug. 24 1999). *Head of General Teaching Council appointed.*
http://www. dfee.gov.uk/news.cfm?PR_ID=386.

Dowling, M. (1988). 'Unanswered questions about Inset: James plus fifteen', *British Journal of In-service Education,* 14(3), 180-186.

Eraut, Michael & Seaborne, Peter (1984). In-service Teacher Education: Developments in Provision and Curriculum. In Robin J. Alexander, Maurice Craft, & James Lynch (eds.) *Change in teacher education: context and provision since Robbins.* London: Holt, Rinehart & Winston.

Flood, P. (1973). *How Teachers regard their Centre, its Function, Aims and Use.* Nottinghamm: Nottinghamm University.

Galloway, Sheila (1992). 'Straws in the Wind: A comment on the polarisation of INSET', *Journal of Teacher Development* 1(1), 5-8.

Gough, Bob (1975). 'Teachers' Centres as Providers of In-Service Education', *British Journal of In-service Education,* 1 (3), 11-14.

Gough, Bob (1989). '20 years (or so) of Teachers' Centres: What have we learned? What can we share?', *British Journal of In-service Education,* 15 (1), 51-54.

Hammond, Graham (1975). *A Survey of ATO/DES Courses 1971-74.* Exeter: The University of Exeter.

Harland, J. & Kinder, Kay (1994). 'Patterns of Local Education Authority INSET Organisation', *British Journal of In-service Education,* 20 (1), 53-66.

Henderson, Euan S. (1978). *The evaluation of in-service teacher training.* London: Croom Helm.

Jones, K. & Reid, K. (1988). 'Some Implications of the New INSET Regulations', *British Journal of In-service Education,* 14(2), 122-128.

Kirk, Gordon (1992). 'INSET in the New Era', *British Journal of In-service Education,* 18(3), 140-144.

McBride. Rob (ed.)(1989). *The in-service training of teachers.* London: Falmer Press.

Natham, M. (1990). 'The INSET Revolution', *British Journal of In-service Education,* 16(3), 156-161.

National Union of Teachers (1970). *Teacher Education--The Way Ahead: A discussion document on the future of teacher education.* London: NUT.

Newman, Collin et al. (1981). 'Teachers Centre: Some Emergent Characteristics', *British Journal of In-service Education,* 8 (1), 45-50.

The Commission on Social Justice (1994). *Social Justice: strategies for national renewal.* London: Vintage.

TTA (1995). *The annual report of the Teacher Training Agency 1994/1995.* London: HMSO.

TTA (1998). *Initial Teacher Training-Raising Standards*(Internet Service). http://www. teach.tta.gov.uk/ict.htm

TTA (1999). *In Service Training.* http://www. Teach-tta.gov.uk/.inset/index.htm

Williams, Michael (1991). *In-service education and training: policy and practice.* London: Cassell.

英國威爾斯地區教師在職進修制度研究[1]

姜添輝

臺南師範學院社會科教育學系副教授

摘要

　　繼續成長直接影響到教師的專業素養，因此在職進修是學生學習成效的關鍵因素。針對此一重要主題，本研究在英國威爾斯地區進行一項密集性的政策與實況研究，資料收集是以半結構式訪談法進行，十位受訪者是選自教師培訓局、地方教育當局、高等教育機構、中等學校與小學。研究證據顯示，威爾斯地區的在職進修制度具有幾項優點：一套系統性的執行政策、在職進修參與者涵蓋面廣、設置執行在職進修政策的專責機構、學校擁有經費使用與發展在職進修課程的高度自主權、在職進修政策具有高度的市場機能與競爭特性、在職進修課程具有實務／學校為主的特性、短期課程具備相當的彈性。相對而言，亦有一些缺失，諸如：經費不足、代理教師的問題、短期性為主的課程欠缺教育理論知識的傳遞、高等教育機構課程品質無法得到確保。

---

[1] 本論文為國科會八十八年研究計畫「英國中小學教師在職進修制度之研究」的成果報告（NSC88-2413-H-260-001-F17）。

A Study of Teachers' INSET Policy in Wales, UK

Tien-Hui Chiang

National Tainan Teachers College

Abstract

Teachers play a key role of implementing educational reforms. This principle indicates that teacher professional quality has a profound influence on students' academic achievements. Regarding the issue of professional, trait-based professional perspective driven from structural-functionalism has projected a key notion that INSET can be viewed as a critical means of enhancing teachers' quality.

Following the above concept, this study conducted an intensive field study that was undergone in Wales mainly limited in its capital, Cardiff areas. Ten informants, sampled from TTA, LEA, HEIs, secondary and primary schools, were interviewed in order to obtain their points of view on the INSET policy and practical situations. The research evidences show that Welsh INSET policy embodies ten advantages, including (1) a systematic policy of implementation; (2) INSET participants covered widely; (3) the establishment of specific institute to deliver the INSET policy; (4) the high level of school autonomy in terms of determining the use of fund and developing school INSET policy; (5) market-driven mechanism and competition; (6) practice/school-based INSET curriculum; (7) short-term INSET courses with flexibility; (8) an assessment system of INSET effectiveness. On the other hand, this policy also contains some disadvantages, such as the insufficient resources, the problem of substitute teachers, short-term courses undervaluing theoretical knowledge, and the suspected quality of INSET courses provided by the HEIs.

壹、前言

　　教育執行與教育改革成效的達成與否，教師往往扮演著重要的角色，因為他們是第一線的執行者，因此其專業素養便直接影響、甚至決定教育成果的高低。關於專業的觀念上，結構功能主義導引出趨近於傳統觀點的專業理論，其中一項要點是需具備專業的知識，此方面涉及起始訓練（Initial Training）與在職進修（INSET: In-Service Training）。就國內情況而言，師資教育已提昇至大學階段的訓練，因此在職進修將是專業素質的重點工作。它可以使既有的教師持續的吸收新知與技術，因而維持高品質的教學，並提供尚未接受大學階段起始訓練的教師，更多機會來提昇其專業素養。

　　教師在職進修的重要性形成本研究的主要動機之一，資料收集主要以訪談法進行，訪談對象包含選自教師培訓局、地方教育當局（LEA: Local Education Authority）、教師中心（TC: Teachers' Centre）、高等教育機構（HEI: High Education Institute）、中等學校（Secondary School）與小學（Primary School）等層級機構十名的官員、教授與校長。資料結果以：政策背景、發展趨勢及目的；執行機構；經費；課程規劃依據、過程、架構與特性；施予在職進修的師資種類與條件；接受在職進修人員的篩選過程；鼓勵措施；成效因素；評鑑；在職進修政策缺失等十項主題來呈現。本研究並依據這些研究發現進一步提出一些可行性的建議，其積極目的在於提供國內進行相關教育改革政策制定的參考，另一目的在於對英國威爾斯（Wales）地區的在職進修政策與實況有深入的瞭解，這種對教育改革與學術研究的貢獻是本研究的主要企圖。

貳、研究的理論與背景

一、社會學的專業理論與教師在職進修的重要性

　　法國社會學者涂爾幹（Durkheim, 1933）勾畫出，分工體系（Division of Labour）在社會文明化歷程中扮演著決定性的角色。此種觀點突顯出，職業在社會運作與發展歷程中，扮演著一個相當重要角色，這種概念進而導引出社會階層化（Social Stratification）的理論，其基本假定是各職業對社會的重要性有程度之分，「專門化」技術層次的高低決定該職業在社會運作中的功能與地位（Parsons, 1959）。「專門化」所包含的複雜性與困難度，使得必須藉由選擇（Selection）來確保的心智才能水準後，才能施予長期的訓練（Parsons, 1961）。高度決定權的賦予是為了發揮「專業」效能。再者，為吸引優秀人員投入此一工作行列，以及使既有人員得以安心於其工作崗位上，所以應提供優渥的物質與精神報酬（Davis and Moore, 1966）。上述這些條件的高低便因而建構出專業、半專業、技術、半技術、無技術等五個職業類別的社會階層體系。

　　「專業」的重要性進而導引出一些專業理論，包括加拿大學者Flexner（1915）提出的六個標準：（1）基本上專業工作是屬於心智型的活動，並具有相當成分的個人責任；（2）如何處理此種工作是習得的，其意指是基築於可觀的知識，而且並不是固定循環性的工作；（3）此工作是事務的，而非完全學術或是理論的；（4）其工作技術可被教導，如經由基礎的專業養成教育；（5）它具有

強大的內部組織；（6）它是利他導向，意指專業從業人員視他們本身是為了一個好的社會中的許多方面所工作。

　　美國全國教育協會（the National Education Association）在1948年發展出一套八項的準則以描述何謂「專業」：（1）一個專業所牽涉的活動，在本質上是屬於心智的；（2）一個專業支配一門的專門化知識；（3）一個專業需要長期的準備期；（4）一個專業需要不斷的在職進修以成長自身的專業知識；（5）一個專業提供終身的職業生涯與永久的會員資格；（6）一個專業設定其自身的標準；（7）一個專業提昇其服務並超越個人的利益之上；（8）一個專業有一個堅強與緊密的專業組織（轉引自 Stinnett and Huggett, 1963: 57）。Parsons（1959）則主張，醫生的五項重大特徵可視為專業的標準：成就（Achievement）、共同主義（Universalism）、功能的特殊性（Functional Specificity）、情感中立（Affective Neutrality）以及群體導向（Collectivity-Orientation）。其中「共同主義」指的是科學性知識的運用，此種運用是基於能力與訓練的條件。而「情感中立」是指以運用科學知識的客觀化，並且以顧客的利益為依歸。「群體導向」指的是以價值作為行為的共同準則。Havighurst與Neugarten（1962）描繪出一套專業特質：高技術與心智性的成果、長期的正式教育、非自我利益服務導向、團體尊嚴以及對商業主義的抗拒。另有美國社會學者Lieberman（1964）歸納出八個專業屬性：（1）是一個獨特、確定與重要的社會功能；（2）具有其自身的知識體系，此乃基築於高層次心智性的技術；（3）一段長時期的專門化訓練；（4）個別從業人員與此職業團體皆有相當範圍的自主空間；（5）專業道德規範；（6）非自私性的服務導向。（7）一個獨立的專業組織；（8）一套倫理信條。

在英國人口學家Carr-Saunders與Wilson（1933）聲稱，專業的定義有下列的特徵：技術性的技巧、正式的協會、由考試與執照所明確規定的入會條件、正式協會發展出某種程度的專賣權與政府的條規、用來縮減金錢的動機與強調社會福利動機的倫理標準。另一英國社會學者Musgrave（1966）指出，專業的特質是：知識、從業新進人員的控制、一套專業行為的規範、從事其工作的自由空間、專業組織、服務的條件、與公眾的認同。

國內一些學者依據許多西方知名學者的論點也提出類似的條件，林清江（民61）主張專業條件包含：一門知識體系、長期專門訓練、專業團體、一組倫理信條、自主權、公眾利益服務導向、所屬成員的選擇權。之後，林清江（民70）並論述教師專業領導的特徵包含：以專業知識作為角色選擇及行為的依據，以及情感不損及工作目的達成的認知。相當類似的，陳奎喜（民79）提出專門的知識與技能、長期的專門訓練、服務重於報酬的觀念、相當的自主性、自律的專業團體與明確的倫理信條、不斷的在職進修等六個條件。何福田、羅瑞玉（民81）列舉出五個要項：專業知能、專業訓練、專業組織、專業倫理與專業服務、專業自主與專業成長等。

上述這些中外學者的論點共同指向，專業涵義包含一組專門化的知識體系、一定期間的教育訓練、不斷的在職進修、利他導向、自主權、作為控制新成員的協會、此協會並能引進一套作為規範成員行為的專業倫理信條等要項。前三項直接關聯到某一職業從業人員的專業知識程度，並且相較於後四項對台灣教師而言，具有實質的專業意義，因為直接影響到其教學工作內涵，也進而影響教師本身所認定的專業涵義（Chiang, 1996）。累積長期的努力，教育已發展出一套相當堅實的知識體系。例如，美國在1990到1994年間，每

年出版了約30,000份的文章，分別是30,779; 29,858; 29,920; 30,173; 28,414（ERIC, 1995），英國的研究者在此期間，每年亦發表了超過5,000份的文章，分別是5,836; 5,401; 5,047; 5,309; 5,729（International ERIC, 1995）。師資培育年限的延長亦產生專業化的現象，諸如在美國師資教育提升至四年大學階段的訓練（Lanier and Little, 1986; Scimecca, 1980）。在英國受到《Robbins報告書》的影響（DES, 1963），自1960年代初期起，教師的起始訓練便開始從兩年延長至三年大學程度的訓練（Alexander, 1984）。從1980年代初期起，師資培育轉變為三或是四年的大學課程，PGCE課程並逐漸成為師資培育的主流（Loudon, 1994）。台灣的師範教育發展亦呈現相同的趨勢，民國49年，將原先的師範學校升格為三年制師範專科學校，民國52年，改制為五年制師範專科學校（林永豐，民82）[2]。民國76年，再度提升到大學程度的師範學院，民國83，新的教育政策更打破師範學校壟斷師資培育市場的局面，一般大學校院亦可設置教育學程，從此師資培育機構走向多元化的新境界。

由此可見，教師訓練期間已達到Etzioni（1964, 1969）觀點中專業應有四年或相等程度的大學訓練。此種現象突顯出在職進修的重要性，因為訓練年限的延長意含著，為數龐大的既有教師的起始訓練未達相同程度的專業訓練。例如，民國86年在總數92,104的國小教師中，仍有超過三成（32.52%；N=29,949）的人數尚未擁有大學學歷（教育部，民87）。在職進修的重要性亦顯示於終身學習的

---

[2] 此種改變的主因在於三年制無法提供適當的長期訓練，以及受到一般人認為一般大學較好的影響，以至於無法招收到優秀的學生。再者，此種新制度每年將製造出約3,000名的教師，此一數目遠高於當時所需求的1,000名（林永豐，民82）。

觀念上，顯然每隔一定時期便有新的教育知識理論或技術，所以唯有不斷的進修才能達到專業素養的目標。上述要點突顯出教師在職進修此一研究主題的重要性與價值性。

二、英國在職進修政策沿革

儘管，英國的師資培育制度可回溯至1841年，當時James Key-Shuttleworth 在 Battersear 設立師資訓練學院（Teacher Training College），並進而促使英國國教在1846年設立類似的師資培育機構（李奉儒、蘇永明，民87）。但在職進修制度則至1899年才出現，當年中央政府設立教育委員會（Board of Education），開始提供僅有兩年起始訓練的教師為期一年的在職進修課程（李奉儒、蘇永明，民89）。之後，相關的政策大多集中焦點於師資教育上，例如1919年 Burnham 報告書的要點是如何將師資訓練證照化，因而導引出聯合考試委員會（Joint Examination Board）的成立（李奉儒、蘇永明，民87）。1925年《公立小學教師訓練報告書》（Report of the Department Committee on the *Training of Teachers for the Public Elementary Schools*），則是針對師資培訓機構的定位，其建議是大學學位課程應繼續維持四年制度，而訓練學院（Training College）則為兩年。但是以教育委員會核可的教學綱要（Syllabus）為架構來建立大學與訓練學院間的合作關係，並以聯合考試委員會為機制來推展此種合作關係（Maclure, 1969）。之後，1944年的《McNair 報告書》才又涉及在職進修議題，其要點是強調在職進修在教師專業素養提昇的重要地位，具體建議是在每五年的教學經驗後，政府應提供教師為期一個學季的在職進修課程。進入1950年代社會大眾

逐漸認同此種在職進修與教師專業素養的關聯性，其影響性是從1954年起，地方教育當局開始設立教師中心（Teacher Centre）以提供在職進修訓練，起初的功能在於進行實驗數學科與初級學科，而後由於學校委員會（School Council）的建議，自1967年後轉向教師在職進修機構（李奉儒、蘇永明，民89）。

之後，許多報告書或法案大多忽略在職進修議題，因為當時的焦點是師資培育問題與高等教育的重組或擴張。例如，1959年《Crowther報告書》焦點是學生教育成就與進入大學的公平性（Lawrence, 1992），以及因應戰後嬰兒潮所帶來的師資短缺問題，並建議引進三年制的教師訓練課程，以及彰顯配合工商發展所必須的延長教育年限。1963年《Robbins報告書》則是關切在1980年之前將目前高等教育的容量擴張一倍，並建議在大學中設立教育學院（School of Education），訓練學院更名為「教育學院」（College of Education），三年的學位課程後，應有一年的職前專業訓練（Maclure, 1969）。該報告書並建議設立國家學位授與委員會（CNAA: Council for National Academics Awards），以授與完成非大學的高等教育機構課程的學生學士學位。隔年工黨執政後，該委員會成立（李奉儒、蘇永明，民87），並將師資訓練改成三年或四年的師範學院，同時強調與大學進行學術及行政的緊密合作（王秋絨，民83）。

進入1970年代在職進修才又受到重視，1972年《James報告書》提出三個時期的師資培訓制度，第一時期是完成一般高等教育機構課程，第二時期是為期二年的專業訓練，其中包含一年的專業學習，第三時期是在職進修，其要點是達七年教學年資為第一階段，而後為第二階段，教師在第一階段及第二階段中的每五年皆應享有

一個學季的留職留薪進修（李奉儒、蘇永明，民89；瞿葆奎，1993）。1972年12月的白皮書（White Paper）除提出出生率下降的警訊及主張大幅降低中小學師生比外（Thomas, 1990），並接受此項在職進修的建議，並規劃教師每七年可帶職進修一個學季，名額是全國教師總數的3%。1976年時工黨政府企圖將前述一個學季的在職進修政策延長為一年，但受限於石油危機所引發的經濟蕭條與財政緊縮而未能實現（李奉儒、蘇永明，民89）。1983年中央政府宣佈設立CATE（the Council for the Accreditation of Teacher Education），其任務是對教育部長建議關於英格蘭與威爾斯地區的教師起始訓練課程的認證與評鑑，CATE並設定一些標準，其中規定PGCE的課程期限最少為期36週（Barrell and Partington, 1985）。1985年教育科學部出版《較佳學校》（Better Schools），其要點指出教師教學中存有資格、經驗與任教學科間無法吻合的缺失，因而凸顯教師專業素養的改善與提昇的重要性，並且主張教師必須接受在職進修訓練（李奉儒、蘇永明，民89）。在1980年代M. Thatcher政府堅信市場機能將帶來正面的革新與績效（姜添輝，民88），例如1983年9月起實施的工藝與職業教育優先權（TVEI: the Technical and Vocational Education Initiative）方案（Dale, 1989）。此種市場機能的概念也被引進教師在職進修政策中，例如依據1986年第六號通諭（Circular 6/86）而設置LEATGS（地方教育當局訓練基金計畫），市場機能的概念進而大幅削弱地方教育當局在經費的主導權。第六號通諭並規定在職進修的四項主要重心：專業發展、系統性方案、教師人力管理、配合全國優先項目。1994年法案要求將前述設立於1983年的CATE改組為教師培訓局，其任務之一在於執行在職進修的政策（李奉儒、蘇永明，民89）。

參、研究方法

一、研究對象

　　由於本研究的目的主要在於探究英國威爾斯地區中小學教師在職進修的政策與實施情形，所以研究面將涵蓋執行政策的行政組織、實行在職進修教育的機構及學校，官方的行政組織又可細分為教師培訓局、地方教育當局，而實行教師在職進修教育的機構則包含教師訓練中心、高等教育機構，學校面則包含中等學校與小學。因此依據這些機構，研究對象可區分為教師培訓局、地方教育當局、教師訓練中心、高等教育機構、中等學校與小學等層級。

二、研究方法

（一）文件分析

　　此方面包含政府的法令、公報及出版品等，以及各執行機構及學校的相關出版品以及規定等一手資料，除此之外本研究亦研讀分析相關的研究、著作等二手資料。

（二）訪談

　　本研究的資料收集方式採用訪談法，此一工具選擇的主要依據有二：其一是由於受限於時間與經費的限制；其二是訪談法存有相

當的學術研究價值性。Waller（1932）便主張，語言可視爲獲得個人所處社會世界中目的與因果關係的個人性原因或是解釋的主要工具。Spradley（1979）指出，訪談可以兼具探究出暗藏與明確的文化，Hammersley與Atkinson（1983）更進一步指出，社會與文化世界中每一個面向幾近呈現出無窮的多變性，然而訪談法卻可作爲呈現描述、解釋與評價此種變化性的適當工具。再者一些學者亦主張訪談法可以接近到其他工具無法或是較難獲得的資料（Cannell and Kahn, 1966; Robson, 1993）。Jackson對此作了貼切的摘記：

> 「職業態度、滿意的情感與失望的情感伴隨著成功、
> 失敗、行動背後的理由——這些與某一職業的許多其他面
> 向是幾乎是看不見的，除非是對已經歷過前述這些事項的
> 某人進行談話。」（Jackson, 1968: 115）

談話並提供問卷所不具備的許多雙向溝通的機會，使得研究者能對受訪者進行探究、確認其所提供的答案，並作進一步的發掘此答案的情境與理由，因而可獲得更爲完整與深度的資料，與受訪者的雙向交談過程中亦可澄清可能的誤解，因此所獲得的資料更具精確性（Best, 1977; Kidder, 1981; Mouly, 1978）。

三、資料收集

受訪對象侷限於威爾斯首府Cardiff及周圍的行政區域，在此區域中的教師培訓局、地方教育當局及教師中心各有一個，高等教育機構則有三個，即University of Cardiff（舊稱University of Wales, College of Cardiff）、University of Wales Institute, Cardiff（UWIC）

及University of Glamorgan。經連絡後共有十人願接受訪問，包括教育訓練局與地方教育當局負責在職進修的部門主管各一人，教師中心的主管一人，三所大學在職進修教育負責人各一人，專精在職進修教育與政策的大學教授一人，教育系前系主任一人，及中等學校與小學校長各一人，總計10名受訪者。

訪談工作的進行時間是從民國88年1月26日至2月15日，訪談地點則由受訪者決定，絕大部分是在受訪者的辦公室、或是空教室進行，但也有受訪者要求在其客廳進行。經受訪者同意後，訪談的過程皆全程錄音。每一訪談持續的時間最短約40分鐘，最長約75分鐘。

四、資料分析

前述的訪談錄音帶由英國人先轉換成英文文字稿後，再由本專案的研究助理譯成中文文字稿，這些資料以內容分析的方式處理，經過多次的研讀後以主題（Theme）撰寫成報告。

五、研究限制

受限於經費及時間，本研究存有下列可能的限制。第一是資料收集的區域侷限於Cardiff及周圍的行政區。第二是研究工具侷限於訪談法，若能兼採問卷甚至觀察法，將能得到更精確的資料。第三是研究對象未能擴及教師。儘管研究範圍未能涵蓋全威爾斯地區，但是此一區域是威爾斯的人口、政治、行政、經濟與教育的重心，而且教師在職進修是全威爾斯地區一致性的政策，所以資料應能反

映出整體的概略性真實情境。而在研究工具與對象的限制方面，本研究的因應之道是，研究發現被界定於此種社會情境的解釋，而不應被視為不變的原理、法則。

肆、結果與發現

英國的在職進修制度可區分為十項來陳述，為避免受訪者產生困擾，下面引述的談話的受訪者全部以假名處理：

一、政策背景、發展趨勢及目的

在職進修制度曾經歷三個主要階段的改變，在最起初的階段中政府並未重視到此方面。對教師而言，接受此種訓練既不是強制性也非重要性，甚至伴隨著負面的意義：

> 「在1970年代時，僅有約一成的教師會接受在職教師訓練，這些人通常會被視為具有某方面的癖好或是有野心的，而其他教師則未接受教師在職進修的訓練。」
> （Williams, Cardiff University）

但是《James報告書》卻顯示出政府注意到其必要性，因為該報告書強調各校發展其本身成員繼續發展的重要性（DES, 1972）。進入1980年代之後此種現象逐漸改變，之後絕大部分的教師對在職進修建立起正面的觀念，而不再排斥。所以在進入九〇年代前，在職進修變成教師工作的一部分，甚至已轉變為教師工作契約的一部分。因為1987年3月2日所通過的教師薪資與條件法案（the

Teachers' Pay and Conditions Act）規定，教師工作契約的學校工作日為1,265小時，其中有強制性規定的五天學校進修日（Barber, 1992）。在這五天中學生並不到學校，各學校規劃其自身的課程方案。

到了九〇年代末期，在職進修甚至轉變為教育改革重點政策之一，「綠皮書」（Green Paper）的出現是此一新紀元的轉捩點。其企圖心不僅在於改善水平，甚至要建立世界級的學校（World Class）。教育與就業部內閣大臣（Secretary of State for Education and Employment）David Blunkett作了以下的聲明：

> 「我們要在下一個世紀給我們的學童世界級的學校，
> 在一個快速變動的世界中，每個學生將需要讀寫與計算能
> 力，並且為明日的市民身分作準備……我們需要一個專業
> 的新視野，它提供更好的報酬與支持，以交換更高的水
> 準。我們的目的是要強化學校領導能力，提供卓越的誘
> 因，產生一個專業發展的堅強文化，提供給教師著重於班
> 級教學的更好協助……。」（DfEE, 1998: 5）

在此種政策導向下，英國中央政府宣佈在未來超過三年中，將額外投注190億英鎊的經費於此方面。追求此種學校表現、學生學業成就水平的觀點是，教師素質與校長領導能力扮演關鍵的角色：

> 「我們的目標是：來發展達到一致性高水準的教育體
> 系……；認知到教師在提昇水準中的關鍵角色；以確保在
> 每一個學校，我們有優越的領導能力。」（DfEE, 1998:
> para. 167）

因此，相關的教師在職進修（INSET）與具備校長資格訓練的校長全國性專業資格（NPQH: the National Professional Qualification for Headteacher）計畫因應而生。為達到提昇學校表現的全國水平與共同重點項目，全國性優先權（National Priority）與新經費政策陸續被引進。優先權在於設定特定的重點工作項目，如威爾斯政府（Welsh Office）便列出1999至2000年期間具有優先權的十三項活動：

> 「GEST的管理、國家課程中的威爾斯語、藉由課程的提昇水準、藉由新材料與技術來改善表現、學校管理與領導能力、教師發展的贊助、5歲以下、年輕人與社區工作、特殊教育需求、讀寫能力與計算能力、職業與生涯教育、全國學習網。」（Welsh Office Circular, XX/98: para. 2.9）

並且設立專責機構——師訓練局來落實教師在職進修的政策。以及計畫在2000年時設置一般教學委員會（the General Teaching Council），以提昇教學的專業地位。事實上，早在1866年時Canon Robinson結合一些教師在York開會，討論成立一個教師註冊委員會（Teachers' Registration Council），其目的在於創設一個結合性與自我管理的專業組織（Parry and Parry, 1974）。事隔多年後，全國校長協會（NAHT）在1960年5月時正式提議設置類似的the Teachers' General Council（Coates, 1972），但是長期以來卻受到保守黨政府的反對，及一些時期工黨政府的抗拒，其共同的觀點是脫離政府的控制將產生更多的問題（Ross, 1990）。如1964年的教育內閣大臣Q. Hogg以可能造成人力短缺的理由加以反對（Muir, 1969），以及受

到教師團體間各懷鬼胎的影響，以致於遲遲未能通過（Barber, 1992）。綠皮書重大改變的主要原因在於，長期以來工黨與教師團體特別是全國教師聯合會（NUT）有相當的合作關係，並且彼此間有較相近的政治立場與利益關係（姜添輝，民87）。明顯的例證是NUT在1970年5月1日加入英國工會聯盟（TUC: Trade Union Congress）（Locke, 1974; Manzer, 1970），所以當工黨執政時整個局面有利於教師團體的要求。

　　經費方面是從以往撥給地方教育當局，並且由地方教育當局來統籌整個教師在職進修的事務，但是現今則轉變為學校擁有更高的決定權。此種自主權的賦予主要在於，以往的在職進修存有相當的缺失。一位受訪者作了以下的陳述：

> 「某人接受此種課程之後回到學校卻無任何重大改變，即使他們試著引進一些改變，但是在使用這些知識時學校卻有困難，有一些研究證據證實如果你要幫助他們去改善他們的工作，給他們知識、理論或甚至是脫離工作的實務是不夠的。」（Apple, Cardiff University）

　　因此在職進修內容與規劃架構大多著重於以學校為主的精神。除了教師之外，校長的領導能力被視為直接影響全校效能的主要因素，然而實際上卻有相當的改善空間。就如一位受訪者所指出的：

> 「有一些中等學校及小學的校長在學校管理上並不好，因此政府決定進行監督，欲以系統性的方式來保證有所改變，因此強力推動的方向是教育管理與藉由視導的學校改善，在此種前提下乃產生在職進修，其主要用意在於

建立更好的教育與管理體系。」（Holmes, UWIC）

因此校長亦被納入在職進修的對象中，事實上校長的訓練亦歷經四次的變革。在1981年以前實施無一致性的地方性與全國性訓臉課程，在1983年時政府設置了學校管理訓練的全國發展中心（National Development Centre for School Management Training）。其課程分成兩類，想要成為校長者修20天的課程，現任者則接受50天的課程。學校管理工作力量（School Management Task Force）在1988年1989年間引進，其目的是協助落實教育改革法案（Education Reform Act）。之後在1989與1990年間引進引導方案。

1995年是最新的改變，政府引進NPQH，此一資格的獲取是成為校長的先決條件。為落實此一新措施乃設置新任校長的評鑑中心（Assessment Centre for New Headteachers）與新任校長的訓練與發展中心（Training and Development Centre for New Headteacher），在威爾斯地區這兩個單位則設置在Cardiff大學社會科學院[3]。儘管目前NPQH尚未成為強制性的法令，但是依據綠皮書的內容將很快被立法。

二、執行機構

直到1970年中期提供教師在職進修的機構是一般大學、地方教育當局，以及為數不多的私人單位，主要的訓練由大學、教育學院與地方教育當局負責。現在的主要執行機構包含教師培訓局、地

---

[3] Caridff大學即昔稱的University of Wales College of Cardiff, 在1999年時教育學院與社會學院合併後改稱社會科學院。

方教育當局、教師訓練中心及高等教育機構。

（一）教師培訓局

　　教師培訓局位階高於地方教育當局，因此具有更高的權限，其職責在於規劃教師的在職進修架構。在1998年時制定全國標準（Nnational Standard），此一標準細分四項，即合格教師身分（Qualified Teacher Status）、科目領導者（Subject Leader）、特別教育需求的協調者（Special Education Need Coordinator）與校長的全國標準。除了合格教師身分之外，其餘的每一個分項標準皆細分核心目標、主要結果、專業知識與瞭解、技術與特質與主要範圍等五項，而合格教師身分的全國標準則區分為知識與瞭解；計畫、教學與班級管理；監督、評價、紀錄、報告與責任及其他專業要求。上述的每一項目皆有明確的目標，就以從1998年5月起開始實施的合格教師身分的全國標準為例，「計畫」的部分便有用於達成學生學習的教學計畫；提供短、中與長期課程的清晰架構與順序；有效運用學生成就的評鑑資訊並改善教學與規劃未來課程與其順序；規劃促進學生個人、精神、道德、社會與文化發展的機會；確定相關考試大綱的涵蓋面與學習的國家課程計畫等五個分項目（TTA, 1998; Welsh Office, 1999a）。

（二）地方教育當局

　　地方教育當局的職責主要在於組織在職進修課程，其依據是學校的共同需求或是全國性的優先權，之後再將之交予教師中心與高等教育機構來執行。通常地方教育當局會依據其需求與方案來尋求高等教育機構加入的意願。

另外，亦設置建議者（Advisor）以及諮詢教師（Advisory Teacher），以提供建議服務（Advisory Service），此方面的服務包含在職進修計畫、工作方案、每一學校課程領域的教學策略、每一學科的班級組織、課程特別領域的教學、各種評鑑、學校管理等，這些皆可連貫到如何協助學校發展完整的學校發展計畫（School Development Plan）。可提供學校檢查（School Inspection）前、後的協助服務，檢查前是相關的工作、計畫準備事宜，之後的是缺點改善工作的進行（CASE, 1999a）。地方教育當局亦印發相關手冊以使各校瞭解檢查的詳細內容，如檢查程序、學校檢查前的準備工作事宜如文件、家長意見與學校董事會對學校的瞭解等方面的資料，視察人員到校時蒐集證據的事項與評定等級依據。視察後的口頭報告、書面報告與行動計畫、檢查報告的格式等（Cardiff County Council, 1999）。

　　學校每年所分配的免費諮詢服務天數，依學校規模大小而有所差別，小、中、大型學校分別為4.5、7.5與12天。但是當學校將接受檢查時，學校可獲得額外加倍天數的諮詢服務；而年度未用完的服務天數可保留至下年度，但是上限是50%。另外，年度不足時，可預支下年度50%的服務天數，或是付費使用。費用標準是建議者四分之一、半天及全天分別為50、100與200英鎊，諮詢教師為40、75與150英鎊。學校需求此類服務時必須填寫申請表，秋季是9月底前寄達，春季是1月底，夏季則為4月底，當諮詢服務管理部門收到申請書後，會在一個工作天內與申請學校聯絡，以討論服務的性質與何時執行（CASE, 1999a）。除此之外，諮詢服務部門亦發行在職進修的時事通訊（Newsletter），其內容涵蓋學校各種科目與評鑑等三十個範圍，以使學校與教師知悉在職進修的訊息與規定（CASE,

1998）。

（三）教師中心

　　教師中心受地方教育當局所管轄，受訪的教師中心隸屬於
South Glamorgan，現今改隸於Cardiff市。其全名是社區教育與教師
中心（Community Education / Teachers' Centre），在此類機構中是
全威爾斯最大的，其功能並不侷限於教師訓練亦有社區教育的功
能。關於在職進修，此一教師中心主要功能是提供建議服務，以協
助學校發展完整的學校發展計畫；另外，亦組織與執行一部分地方
教育當局所設計的在職進修訓練。課程的組織乃基於學校的共同需
求，這又區分兩種：其一是在該中心進行的在職進修中心課程
（Central INSET Course），這些課程包含每一學校課程範圍，亦有橫
跨課程主題，每年約有300位教師到此研習；另一種是當地訓練
（On-Site Training），這指的是教師中心派遣其建議者與諮詢教師，
他們通常是經過教師同意後，進入教室來工作，或是在學校的在職
進修日時，為全校教職員進行在職進修訓練。這兩類的課程皆是由
教師中心所獨自進行，而不與高等教育機構相結合。

（四）高等教育機構

　　Cardiff區域的高等教育機構共有Cardiff University、University
of Glamorgan及UWIC等三所，其中Cardiff University並未加入由
TTA所主導的INSET課程，該大學教育學院的教授抱怨：

　　　「威爾斯大學與Cardiff大學是無希望的不合潮流，他
　　們所需做的是使在職進修課程為正式課程的一部分，並且

將之累進計算，並將之與正式課程所頒與的證書或學位相連結，現在，英格蘭的許多大學已提供一個完整的這方面服務……在威爾斯大學，我恐怕存有各種相當惡劣的理由。」（Taylor, Cardiff University）

由於Cardiff大學不同意將其他機構所提供的短期課程視同正式課程，並作爲積點計分以抵免學分，所以未加入教師在職進修工作，因此教師在此一機構研讀碩士課程並不被視爲是進行在職進修，他們必須自費。除此之外，該大學經由英格蘭與威爾斯的教師培訓局評鑑篩選後，被選定爲威爾斯地區的NPQH訓練課程的基地，每年約有200位想要成爲校長的教師來此研讀此類課程，此一數目約爲全威爾斯校長總數的十分之一，亦約是每年需求的校長數。

UWIC提供的在職進修主要是教育碩士課程，這僅有七年的歷史，因爲原本該大學不能開設碩士班，但是經由Cardiff大學前教育系主任Brian Davies的協助，由Cardiff大學認可UWIC所開設的教育碩士課程，因此可以頒與碩士學位，主要的重心在教育管理上。此一高等教育機構約與威爾斯東南部的300所小學及100所的中等學校有合作關係，並提供這些學校的教師修課時減少學費的優惠措施。University of Glmorgan並無設置教育系或學院，目前的教師在職進修課程由商學院來執行，其加入的原因是能提出地方教育當局所需的方案。

關於前述這些機構的關係，教師培訓局、地方教育當局與教師中心呈現上下的從屬關係，儘管高等教育機構與這些官方機構平行。但是在教師在職訓練上，教師培訓局具有更大的主導權，而非

實質的夥伴關係。就如某位受訪教授所言：

> 「如果你談論英格蘭，在職進修在該地區是相當受到
> 教師培訓局所左右的，即使師資教育亦是如此。因為這些
> 訓練課程皆須符合教師培訓局所設定的標準，並經由他們
> 許可後才能執行，此種情形亦將發生在威爾斯。」
> （Taylor, Cardiff University）

三、經費

關於經費在1970年代及1980年代間，在職進修的重大轉變是學校為焦點的訓練（School-Focused Training），經費的撥給方式從以往撥給地方教育當局與高等教育機構的作法，轉而將更多的經費撥給學校，中央將經費撥到地方教育當局後，地方教育當局必須無條件的轉給各學校，因此學校有權來購買此類的訓練。在1980年代中期所發生的是持續性的轉向，非中央集權化的預算、地方基礎的管理，因此各學校獲得預算來購買此類訓練。但是政府頒佈的全國性優先權為優先考量，教育資助與訓練款（GEST: Grants for Education Support and Training）在1997/98年頒佈三個優先主題：5-19歲課程、管理與威爾斯語（Howardian Centre, 1999b）。威爾斯政府再依據這三個主題來制定九個活動：GEST Management、Welsh in the National Curriculum/ Support for Transferring to Welsh Medium Teaching、Raising Standards through the Curriculum、 New Materials, Technology & Security、School Management and Leadership、Support for Teacher Development、Provision for the Under Fives、Youth &

Community Workers、Special Educational Needs。這些活動又細分為三十個不同的優先權，如在支持教師發展的活動便有教師專業發展、證照性的訓練與海外訓練教師、專家教師助理引導方案（Howardian Centre, 1999a）。經費使用另有一項規定，即不能用於購置硬體設施，但是可以用於在職進修所需的各種材料，惟不能超出此項預算的10%（Howardian Centre, 1999c）

　　威爾斯地區在職進修的經費是由威爾斯政府所管理的GEST，絕大部分地方教育當局或是學校在職進修的預算皆來自GEST。而其原始來源是國家彩券（National Lottery），此一彩券的盈餘一部分撥給新機會基金會（New Opportunities Fund），然後再撥一部分到GEST。GEST依據三個學習間段（term）來撥發經費，分別是7月底、12月底與3月底（Welsh Office Circular, XX/98: para. 3.18）。

（一）地方教育當局

　　威爾斯政府撥給地方教育當局60%的經費，其餘是由教育局自行負責40%。而其本身設置的諮詢服務部門獲得威爾斯政府部分的贊助，另一部分則來自其本身的預算。Cardiff 1998年的在職進修預算金額是£2,442,000（Howardian Centre, 1999a），在整體上，絕大部分在職進修的經費直接撥給每一個學校，威爾斯政府要求的最低標準是65%，而Cardiff則將用於1999年在職進修經費總數的85%撥給學校來自行運用，各校的分配額度是£6,289，其中課程／學校管理與領導權£4,578、威爾斯語£1,711（Howardian Centre, 1999b）。但是經由市場機能使經費又回流到地方教育當局的手中。

（二）教師中心

其經費來自地方教育當局，1999年的經費預算是￡25,809
（Howardian Centre, 1999b），經費運用上有兩個主要方向，其一是
課程，每一所學校皆有其所屬的定額款項，並可以在此範圍內在教
師中心受訓，另一部份則支付諮詢教師的費用。

（三）學校

政府撥發的經費分成兩部分，其一是作為參加地方教育當局設
計出的定額的中心課程（Central Course），另一部分則在威爾斯政
府頒佈的指示內可自行決定（Howardian Centre, 1999a）。除了政府
預算外，亦有些來自其他方面的捐贈與資助，例如私人企業提供免
費的課程。目前平均用於每位教師的在職進修的費用預算每年約
800英鎊，受訪的中等學校表示一年的在職經費約有14,000英鎊。
受訪小學在1998/99的經費預估是￡6,289，其中包含代理教師￡
4,500，交通費￡300，材料費￡600，及課程費￡889。在職進修的
一部分經費是有特定用途，其他部分則無特殊規定。

絕大部分學校為有效運用這筆款項，所以皆設有一位在職進修
的協調者（Coordinator），其職責在於控制使從各種機構得到的訓
練課程與預算配合，並且將預算進行跨越單位合理的分配，以支持
學校的發展計畫。學校對於在職進修經費的運用享有相當的自主
權，只要符合GEST所規定的範圍皆可進行，這方面有三個主要的
類別，包含威爾斯語、管理與課程，其中課程是最主要的項目。在
此架構下學校可自行決定向任一機構購買這類的訓練課程。此種自
主權所導引出的市場機能使得官方單位必須提供高品質的訓練課

程，因為絕大部分的經費已撥給學校，所以政府單位要能夠有足夠的經費只有使經費回流，而提供高品質的訓練是最可行的方式。

（四）教師

以往地方教育當局對教師在高等機構進修學士或碩士學位課程均全額補助，只要教師向地方教育當局申請，大部分情形皆會得到支持。但是現今的政策是將長期的課程轉向短期性，再加上在職進修的預算縮減，而且被列入各校本身的在職進修預算中，所以，一般欲研讀學士、碩士學位的教師必須自己負擔學費。但是若在與地方教育當局有建立契約關係的高等學校，教師仍可得到經費補助來研讀證書、碩士學位的課程，這並非直接的研讀這類的正式課程，而是短期課程被以學分計點的方式，可在研讀正式學位課程時作抵免。

四、課程規劃依據、過程、架構與特性

（一）依據

地方教育當局的課程規劃有兩項依據，其一是學校的發展計畫，儘管將學校計畫送到教育局並不是強制性的規定，但是幾乎所有學校皆送來地方教育當局。通常教育局將會檢視學校計畫並加以分析，之後寫成一個關於計畫性質的報告，以作為辨識學校需求的依據，並且進一步設計在職進修課程的概要簡介（Compendium）。另一種依據是中央政府的要求：

「概要簡介是相當基於學校所說的需求，但是另有一項依據，即是實際上中央政府所要求的，目前所談論的是讀寫能力、算數能力、資訊與傳播技術、學校領導權，這些是目前的四大優先權，所以在經費的運用上這些項目是處於優先地位。」（Young, LEA）

全國性優先權亦影響到各學校的發展計畫，並且通常是主要的考量。有關這方面信息的傳遞通常教師中心會轉知各學校，使各學校將一定的費用用於這些方面。除了將全國性的優先權納入外，各學校的資深管理群（Senior Management Team）在規劃其學校發展計畫時亦會考量全校性的優先需求以及個人的需求。學校的發展計畫進一步影響高等教育所提供的在職進修課程，高等教育機構基於前面已提及的市場導向，將會參酌各學校的需求來規劃課程。但是亦會考慮到視導的結果或是實際情境的缺失：

「我是一位小學的視導人員，技術與體育在小學的情況是最差的，因此我們試著將我們的在職進修訓練著重於這兩個科……從學校的視導中政府發現有太多的校長與副校長在教師中可能是好教師，但不必然在辦公室是好教師，人員與資源的管理是我們所憂慮的……教育管理、人力資源的管理與財務資源的管理，那是我們所關注的」（Holmes, UWIC）

（二）規劃過程

地方教育當局與教師中心會將相關問卷寄到各學校，以確定學校的需求，並以此排定優先順序。此項需求資料收集、確認與課程

設計工作通常是由教育局諮詢服務部門負責。此種模式並不發生在每個高等教育機構，但是有些高等教育機構如UWIC更設立諮詢委員會，以使其課程更周延，其成員便包含資深教師、部分校長與一位體育與運動的皇家督學、及一些重要機構的人員。

另外，中、小學的規劃過程較爲愼重，並且依一定程序進行。受訪中等學校表示，每當一些需加強的部分確定時，學校便使用地方教育當局所提供的中心課程（Central Course）以及建議者，使教師與他們在教室內一起工作。中等學校的意見收集及規劃過程大致呈現此種模式：

> 「個別的教職員、單位主管可辨識訓練的需求，並且可辨識出一些可行的課程，他們可經由所屬主管向資深管理群申請參與這些課程，之後資深管理群有責任來評估這種請求與對學校發展計畫貢獻的優先權。因此某人申請在職進修的課程必須是清楚的執行學校發展計畫……相同的經費所支持的活動並需依據學校發展計畫」（Smiths, Secondary School Headteacher）

受訪小學的規劃過程更爲愼重，在9月／10月時以問卷及訪談方式，瞭解學校教職員認定的學校及其本身的需求，並據此提出暫時性的預算。12月／1月評估用於今年的預算，1月／2月地方官員與校長進行預估性的預算，接著將此預算呈送政府的經費委員會，之後呈給學校同仁。經委員會同意後開始撥款，再來教職員同意計畫的課程及與社區連結的優先權。3月／4月收到實際的預算，接著在職進修方案經全校教職員同意。4月／5月全校教職員與學校董事會同意未來三年的學校發展計畫，5月／6月／7月／9月全校教職員

與董事會進行學校發展計畫的執行、監督與評鑑的工作（Kitchener Primary School, 1999）。不但過程嚴謹，在職進修的目標、計畫、工作進度、評鑑及各項專責人員及職責皆有明確的規定。例如在職進修管理者的職責是：（1）在與校長及資深管理群作經常性的諮詢下，進行規劃、監督與評價在職進修計畫；（2）與全體職員一起行動來發展在職進修過程的知覺與參與（Evans, 1997）。

（三）架構

　　地方教育當局會編印作為在職進修的中心課程概要簡介，並送一本到各學校，其課程包含核心課程（Core Course）、附加課程（Additional Course）以及後續協助方案（Follow-Up Support Package）。這三類依據小學及中等學校的二十二個學科及評鑑、評鑑與全國成就紀錄等兩個，一共二十四個類別來設計相關訓練科目。核心課程訓練對象主要針對課程領導（Curriculum Leader）與部門主管（Head of Department），其內容在於處理絕大部分學校的發展事務。此類課程是強迫性質但是免費，此種免費是每個學校給予定額的額度來使用這類訓練。使用後再從此一額度扣除，若超過則需自行付費（CASE, 1999b），惟Cardiff地區以外的學校必須付一天80英鎊的費用。而非核心課目則由各學校自行決定是否需要，其費用是一天50英鎊，Cardiff地區以外的學校是一天80英鎊。後續協助方案亦是由學校自行決定其需要性，其內容是由建議者與諮詢教師到各校協助。上述地方教育當局開設的課程絕大部分是由Howardian社區教育與教師中心來執行（CASE, 1999b），此中心所提供的在職訓練約有320門科目（Howardian Centre, 1999a）。

　　Cardiff大學規劃的NPQH課程有五個必修的科目（Module）。

UWIC開設依據小學與中等學校課程而設計的十六個科目類別，分別是：早期教育、英語（兩門）、讀寫能力課程、威爾斯語（兩門）、數學、設計與工藝（四門）、資訊技術、藝術、體育、宗教教育（兩門），其中讀寫能力課程由閱讀與語言中心（Reading and Language Centre）規劃實施。以及七個全校性主題的科目，分別是：計算一個學校的附加價值元素、思考如何成為一個學校的獨立檢查人員、自我管理學校——評鑑標準與監督品質、幼兒檢查的準備、領導權與學校管理、行為管理——發展個體教育、行為管理——自我尊重與週期時間（UWIC, 1999a）。為配合教師培訓局的繼續專業發展（CPD: Continuing Professional Development）方案，進行調整碩士班課程增設學校效能與檢查、發展教學與學習、人力資源與財務管理、行為管理的當代主題等五門課，合併原先的二十五門共計三十門課。修畢每一門課皆須繳交一篇2,000至10,000字數不等的研究報告，以作為一部分的評鑑學習成果之用（UWIC, 1998）。另外，為配合在職進修的短期課程政策，亦開設一些短期課程，其主要的重心在於讀學能力、計算能力、設計與資訊技術、全校性主題。全校性主題方面的科目以有效的學校管理及檢查的準備為主。關於學費方面，與此大學有合作關係的學校教師可享有一些優待，第一年免費，第二年半價，第三年全額（UWIC, 1999b）。

University of Glomgran的課程架構有三個核心科目：繼續專業發展、瞭解與處理（教育）改變、（教育）研究法，這些列為必修。以及最高五門用於關注工作實務的獨立研究，其內容、結果與評價則由學員與大學的指導員（Mentor）經過討論後決定，學員並會得到地方教育當局諮詢服務人員的協助來進行獨立研究，除必修的核心科目外，其餘選修（UGBS, 1999）。

（四）特性

在職進修的特性之一是以學校發展為重心，即如何提昇學校的表現，如何有利於學生學習，因此從以往個人的成長轉移到學校整體的發展。具體而言是配合學校的發展計畫：

「這不是個人發展，而是學校發展，整體上我們期望這種的在職進修有利於學校，因此中心焦點是實際的學校發展……我們希望見到在職進修對學校發展計畫的實踐有所貢獻。」（Young, LEA）

此種特性導致在職進修課程呈現出明顯的實用導向特性。就連NPQH課程亦強調與實務相結合：

「他們必須作的是在他們的學校或在其他學校或工商業進行一定的發展活動……他們必須為學校準備一個策略的計畫，他們也必須執行教職員發展與評鑑活動，他們必須證明他們知道關於教師評鑑與如何評價」（Apple, Cardiff University）

另一項特性是彈性，如University of Glamorgan的在職進修課程是以碩士學位課程來設計，但是採累進制。學生可自行決定要完成研究所文憑（Diploma）、證書（Certificate）或是學位，其所需修的分別為四、八與十二科目。其中碩士學位的十二個科目是指證書所需的八個科目，再加上等同兩科目的論文及兩個更高層次的科目。每一課程單位採取學分制，一些實務工作經驗，或是在其他機構所修的課程，或是短期進修經過認可後，皆允許以學分的方式來抵免（UGBS, 1999）。由於Cardiff教師中心與University of

Glamorgan建立夥伴的契約關係，所以教師中心的課程被此大學所承認，可視同獨立研究的一部分，亦即可連貫到碩士課程（CASE, 1999b）。除此之外，學生可決定其學習進度，並且亦可以在不同的系所修課，如資訊技術課可以在電算系研讀。除此之外，獨立研究亦顯示此種彈性：

> 「學生亦可只修固定的核心科目，其餘可修最高五科目的獨立研究。這是相當容易的，這幾乎就像你在空大讀書一樣，自己從事遠距學習。」（Wilson, University of Glamorgan）

但這並不是所有的課目皆有彈性，學生仍需在此機構修畢規定的標準課目。UWIC亦有類似的抵免措施，例如其碩士課程的每一門課是三十個學分數，學員可利用相關的修課或經驗進行課程的抵免，但是上限為上課科目的50%，短期課程亦以學分累進計算，並連貫到碩士學位課程，完成為期一天的短期課程並且成功的完成一份2,000字的報告可獲得6點的學分數（UWIC, 1999b）。至目前為止此種疊進計點與減免的方式僅存於教師的在職進修，而不適用於NPQH，其主要的原因在於此種政策剛推行，所以尚未制定相關的辦法。

五、施予在職進修的師資種類與條件

地方教育當局的諮詢服務部門設有建議者與諮詢教師，除了前面已提及收集學校需求，並規劃在職進修課程外，建議者對學校扮演建議及監督者的角色，以確定學校在執行國家課程，並且給學校

幫助與建議。他們並扮演聯絡者的角色,因此形成學校群的服務。而諮詢教師則依國定課程的科目而設立,他們通常到學校甚至教室診斷實際的問題,並提供一些建議,由此可見建議者的服務範圍比諮詢教師廣泛。實際上他們的諮詢服務也給學校許多協助,並因而改變學校對他們的肯定:

> 「在過去校長對一些建議者並無太大的信心,現在我想校長對他們在各科目的能力已建立信心……我們與諮詢教師有兩年的契約,例如在數學科我們將有三位諮詢教師。」(Bowles, Teachers' Centre)

所有的學校則可自教育局的諮詢服務部門獲得一定天數的服務。關於背景方面,建議者與諮詢教師都具有大學的學歷,大部分甚至擁有研究所的專業訓練,而且皆有實際的教學經驗。而這兩類人員的聘任稍有不同,由於就如前述建議者的服務範圍較廣,所以僱用這類人員必須作全國性的廣告,應徵者除了必須是某一學科的專家外,還必須有熟練的實務經驗。諮詢教師則自學校調任。

高等機構的師資背景則較為分歧,由於University of Glamorgan所提供的在職進修是商學院,所以其師資大多無實際的教學經驗,其相關經驗大多侷限於學術性的研究,實際的師資群有八位。Cardiff University則有相反的情形,由於本身設有教育學院,所以其所提供NPQH的師資擁有豐富的實務經驗,大部分曾擔任過小學或中學的教師,甚至曾是建議者或學院講師,有一小部分亦曾是學校校長。UWIC的在職進修教育設於教育與體育學院,提供此類教育部門的師資有五位,其中兩位負責在職進修與師資教育相結合,另外三位是處理在職進修連貫到運動與運動科學。他們的背景與

Cardiff University的師資較為相似，全部皆曾是合格教師，許多並曾擔任過校長或是副校長的職務。由於該學院提供比校長更高的待遇，所以能吸引一些校長轉任大學的教職，關於學歷背景絕大部分具有碩士學位，一部分則擁有博士學位。

六、接受在職進修人員的篩選過程

以往學校校長自行決定哪些人參與在職進修訓練，他們通常不會認真的思考。但是現在大多依據學校的發展計畫加以慎重考慮，並且亦會配合政府的要求，即所謂的全國優先權：

> 「現在我們被要求對所有學生教威爾斯語與英語，現在我們並無足夠的師資，在主要階段一與二進行威爾斯語教學……因此學校讓一些教師去參加一個為期兩週的課程……現在我們要注意到政府的決定。」（Rose, Primary School Headteacher）

參與NPQH的教師則需填寫申請表格，申請表有既定的標準，地方教育當局依據此一標準進行篩選並進行面談，以確定具有成為校長的潛能：

> 「你必須說出你在一個學校策略發展、教學與學習管理、經營……的觀點，你必須在申請表中展示你瞭解這些主題，並且說服你的教育局官員，你已對這些方面提供很好的答案，因此你具有成為好校長的潛能。」（Williams, Cardiff University）

接著是高等教育機構，Cardiff University要求申請者必須填一份自我評鑑的表格，之後進行面談。主要的內容詢問以兩年半時間來完成課程的可能性，並且需具有資深管理職務的一些經驗，以及具有成為校長的潛能。

七、鼓勵措施

接受在職進修後並無調薪的鼓勵措施，但是值得注意的前面已提及在2000年時將依據綠皮書（DfEE, 1998）的規定，在英格蘭與威爾斯成立教師專業的所屬機構──一般教學委員會。此委員會主要在於處理待遇與工作要求、工作評鑑等事務，因此在職進修的專業成長應會被納入薪資待遇的計算方式中。儘管目前無關於薪資待遇，但是在職進修仍具有一些實質性的影響，特別是在應徵更高職務時具有更優勢的條件：

> 「因為本校的副校長已轉任校長，所以我們正在徵求新的副校長，其中一項要求是繼續在職進修的證據。換句話說，任何申請者需說是的，我已從事過此種課程，並且這是發生在三年或是五年前……因此尋求下一個職務，你需要從事相關的在職訓練。」（Smiths, Secondary School Headteacher）

NPQH的鼓勵措施稍有差異，因為從2001年起任何想要成為校長的人皆必須修過此一在職進修課程，所以便成為先決條件。除此之外，在職進修亦有利於校長的調動。儘管威爾斯的校長無任期制，但是有些校長仍可能異動，因此在職進修的影響性亦如前述的

教師在職進修的情況一樣，它是學經歷的證明：

> 「因為許多校長服務於超過一所學校，不同的挑戰、
> 學校型態能對此一體系加以貢獻……因此一個專業的領導
> 能力是超越學校的領導能力，我想是重要的並需加以檢
> 視、去小心地證實。因此，就如我所說的，領導能力是專
> 業發展的整體工作，而此種專業發展最能描述它。」
> （Henderson, TTA）

八、成效因素

大體上，地方教育當局所提供的在職進修方案廣受學校的支
持，而且學校亦感到滿意，其主要的原因在於彼此間瞭解互相的需
求，即需求者預先將其需求告知提供者，而提供者據此來規劃課程
與服務。另一部分的原因乃是氣氛的改變，先前已提及教師越來越
認同從事在職進修，並且此種工作亦有利於他們的職務升遷，及改
善他們的專業知能與技巧，因此現今的氣氛是在職進修逐漸變成教
師工作條件的一部分。

除此之外，學校的在職進修協調者亦扮演關鍵性的角色，他記
錄學校教師參與在職進修的情況，因此得以使絕大部分甚至每一個
教師皆有機會來進行專業成長：

> 「在職進修協調者將會有每個教師的記錄，或許不超
> 過一年一次，我們將會問此協調者，你能讓我們知道有誰
> 未參與在職進修活動嗎？」（Smiths, secondary school

headteacher）

再者，檢查體系亦發揮相當重要的影響力，教師在職進修的記錄被列入學校評鑑的項目之一，並且產生強大的立即性壓力：

「督檢查驅動任何事務，似乎的情況是，如果他們將使用他們的金錢，許多學校將之連貫到學校的發展計畫，並且說好，我對我們是否已有藝術與工作方案以及政策有所憂慮，我們需要關於如何針對檢查來規劃的課程。」（Holmes, UWIC）

為使學校得以應付檢查，地方教育當局提供諮詢服務的協助，而學校視為相當重要的協助：

「從下個九月份起開始變更檢查程序，並且他們已幫我們作了新檢查報告的分析，這對校長而言是相當有價值的，他們給我們約五或是六張紙的分析，此一分析是關於改變的部分為何，以及我們已作的自我調整及運作這些。」（Rose, Primary School Headteacher）

九、評鑑

為確保在職進修的成效，各執行機構皆有設定一些評鑑措施，地方教育當局的工作在於監督學校如何使用在職進修的經費：

「此類經費必須使用於在職訓練上，他們不能將錢花在屋頂或是停車場或是各類的事務上……因為過去經費撥到學校，並且期望從事訓練，但他們卻沒有，因此我的部

分同仁實際地監督學校如何使用這類經費。」（Bowles, Teachers' Centre）

除此之外，並進行意見的調查。如在1996年時自小學、中等學校與特殊學校抽出代表性的校長並進行訪談，以瞭解他們對現存諮詢與人員發展服務效能的意見。1998年時對16所樣本學校的校長與教職員發展協調者，以半結構式的訪談法進行意見調查，其範圍包括在職訓練提供、學校贊助、課程時事通訊與在職進修的累進學分措施等（CASE, 1999c）。

而教育局所開辦的在職進修課程亦有評鑑措施，在課程結束時將會調查學員的反應，並且有外面的人員參與評鑑工作，但是卻無具體的進行評鑑實際的成效：

「有時建議者將到教室內去瞭解有效的教室事務，此種工作的麻煩是相當耗時，甚至是皇家督學也無法處理。因為你必須知道之前的教室情形為何，你也必須知道之後的情形為何，因此在實際情況進行評鑑是相當的困難，我們所能作的是評鑑教師對我們課程所想的。」（Bowles, Teachers' Centre）

高等教育機構所進行的評鑑情形有所差異，University of Glamorgan並無正式的方式，如問卷來調查學員的意見，但是每年皆有一次作為評鑑的方案委員會（Scheme Board）。相較於此，UWIC進行嚴謹的評鑑工作，其目的在於瞭解學生的反應，以作為改善或是調整課程架構與內容的依據：

「給學生一個二頁或是三頁的表格，學生帶回家填寫

後再送回，我們必須報告，在我們的課程委員會有學生代表，他們能報告在研習我們課程之後，他們所認為的優缺點。我們的在職進修亦有類似的系統，我們有一個一頁的表格，他們在空格中勾選與回饋，然後我們加以調整一些事項，因此有著基礎的品質確保程序……如果教師並無好的課程，他們將付出代價，學生很快的就會告知我們。」（Holmes, UWIC）

類似於此，Cardiff University所進行的NPQH有內部與外部評鑑二種措施，外部評鑑人員的工作項目包含針對某一科目所預先設定的標準，加以評鑑其達成的程度，內部則是任課教師所作的評鑑。

受訪的小學與中等學校對此項工作表現出積極與慎重的態度，並設計出一套完整的評鑑程序，其執行過程大體因循傳統科層體制的方式，資料的收集是由下而上，依據結果的調整則是因循由上而下的模式：

「學校的評鑑工作則由在職進修協調者負責……科任的協調者將評鑑的結果呈送給資深管理群，之後我們會與每一位教師作討論……之後我或是副校長會進行觀察，並說這裡我們正需要強調一些事務，以求進步。因此，如果你喜歡，我們是判決者，但是資訊則來自於資深管理群。」（Rose, Primary School Headteacher）

十、在職進修政策缺失

儘管威爾斯地區所進行的在職進修有相當程度的成效，但是也

存有一些明顯的缺失，這些缺失大多是由於政策本身不周延所引發的問題。

（一）經費

由於絕大部分在職進修的經費直接由學校自行運用，以至於大幅削減地方教育當局的權限。事實上，此種情況只是反映出具有中央集權特性的英國政府，以往中央政府、地方教育當局與教師團體在執行教育體系的運作上扮演著鐵三角的伙伴關係。但是自1980年代起便可發現中央政府急於主導教育的運作與發展，因此藉由與學校建立直接關係，即強調學校自主權特別是在管理與經費撥給上，來削弱地方教育當局的權限與影響力（姜添輝，民88b）。所以絕大部分經費已流到各學校，再加上頒佈許多優先權，使地方教育當局及其所屬的教師中心對經費政策充滿了不滿：：

> 「他們並未給我們足夠的經費，經費是如此的有限⋯⋯這筆錢並無法作太多事⋯⋯另一件事是與GEST有關，他們將帶來一個新的優先權⋯⋯這會出現在新的GEST公報上，然而我們尚未收到下年度的款項⋯⋯他們帶來所有的新優先權⋯⋯他們並不提供額外的錢。」（Bowles, Teachers' Centre）

（二）學校行政運作與學生學習

再者，進行校外的在職進修亦對學校的行政運作與學生學習產生一定程度的影響。受訪的中等學校為避免學生學習受到影響，甚至以補貼費用的方式來要求，儘量不要在一般上課時間接受在職訓

練。也因此黃昏課（Twilight Class）在執行在職進修時變得愈來愈受歡迎，但是此種做法仍需克服教師團體不同的意見，教師團體往往堅持課程時段必須因應教師在不同時間的方便性，以及接受機會的平等性：

「地方教育當局試著引進在黃昏時進行的一些訓練……… 我是全國教師聯合會在Cardiff的秘書，因此我是其成員，我們所要求的是給予無法修此一時段課程的人有同等機會，所以在工作日段時亦應開辦相同課程。」（Smiths, Secondary School Headteacher）

但是，此種作法卻導致了經費的增加。代理教師所產生的影響不僅是高昂的開銷，影響學生學習，並且在尋找適當的人選上也對學校行政造成相當的困擾：

「大部分有能力與聰穎者會先得到工作，然後是次佳的，接著那些不是頂聰明的傾向於無工作，這類人該是他們（代理教師）。這並非無例外，但是大部分是出現於代理教師的名單上……然後你要求他們到一個學校，並且作最困難的工作，他們並不暸解這個被挑選的班級，因此你有最不聰穎的代理教師來處理最困難的工作，這兩者並不會進行得很好。」（Smiths, Secondary School Headteacher）

（三）課程型態

儘管教師希望長期的課程，但先前已提及的在職進修已轉向短期課程，假若教師要修長期課程如碩士課程，他們必須自費。而短

期訓練課程所能達成的成效則相當有限：

「本質上，短期課程是關於政策信息的傳播，這並非
真正的訓練，也無法給人們技術。如果要給人們技術，你
必須作得比這個多，時間上也需更長。」（Apple, Cardiff
University）

（四）評鑑

另一個缺失是對真正成效並無真正進行系統性的監督與評鑑，
先前已提及地方教育當局表示不可行的實際困難，但是這種情形使
得在職進修的成效大打折扣，甚至流於形式，特別是學校進修日：

「好學校安排外面演講者到校，或是某一個部門呈現
工作坊……有些學校並沒這樣好，並且讓教師自己準
備，他們只是說我們相當忙……這是無足夠的監督與評
鑑。他們作快樂單（Happy Sheet），你知道什麼是快樂單
嗎？在課程結束後，你說演講、演出——好、差、極差…
…這稱為快樂單……你需要問更難的問題。」（Williams,
Cardiff University）

伍、結論與建議

上述段落要點顯示出，在職進修已成為英國威爾斯地區教育改
革的重點工作之一，無論政策的宣示或是鉅額經費的投入皆顯示此
一事實。此種政策的主要目的在於提昇學生的學業成就水平，其動

機乃是反映出長期社會對學校表現的質疑。如1970年代中期後在教育部內部秘密流通的黃皮書（Yellow Book, 1976）、Callaghan首相的大辯論（the Great Debate）（Challaghan, Reprinted in 1989）、教育內閣大臣D. Eccles抨擊的秘密花園（Lawton, 1980）。八〇年代一系列國際比較研究顯示的低落學生學業成就（NCOE, 1993），以及相關的政府文件（e.g. DES, 1987），與法案如影響深遠的1988年教育法案（DES, 1989 ）。

就整體而言，威爾斯的在職進修政策的推展呈現幾項特性。

整合性

有設定全國一致性的優先工作項目與活動，這使得在職進修的重點工作呈現整合性。

涵蓋對象廣及專責人員

在職進修對象包含教師與校長，因為前者影響到教學品質的高低，後者則是決定學校的整體效能。威爾斯政府所採取的應對措施是分別引進INSET與NPQH。各校皆有設置在職進修協調者以進行各項事宜。

設立專責的執行機構

這方面包含官方的教師培訓局、地方教育當局與教師中心，以及一些有契約關係的高等教育機構。更高的位階使教師培訓局得以對地方教育當局與教師中心形成上下間的連貫性，而與高等教育機構則透過契約關係產生連貫性。

自主性

學校賦予更高的經費使用權，學校得以依據自身需求來規劃學校發展計畫，並據此來購買相關課程。

短期性與實用導向

在職進修課程已從長期走向短期性，此種轉變在於配合學校的發展計畫，而學校發展計畫大多反應實際的需求，所以導引出的在職進修課程有很高的實用導向特性，其內容著重於實際問題的解決，而非教育知識與理論的學習。此種現象反映出師資素養在英國被定義的涵義，在師資訓練的歷史演化過程中，師徒制最先出現，之後被理論為主的取向所取代，接著學校／經驗為主成為主流（Aldrich, 1990）：

> 「支持師資教育改革的一般原則……他們包括……愈加強協調能力，此種能力在有效的運用是必須的；訓練的重要性必須與實務運用作緊密連結。」（DFE, 1993: para. 6）

此種實用導向的信念不僅存於師資訓練，許多研究者甚至認為教學是以實務為主，所以教師素養是應著重於實務性的經驗與技巧，而非教育理論與知識。在這些研究者的眼中，這類系統性的教育理論，對教師而言並無太大的重要性與意義，甚至只是存於象牙塔的知識，往往與實際情境脫節，因此教師的繼續成長應以實務為主（Hargreaves, 1989a, 1989b, 1992; O'hear, 1988）。

市場性與競爭性

這些執行機構彼此間具有市場機能的競爭特性，這指的是高等教育機構或是其他單位如何提出更好的方案，以獲取在職進修的契約。此種導向正反映出英國教育政策的基本意識形態：

> 「達成這些目標，政府所採取的一般策略牽涉到運用於教育體系的兩套互相支持原則：第一，以類似的或是規

範性的市場；第二，以商業管理。」（Bolam, 1999: 19）

導致此種哲學觀的背景是1960年代的教育投資理念，未提供足夠的成效讓英國度過1970年代初期的經濟蕭條，因而在1979年之前博雅教育已廣受社會大眾所質疑（Ranson, 1990）。自1980年代起，當時保守黨政府引進新權力（New Right）的市場機制於教育政策中，並確信唯有競爭才有高品質的服務（姜添輝，86、88）。

當然此種市場性與競爭性與前述的自主性是相互結合一起的，因為唯有個別學校擁有經費的自主權，才能在市場機制中自我選擇以配合學校的發展計畫。然而，亦有學者批評此種策略是延續中央集權化的教育管理模式，表面上是增加學校的權限，但是整體上卻能大幅削弱地方教育當局的影響力，並將此影響力轉移至中央政府的手中。因為經濟的自主性表面上得以解放個人，但是政府卻能以確保自由市場機制為藉口來介入教育運作，因而在達成既定經濟效能的前提下，應賦予中央政府足夠的權限來剷除市場運作的障礙（Apple, 1993；Whitty, 1990）。

課程規劃的嚴謹性與實用性

官方機構與高等教育的課程規劃大多依據學校需求為基本考量，各學校則以教師的意見來發展學校的發展計畫，並據此來規劃在職進修課程，因此供給與需求者間有很好的連貫性。此種實際需求所形成的課程的內容，大多著重於實際的問題，而非空泛的理論。

短期性與彈性化

課程以短期性居多，而此種短期性課程經認證後可折算為學分點數，累積一定點數可以抵免研究所階段的課程。相關工作經驗及

在其他機構所修的課程亦可比照辦理。

評鑑與效能

　　各層級的機構皆有一套評鑑措施，特別是地方教育當局與學校更為慎重。

　　除了這些特性外，威爾斯在職進修政策亦存有一些需改進的地方，包括經費仍無法滿足各單位的需求。而其短期導向的政策致使教師無法得到補助以研讀長期課程，這對吸收專業知識與理論有一定程度的影響，亦即將教師的成長被宰化於實務領域。再來是對學校運作與學生學習產生一定程度的衝擊，代理教師所導引的問題不僅是行政人員無法得到優秀的教學人員，並且影響到學生的學習，更致使經費支出大幅增加，這些進一步使學校行政人員特別是校長，對在職進修的態度轉向保守甚至負面。前述的市場機制與競爭仍存有一些疑慮，例如前述資料中University of Glomorgan的在職進修課程是由商學院來執行，其師資欠缺相關的工作經驗，顯然其商學背景亦存有無法清楚瞭解教育本質的困難，這兩者交錯形成的問題將使其提供的在職進修課程與教學內容無法得到品質保證。另一項是評鑑，此項工作僅限於修課學員意見的調查，在實際情境產生成效的評鑑工作尚未系統化的進行。

　　上述這些特性與缺失對台灣教師在職進修所形成的意義是：

1. 政策擬定：在職進修應視為教育改革的重點項目，因為它直接影響到教師的素養、學校效能與學生的學習成效。目前國內已制定相關法規，如民國84年8月9日公布實施的教師法第六章的進修與研究。或民國85年10月2日公布實施的高級中等以下學校及幼稚園教師在職進修辦法均有相關規定，其中

後者的第九條是強制措施：「教師在職期間每一學年須至少進修十八小時或1學分，或五年內累積九十小時或5學分」（吳清山，民87）。儘管如此，在職進修的成效仍令人存疑，特別是資深的教師或校長的教學或是領導能力，常存於過時的觀念與知識，此一情況將無法提昇教師的整體素養，亦會影響到學校的行政管理效能。此種現象暴露出上述的強制性規定並無達到預期的成效，其中最主要的原因是，在現今教育改革的政策中，在職進修未得到應有的重視，致使無系統性與整體性的規劃。故應將之列為教育改革的重點政策之一，並制定更適當的法規，其內容要點應顧及下列各點。

2. 經費：短期性或間歇性的推展皆很能達到良好的成效，所以應有在職進修的專款，專款的設立得以使在職進修成為持續性與整體性的工作，並達更好的成效。

3. 專責機構的設立：目前國內並未設置專責機構來統籌教師在職進修事務，此一機構的功能應定位於能擬定相關的政策。並具有統合的功能，此一功能包含機構間的統合，諸如教師研習中心、高等教育與學校本身。另一統合功能是類似威爾斯的優先權制度的制定，使得全國性的重點工作得以統合進行。

4. 課程與學校自主性：應能適當的反應學校的實際情境，因此學校應有權規劃自身的在職進修課程。威爾斯地區所採用的以學校發展計畫的做法具有相當的參考價值，此一作法不但可將在職進修與學校整體發展相結合，並且具有長期規劃的優點。但是以學校為單位亦產生分歧的現象，所以學校的自主權應與前述全國優先權相結合。亦即學校的在職進修課程

規劃是基於全國性的優先項目，但是有部分是其本身的需求，此種導向將能顧及全國整體性發展與地方的需求與實況。再者，課程應兼具短期性與長期性，短期性強調實務與技巧，長期性則是教育理論新知，這兩種型態皆有其自身的價值，故應有平衡性的措施，將兩者皆納入在職進修的課程架構中。

5. 教師參與：在職進修課程架構的形成應有教師的參與，此一作法不但符合民主的程序，達到增進向心力與認同感的效果。並且亦可由教師的觀點中，瞭解到實際的問題與教師真正的需求，畢竟他們直接從事教學工作，對實際情形最瞭解。

6. 專責人員：各校應設置類似威爾斯的在職進修協調者，以統合、記錄及執行各項相關事宜。

7. 獎勵措施與認證制度：民國85年10月9日已頒佈實施教師在職進修研究獎勵辦法，其中第七條第二項：「依規定改敘薪級」。此一條文大多僅限於長期性具有學位的課程，而非短期性。然而，短期性課程亦存有相當的價值性，因此亦應包含在其中。可行之道可採取認證積點計分的方式，由當地教育局或其他機構來審核此類短期課程是否具有價值得採認證。並以一定的計算方式為基礎，來換算短期課程的點數，採疊進制，達到一定程度享有與長期課程相同的獎勵措施，諸如薪資待遇、職務調動與職務升遷等。

8. 評鑑：評價工作應有系統性的規劃，執行單位包含政府的專責機構、高等教育機構與學校。這些單位應設置專責人員，以隨時評鑑在職進修的執行成效，隨時調整或是作為規劃下

一年度計畫的依據。再者，教師、行政人員與校長接受在職
進修訓練後，在實際情境所產生的成效應加以系統性的評
鑑，以作為改善相關政策與措施的依據。

參考書目

一、中文部分

王秋絨（民83）。〈英國的實習教師制度〉。載於楊深坑等編：《各
　　國實習教師制度比較》。台北：師苑。

何福田與羅瑞玉（民81）。〈教育改革與教師專業化〉。載於中華民
　　國師範教育學會主編：《教師專業》。台北：師苑。

吳清山（民87）。《初等教育》。台北：五南。

李奉儒、蘇永明（民87）。《英國實習輔導教師制度研究》。南投：
　　國立暨南國際大學比較教育研究所。（國科會研究計畫，
　　NSC86-2413-H-260-003）

林永豐（民82）。〈台灣師範教育之演進〉，載於徐南號主編：《台
　　灣教育史》。台北：師苑。

林清江（民61）。《教育社會學》。台北：臺灣書店。

林清江（民70）。《教育社會學新論》。台北：五南。

姜添輝（民86）。〈英國的學校課程與教育改革〉。《國立新竹師範
　　學院初等教育學報》。第五期，頁95 - 127。

姜添輝（民87）。〈教師組織是否是教師專業要件：英國全國教師
　　聯合會的個案研究〉。八十七學年度教育學術研討會，台北市

立師範學院主辦，台北市，11月，頁26-27。

姜添輝（民88）。〈轉向中央集權模式的英國教育改革：1860年代至1990年代初期〉。載於中華民國比較教育學會主編：《教育研究與政策之國際比較》。台北：揚智。

張泰金（1995）。《英國的高等教育歷史與現況》。上海：上海外語教育出版社。

教育部（民87）。《中華民國教育統計》。台北：教育部。

陳奎喜（民69）。《教育社會學》。台北：三民。

陳奎喜（民79）。《教育社會學研究》。台北：師苑。

瞿葆奎（1993）。《英國教育改革》。北京：人民教育出版社。

蘇永明、李奉儒（民89）。〈英國英格蘭教師在職進修制度研究〉。《各國中小學教師在職進修制度比較研究》，嘉義大學主辦，嘉義市，5月57日。

二、英文部分

Aldrich, R.（1990）. The Evolution of Teacher Education. In N.J. Graves（ed.）. *Initial Teacher Education*. London: London Education Studies.

Alexander, R. J.（1984）. *Primary Teaching*. London: Holt, Rinehart and Winston.

Apple, M. W.（1993）. The Politics of Official Knowledge: Does a National Curriculum Make Sense? *Teachers College Record*, 95, 2, 222-241.

Barber, M.（1992）. *Education and the Teacher Union*. London:

Cassell.

Barrell, G. R.（1985）. *Teachers and the Law. London*: Methuen.

Best, J. W.（1977）. *Research in Education*. N.J.: Prentice-Hall.

Bolam, R.（1999）. *Recent Developments and Emerging Issues.* Unpublished.

Callaghan, J.（1989）. Great Debate. in B. Moon, P. Murphy and J. Raynor（eds.）. *Policies for the Curriculum.* London: Hodder & Stoughton.

Cannell, C. F. and Kahn, R. K.（1966）. The Collection of Data by Interviewing. in L. Festinger and D. Katz（eds.）. *Research Method in the Behavioural Science.* London: Holt, Rinehart and Winston.

Cardiff County Council（1999）. *Cardiff Governor Training: Understanding Inspections.* Unpublished.

Carr-Saunders, A. W. and Wilson, P. A.（1933）. *The Profession.* Oxford: The Oxford University Press.

CASE（1998）. Cardiff Advisory Service for Education. *Curriculum Newsletter,* Spring Term 1998. Unpublished.

CASE（1999a）. Cardiff Advisory Service for Education. *In School Support, Your Entitlement.* unpublished.

CASE（1999b）. Cardiff Advisory Service for Education. *Compendium of Central Courses and Support Packages 1998-1999.* unpublished .

CASE（1999c）. Cardiff Advisory Service for Education. *Survey of Central Inset and in School Support: Recommendations for Action.*

Unpublished.

Chiang, T. H. (1996). *Primary Teachers in Taiwan: A Study in Professional Autonomy.* Unpublished Ph.D. Thesis, University of Wales, Cardiff.

Coates, R. D. (1972). *Teachers' Unions and Interest Group* Politics. London: Cambridge University Press.

Dale, R. (1989). *The State and Education Policy.* Milton Keynes: Open University Press.

Davis, K. and Moore, W. E. (1966). Some Principles of Stratification. in R. Bendix and M. Lipset (eds.). *Class, Status and Power.* London: Routledge, Kegan and Paul.

DES (1963). *Higher Education: Robbins Report.* London: HMSO.

DES (1972). *Teacher Education and Training (The James Report).* London: HMSO.

DES (1987). *The National Curriculum 5-16: A Consultation Document.* London: HMSO.

DES (1989). *National Curriculum: From Policy to Practice.* London: HMSO.

DFE (1993). *The Government's Proposals for the Reform for Initial Teacher Training.* London: HMSO.

DfEE (1998). *Teachers Meeting the Challenge of Change.* London: the Stationery Office Bookshops.

Durkheim, E. (1933). *The Division of Labour in Society.* N.Y.: The Free Press.

ERIC (1995). *Knight-Rider Information.* MN: St. Paul.

Evens, J. E（1997）. *Kitchener Primary School: Staff Development Policy.* Unpublished.

Etzioni, A.（1964）. *Modern Organizations.* N.J.: Prentice-Hall.

Etzioni, A.（1969）. Teachers, Nurses, Social Workers. in A. Etzioni （ed.）. *The Semi-Professionals and Their Organizations.* N.Y.: Free.

Flexner, A.（1915）. *Is Social Work a Profession?* in Proceedings of the National Conference of Charities and Correction. Chicago: Hildmann.

Hammersley, M. and Atkinson, P.（1983）. *Ethnography: Principles in Practice.* London: Tavistock.

Hargreaves, D.（1989a）. Out of Bed and into Practice. *Times Educational Supplement,* 8, Sept.

Hargreaves, D.（1989b）. Judge Radicals by Results. *Times Educational Supplement,* 6, Oct.

Hargreaves, D.（1992）. On the Right Tracks. *Times Educational Supplement,* 17, Jan.

Havighurst, R. J. and Heugarten, B. L.（1962）. *Society and Education.* Boston: Allyn and Bacon.

Howardian Centre（1999a）. *Staff Handbook of Systems and Procedures.* Unpublished.

Howardian Centre（1999b）. *Grants for Education and Training （GEST）.* Unpublished.

Howardian Centre（1999c）. INSET: *Guidelines for Completing INSET 3 and INSET 4 Returns.* Unpublished.

International ERIC（1995）. *Knight-Rider Information.* MN.: St. Paul.

Jackson, P. W.（1968）. *Life in Classroom.* London: Teachers College Press.

Kidder, L. H.（1981）. *Research Methods in Social Relations.* London: Holt, Rinehart and Winston.

Kitchener Primary School（1999）. *School Development Plan 1998-99.* Unpublished.

Lanier, J. and Little, J. W.（1986）. Research in Teacher Education. in M. C. Wittrock（ed.）. Handbook of Research on the Teaching. London: Collier Macmillan.

Lawrence, I.（1992）. *Power and Politics at the Department of Education and Science.* London: Cassell.

Lawton, D.（1980）. *The Politics of the School Curriculum.* London: Routledge and Kegan Paul.

Lieberman, M.（1964）. *Education As A Profession.* New York: Prentice.

Locke, M.（1974）. *Power and Politics in the School System: A Guidebook.* London: Routledge & Kegan Paul.

Loudon, M. R.（1994）. *The Development of a Graduate Teaching Profession and the Cardiff Collegiate Faculty of Education.* Ph. D. Thesis, University of Wales, Cardiff.

Maclure, J. S.（1969）. *Educational Documents.* London: Methuen Educational Ltd.

Maclure, S.（1989）. *Education Re-formed. A Guide to the Education Reform Act 1988.* Kent: Hodder and Stoughton.

Manzer, R. A.（1970）. *Teachers and Politics.* Manchester: Manchester University Press.

Mouly, G. J.（1978）. *Educational Research: The Art and Science of Investigation.* London: Allny and Bacon.

Muir, J. D.（1969）. England. In A. A. Blum（ed.）. *Teacher Unions and Associations: A Comparative Study.* London: University of Illinois Press.

Musgrave, P. W.（1966）. *The Sociology of Education.* London: Methuen.

NCOE（1993）: National Commission on Education. *Learning to Succeed.* London: Heieneman.

O'hear, A.（1988）. *Research Report 10: Who Teaches the Teachers? A Contribution to Public Debate of the DES Green Paper.* London: the Social Affairs Unite.

Parry, N. and Parry, J.（1974）. The Teachers and Professionalism; the Failure of an Occupational Strategy. In M. Flude and J. Ashier（eds.）. *Educability, Schools and Ideology.* London: Croom Helm.

Parsons, T.（1959）. *The Social System.* London: Tavistock.

Parsons, T.（1961）. The School Class as a Social System: Some of Its Functions in American Society. in A.H. Halsey, J. Floud and C.A. Anderson（eds.）. *Education, Economy and Society.* N.Y.: The Free Press.

Ranson, S.（1990）. From 1944 to 1988: Education and Citizenship and Democracy. In M. Flude and M. Hammer（eds.）. *The Education Reform Act, 1988 Its Origins and Implications.* London:

Falmer.

Robson, C.（1993）. *Real World Research.* Oxford: Blackwell.

Ross, A.（1990）. The Control of Teacher Education: The General Teaching Council for England and Wales. In N.Graves（ed.）. *Initial Teacher Education.* London: London Education Studies.

Scimecca, J. A.（1980）. *Education and Society.* London: Holt, Rinehart and Winston.

Spradley, J. P.（1979）. *The Ethnographic Interview.* London: Holt, Rinehart

and Winston.

Stinnett, T. M. and Huggett, A. J.（1963）. *Professional Problems of Teachers.* N.Y.: Macmillan.

Thomas, N.（1990）. *Primary Education from Plowden to the 1990s.* London: Falmer.

TTA（1998）. *National Standards for Qualified Teacher Status, Subject Leaders, Special Educational Needs Co-ordinators, Headteachers.* Unpublished.

UGBS（1999）. *University of Glamorgan Business school: M. A. in Professional Development（Education）Scheme File.* unpublished.

UWIC（1998）. *Faculty of Education & Sport, School of Graduate & Continuing Education, M. A. Education.* unpublished.

UWIC（1999a）. *"Continuing Your Professional Development" Course Details 1999.* unpublished.

UWIC（1999b）. *Faculty of Education & Sport, Continuing*

Professional Development Programme 1998-99. unpublished.

Waller（1932）. *The Sociology of Teaching.* N.Y.: Russell & Russell.

Welsh Office（1999a）. *Career Entry Profile: New Qualified Teachers, Standards for the Award of Qualified Teacher Status.* Unpublished.

Welsh Office（1999b）. *The Best for Teaching and Learning.* London: the Stationery Office Bookshops.

Welsh Office Circular（XX/98）. *Grant for Education Support and Training（GEST）Programme: 1999-2000.* unpublished.

Whitty, G.（1990）. The New Right and the National Curriculum: State Control or Market Forces? In B. Moon （ed.）. New Curriculum-National Curriculum. London: Hodder & Stoughton.

Yellow Book（1976）. *School Education in England: Problems and Initiatives.* unpublished Official Document.

美國中小學教師在職進修制度研究
——以行政機制為例

蔡清華

中山大學教育研究所副教授

壹、前言

如眾所周知，美國由於憲法第十條修正案之規定：「凡憲法未授與聯邦，而又未禁止各州行使的權限，均保留於各州或人民」，因此教育之最高權力分屬各州，形成與英國、德國類似的地方教育行政制度；聯邦政府的教育部（U.S. Department of Education）時而成立，時而降級而與其它相關政事部門成立綜合部會（如1979年以前的衛生教育福利部）。當前的教育部僅負責監督、協調及執行跨州際教育事務及領導全國教育發展的方向，除蒐集全國教育資料與進行教育研究外，並透過國會立法之管道設立各種獎助計畫以推動無法為單一州政府負責之教育事務。師資培育方面亦然，儘管卡內基基金會（Carnegie Foundation）支持成立的美國「全國專業教學標準委員會」（National Board for Professional Teaching Standards; NBPTS）在聯邦教育部以及國家科學基金會（National Science Foundation; NSF）的大力贊助下（補助金額占該委員會總預算之

55%）積極推廣該委員會頒授的優秀教師證書（National Board Certified Teachers; NBCT）；不過，該委員會仍然戒慎恐懼的一再聲明該項證書並沒有要取代各州教師證書的企圖！

瞭解美國教育行政制度的背景之後，本文擬針對近兩三年來美國有關中小學教師在職進修的立法與各州的實際作法進行評析，並將討論之焦點擺在促成中小學教師參與在職進修之行政機制上面，以作爲我國建立相關制度之參考。

貳、最近美國國會有關中小學教師在職進修之立法

由上可知，美國教育部如果要推動任何教育政策，則必須先從國會著手，由國會議員在參、眾兩院通過相關法案後，才能在教育部編列相關經費執行該項政策。

以1999年7月爲例，美國的參、眾議院先後通過了「提昇教師能力法案」（Teacher Empowerment Act），期能結合過去已通過之各項法案如「目標西元兩千年」（Goals 2000）、「班級人數降低計畫」（President's Class-size Reduction）、以及「艾森豪專業發展計畫」（Eisenhower Professional Development Program）等計畫的經費，讓各州及地方教育機關能更有彈性的採取各項措施改善師資的素質，以增進學生之學業成就。以2000年會計年度爲例，該計畫擬編列18億美元的經費作爲改善美國教師素質之用。

茲由下列該法案的一些條文即可知道其在中小學教師在職進修上，仍有許多可以發揮的空間（H. R. 1995, 1999）：

第二章（Subpart II）第2021節（section）

本節所列經費之使用對象爲：（1）教師任教學科之專

業發展活動，以確保教師具備任教學科之內容知識；（2）
發展並協助地方教育機關參與或辦理高水準的專業發展活
動，以（甲）以確保教育人員能夠使用各該州的課程內容
標準、表現指標與評量，以改善教學措施與學生之學業成
就。（乙）辦理一些訓練種子教師的密集式的訓練課程。

第三章第2031節（有關地方學區使用本項經費之說明）

　　每一個接受本項經費補助之地方學區，應將補助經費
之相當比例作為教師、校長、行政人員專業成長之用，使
他們具有相關知能以輔導學生達到各州及地方教育行政機
關所定的內容標準與表現標準。

第三章第2033節（教師的專業發展）

　　本節所列經費僅針對以下兩項活動予以補助：（甲）
該項活動與教師任教的課程及內容有直接相關者；（乙）該
活動有助於協助教師瞭解各州在任教學科上的評鑑標準。

上述「提昇教師能力」法案之經費預算在1999年底國會與國務
院雙方進行預算分配會議時，遭到柯林頓總統之否決（Veto），渠
認為應將經費用在「班級人數降低計畫」等項目上，全美增聘近十
萬名教師，其成果將更為顯著。唯眾議院教育與勞動力委員會主席
Bill Goodling隨即召開記者會，呼籲各黨派國會議員共同支持「提
昇教師能力」法案之預算應予寬列（Goodling, 1999）。

參、美國各州對於教師在職進修之實際推動機制

美國目前是運用教師證書發給的種類與年限以間接推動中小學

教師在職進修活動。根據統計，目前全美有四十個州對於中小學教師設計有兩種以上的證書，其中有廿七個州更是規定中小學教師必須在取得「第一階段教師證書」（First-Stage Certificate）之後若干年內必須取得「第二階段教師證書」（Second-Stage Certificate），才能繼續任教。在此換證的過程中，教師必須提出專業成長的證明，亦即參與在職進修之相關證明。

由表3.1可以歸納出以下幾點發展趨勢。首先，美國各州取得教師證書之規定條件中，專業發展證明已是必備的條件，自1991年起即有四十州，1994年即增為四十二州至今；其次，美國發給中小學教師「終生證書」（Life Certificate）或「永久證書」（Permanent Certificate）的州越來越少；目前僅有Alaska、Delaware、Louisiana、New Jersey、New York、Ohio、Pennsylvania、Rhode Island、Texas、West Virginia等十個州仍發給永久證書，不過其中Louisiana州要求每位教師每年須註冊一次、Ohio州則是第三階段教師證書以及獲有碩士學位者才享有終生聘用權，West Virginia的情形亦然；第三，第二階段教師證書更新時必須檢具個人專業發展證明的州有三十五個州之多。

由表3.2，我們可以知道美國中小學教師在更新其教師證書時所應檢附的專業發展證明應包括：（1）繼續教育學分或時數；（2）服務年資；（3）教學或進修時數（CEU）等等；其中以繼續教育學分或時數為最普遍，大多要求六學分；其次是服務年資，有以五年為最普遍。

至於專業發展活動的提供單位則以大學最受青睞，其次是地方學區（地方教師中心），再其次則是州教育廳。

表3.3透露美國中小學教師專業發展活動係由哪一單位所認

表3.1 美國各州對於中小學教師專業發展的要求與目的

	該州在下列年代中是否要求中小學教師的專業發展活動?*						貴州是否設有永久或終生教師證書?		專業發展活動是否為換領第二階段教師證書的條件?		有關專業發展活動規定的目的:		
	1997		1994		1991						確保證書有效	聘用繼續	兼具11與12
州名	是	否	是	否	是	否	是	否	是	否			
	1	2	3	4	5	6	7	8	9	10	11	12	13
Alabama	X		X		X			X	X				X
Alaska	X		X		X								X
Arizona	X		X		X			X					
Arkansas	X		X		X			X					X
California	X		X		X			X	X				X
Colorado	X		X		X			X	X				
Connecticut	X		X		X			X					X
Delaware		X		X		X	X		X				
D.C.	X		X		X			X					X
Florida	X		X		X			X					X
Georgia	X		X		X			X	X				
Hawaii		X		X		X		X					
Idaho	X		X		X			X	X		X		
Illinois		X		X		X							
Indiana	X		X		X			X			X		
Iowa	X		X		X			X			X		
Kansas	X		X		X			X					X
Kentucky	X		X		X			X	X			X	
Louisiana	X		X		X					X			
Maine	X		X		X			X	X		X		
Maryland	X		X			X		X	X		X		
Massachusetts	X		X			X		X					X
Michigan	X		X		X			X	X		X		
Minnesota	X		X		X			X			X		
Mississippi	X		X		X			X	X		X		

（續）

Missouri	X		X		X			X	X		X	
Montana	X		X		X			X	X			X
Nebraska		X		X		X		X		X		
Nevada	X		X		X			X	X			X
New Hampshire	X		X		X			X	X			X
New Jersey		X		X		X	X			X		
New Mexico		X		X		X				X		
New York		X		X		X	X			X		
North Carolina	X		X		X			X	X		X	
North Dakota	X		X		X			X		X		X
Ohio	X		X		X				X			X
Oklahoma	X		X		X			X		X		X
Oregon		X		X		X		X		X		
Pennsylvania	X		X		X		X	X	X			X
Rhode Island	X		X		X		X		X			
South Carolina	X		X		X			X				X
South Dakota	X		X		X			X				X
Tennessee	X		X		X			X	X			
Texas		X		X		X	X			X		
Utah	X		X		X			X	X			X
Vermont	X		X		X			X	X			X
Virginia	X		X		X			X	X			X
Washington	X		X		X			X	X			X
West Virginia	X		X		X				X			X
Wisconsin	X		X		X			X				X
Wyoming	X		X		X			X	X			

*所謂專業發展活動係指該州規定爲了維持教師證書有效所參與的任何課程、經驗或學習活動。

資料來源：Andrews, T. E.(1998) *The NASDTEC Manual 1998-1999: Manual on the Preparation and Certification of Educational Personnel*. Dubuque, Iowa: Kendall/Hunt Publishing Co.

表3.2 美國各州有關專業發展活動在維持教師證書有效性之規定

州名	各州對於教師參與專業發展活動之規定					舉辦專業發展活動之單位			
	是否聘用	學期、學季或繼續教育的計算單位(CEUs)	檢查期間	CEU (1CEU=10hrs)	其他	大學	地方學區	州	其它
	1	2	3	4	5	6	7	8	9
Alabama			5年			X	X	X	X
Alaska		每學期6小時	5年	X				X	
Arizona		180小時的專業成長活動	6年			X	X		X
Arkansas		每學期6小時				X			
California			5年		150個鐘點	X	X		
Colorado			X		專業發展活動	X	X	X	
Connecticut		每學期6小時（畢業生）	5年	9CEU	90個小時	X	X	X	X
Delaware	X	每學期6小時	5年			X	X	X	X
D.C.		每學期6學分	5年						
Florida		每學期6小時	5年		120個在職進修點數	X	X		
Georgia		每學期6小時	5年		10個在職進修點數	X	X		
Hawaii									
Idaho		每學期6小時	5年			X	X		
Illinois									
Indiana		每學期6小時	5年		90個繼續教育點數	X	X		
Iowa(1)		每學期6小時	5年			X	X		AEA
Kansas		每學期8小時(BA)；每學期6小時(MA)	5年			X	X		
Kentucky	3年or	每學期6小時	5年			X			
Louisiana									
Maine		每學期6小時經核定的學習				X	X	X	
Maryland	3年and					X	X		
Massachusetts					120個專業發展點數	X	X	X	X
Michigan	X	每學期6小時		18 SB-CEU		X	X	X	X

（續）

Minnesota				125個小時	×	×	×	×
Mississippi	×			在職進修	×	×	×	×
Missouri		每學期6小時		30小時的在職進修	×	×		
Montana	1年	每學期4小時	5年	60個小時	×	×	×	×
Nebraska	2年	每學期6小時	7年		×			
Nevada		每學期6小時	5年		×	×		
New Hampshire			8年	最少50小時	×	×	×	×
New Jersey								
New Mexico								
New York								
North Carolina		每學期15個點數	5年		×	×	×	
North Dakota		每學期4小時	5年		×	×	×	
Ohio					×			
Oklahoma			5年		×	×	×	×
Oregon	×			×				
Pennsylvania		每學期6小時	5年		×	×		
Rhode Island		每學期9小時	5年	3小時的在職進修	×	×	×	
South Carolina		每學期6小時						
South Dakota		每學期6小時	5年		×	×		
Tennessee		每學期6小時			×			
Texas				×				
Utah	×or	每學期6小時，每學季9小時	5年	在職進修的時數	×	×	×	×
Vermont		每學期9學分	7年		×	×	×	×
Virginia			×	5年內180小時的專業發展點數	×	×	×	×
Washington			×	5年內150個小時	×	×	×	×
West Virginia		每學期6小時	×	取得碩士學位則晉級三十個點數	×			
Wisconsin		每學期6小時	5年		×	×	×	×
Wyoming		每學期5小時	5年	專業/在職進修	×	×	×	

資料來源：Andrews, T. E.(1998) *The NASDTEC Manual 1998-1999: Manual on the Preparation and Certification of Educational Personnel.* Dubuque, Iowa: Kendall/Hunt Publishing Co.

表3.3　美國各州中小學教師參與專業發展活動的認證與經費補助單位

州名	中小學教師參與專業發展活動內容的認證單位			教師參與專業發展活動之經費來源		
	大學	學區	州政府	州政府	個人	學區
	1	2	3	4	5	6
Alabama		×		×	×	×
Alaska	×				×	
Arizona	×	×	×		×	×
Arkansas			×			
California					×	
Colorado					×	×
Connecticut		×		×	×	
Delaware			×	×	×	×
D.C.			×		×	
Florida			×	×	×	
Georgia			×	×	×	
Hawaii					×	×
Idaho		×	×			
Illinois					×	
Indiana						
Iowa	×		×		×	×
Kansas		×	×	×	×	×
Kentucky	×		×		×	
Louisiana					×	
Maine		×	×			×
Maryland	×	×	×		×	×
Massachusetts			×	×	×	
Michigan	×		×		×	
Minnesota		×		×	×	×
Mississippi		×	×	×	×	×
Missouri		×			×	
Montana(1)			×		×	×
Nebraska			×		×	
Nevada			×	×	×	×

（續）

New Hampshire	×	×	×	×	×	×
New Jersey						
New Mexico						
New York						
North Carolina		×	×	×	×	×
North Dakota		×		×	×	×
Ohio	×				×	×
Oklahoma		×		×		
Oregon						
Pennsylvania			×			×
Rhode Island			×	×	×	×
South Carolina	×	×	×	×	×	×
South Dakota					×	
Tennessee			×	×	×	
Texas						
Utah			×		×	×
Vermont					×	×
Virginia		×	×		×	×
Washington			×		×	×
West Virginia		×	×			
Wisconsin			×		×	×
Wyoming	×	×	×		×	×

資料來源：Andrews, T. E.(1998) *The NASDTEC Manual 1998-1999: Manual on the Preparation and Certification of Educational Personnel.* Dubuque, Iowa: Kendall/Hunt Publishing Co.

可、進修的經費由何人支付等制度面的問題。首先，中小學教師專業發展活動最需要獲得州教育行政單位（State Educational Agencies; SEA）的認可（三十三州）；其次才是地方學區（二十一州），然後是高等教育機構。至於進修之經費係由何人負擔？有四十一州的中小學教師必須負擔個人的進修費用；有三十二個州的教師可以得到地方學區的補助；至於由州教育廳提供進修補助的州則僅有十八個州。

肆、結論

由上述簡要的討論，我們可以知道美國中小學教師在職進修制度的推動機制主要建立在教師證書的發給上。原先透過「試用教師證書」（Provisional Certificate）──「永久證書」（Permanent Certificate）的制度設計，讓中小學教師有著繼續進修之動力。最近幾年來各州紛紛將永久聘任的制度取消，一方面固然係由於長聘教師在服務績效上有恃無恐，而且在解聘具有永久聘書之教師時，其過程曠日費時；另一方面則係著眼於透過定期換證，可以常保中小學教師繼續進行專業發展活動之可能性。我國是否可以藉著教師法之修正，而將目前中小學教師每年應進修十八小時（相當一學分）或五年九十小時（五學分）之規定予以法制化，並且從嚴規範其進修內容須與教學內容有關者為限，如此才能使中小學教師在職進修活動真正落實，成為促進中小學教師專業發展之重要依據，也才能使有限的中小學教師在職進修經費作最大可能的發揮。

參考書目

謝文全（民77）。〈他山之石，可以攻錯──美國的教師在職進修
　　教育〉，《教師之友》，509號：頁4-7。

張渝役（民81）。〈美國教師的證書、換證、進修〉，《師友》，第
　　294期：頁34-35。

Andrews, T. E.（1998）*The NASDTEC Manual 1998-1999: Manual
　　on the Preparation and Certification of Educational Personnel.*
　　Dubuque, Iowa: Kendall/Hunt Publishing Co. Goodling, B.
　　（1999）Education Committee Members Stress need to Support
　　Teacher Empowerment Act in Budget Negotiation. 請參考下列網
　　址: http://www.house.gov/ed_workforce/press/tea11599.htm

H. R. 1995.（1999）Teacher Empowerment Act. Union Guest, no.133.
　　或請參考下列網址: http://thomas.loc.gov/cgi-bin/query/C?c106:/
　　temp/~c106tQu uni

德國中小學教師在職進修制度

楊銀興　台中師範學院初等教育系副教授
周蓮清　台中師範學院初等教育系講師

壹、緒論

在我國的傳統社會價值體系中，教師以其所擁有的學識素養，在各行各業中獲得特殊的禮遇與尊敬。如今高科技媒體的快速發展，加速知識的創新與資訊的流通；全民終身學習時代的來臨，迫使一向代表知識權威的教師，面臨諸多考驗與全新的挑戰。

目前國內正進行一系列教育改革，教師的素質與工作士氣——或職業倫理（Ethos）直接影響教學品質，從而影響教育成效；如何提昇並確保教師的素質與專業地位，是教育改革成功與否的重要關鍵。近年來，國內學者對於教師的專業性與專業地位的立論根據，也投入較多的關注與肯定。各種研究結果顯示（林清江，民70；陳奎喜 民75；洪如玉，民86；姜添輝，民88），具備高深的專業知識（至少大學以上的教育程度）與長久的專業訓練（包括職前教育與在職進修），是各行職業確保其專業性的基本條件之一；尤其終身教育在國內近年來頗受重視，關乎專業成長的在職進修，不但已成爲無可逃避之責，對身爲知識分子的教師，更有其迫切的需要。儘管目前國內已在教師法中明定教師的專業地位與重要性，但

是攸關教師專業的各項系統性理論與實務，尤其是如何經由在職進修提升教師專業素質方面，亟待建立更完善的制度；為進行深入的研究探討，借重西方先進國家的經驗，也是增廣視野的一項可行之道。

在西方傳統的職業中，「教師」一向處於卑微的地位，啟蒙運動與科學發展，使醫生、律師、工程師職業的專業性較早獲得社會的公認；而德國教育工作的專業性則是經由教師本身早期的訴求，投入組織、長久的動員與運作逐步獲取的。在現今西方的各先進國家中，德國中小學教師在國內享有良好的待遇與完善的福利（Buck, 1976），其背後所付出的卻是：定期的在職進修與提昇專業素質的各種努力；在德國的教育運動史上，中小學教師，寫下其成功提昇專業素質與地位的一頁（田培林，民70）。是以今日德國教師在職進修的良好制度，有其獨特的歷史背景與文化特色，值得加以系統整理與深入探討，作為可以攻錯的他山之石。

基於以上的理念架構與執行方法，本文重點置於：

1. 德國教師在職進修制度如何發展形成？有無理論基礎？

2. 德國教師在職進修制度現況如何？體系的完整性如何？有何特色？

3. 德國教師在職進修制度如何因應社會之變遷？教師研習與學校發展之間關係如何？

4. 德國教師在職進修制度之潮流趨勢如何？未來可能有哪些發展方向？面臨哪些問題？

本研究之整體設計架構，主要針對德國中小學教師在職進修制度現況，進行實際相關文獻的分析；佐以歷史、文化與社會政治背

景的相關文獻與理論探究；除對所蒐集的文獻資料進行內容分析之外，並進行兩個教師在職進修機構的實地訪談，以驗證資料內容；是以「德國中小學教師在職進修制度」現況，乃爲文獻分析與實地訪談之綜合結果。

貳、 理論與背景分析

從社會的歷史發展而言，時間與空間所形成的情境皆是獨一無二的，在此種特定情境下所建構出的文化內涵自然具有其獨特性。（姜添輝）此種歷史背景與文化的獨特性，固然不能直接移植他國的教育措施，但是他國的教育措施亦應存有其相當的參考價值，可以免除嘗試錯誤的過程與負面的影響；但是在參考或是借鏡的過程中，必須掌握上述歷史文化的獨特性。對照不同社會情境與文化進行比較分析，方可藉不同文化角度洞察此種文化特色的歷史意義與目的，更有助於研究者充分瞭解教育與文化間的互動關係，以提供後續研究的基礎。（姜添輝，民88）

基於上述的觀照，本文擬先就歷史沿革尋找有關師資專業的理論或實務基礎與社會變遷之因應，然後就聯邦體制、教育制度以及其他因素三方面探討德國教師在職進修制度的特色，剖析現行體制與其社會文化歷史背景因素間之關係。從不同國家的發展經驗，進行對照分析可以揚棄偏狹地域觀念，參考不同社會情境要素，解析教育與文化間的交互影響，本研究希望掌握影響此一制度發展的根本因素，並釐清德國制度與政策的特性，確實掌握制度之精神特色，並詮釋現象背後之因果關係，使新的認知能進一步形成值得參酌的理念與模式。

一、德國教師在職進修制度之歷史背景與社會結構

德國這個國家，在歷史上長久處於分裂狀態，遲至1871年才有德意志帝國[1]的建立，所以德國人對「國家」（德文Staat，英文State）一詞的認知，與國人有相當程度的差距：「尤其在教育行政方面，並非只有中央政府才是國家的代表，所有聯邦政府、邦政府以及地方自治的政府，都可以說是『國家』的代表」（田培林，民70，頁：320）；也因爲如此，所以德國的教育權，長久屬於地方，即使在德國統一並建立聯邦制度以後，教育權的運作，基本上仍然由地方主導，再逐步建立具有全國一致性的基本架構以及決策（Verstaatlichung und Vereinheitlichung）；而教師在職進修的問題，早期並未如今日迫切，與教師的職前培育均屬專業素質提昇方面的問題，具體政策與完整制度的建立，因攸關全國教師福祉與社會平等，是隨著社會與文化政治需求逐步發展形成的。

德文「教師」（Lehrer）一詞，現今意涵囊括各級學校教師（Brockhaus Enzyklopädie Band 11, 1970），然而其早期內涵通常指國民學校教師（田培林，同上），與國內的運用稍有出入，中學教師通常在「教師」一詞前冠以學校類別，如Oberlehrer（高職教師），Hilfsschullehrer（特殊學校教師）或Gymnasiallehrer[2]（以升學爲主

---

[1] 係指由德皇威廉一世所建立的德意志第二帝國，首相俾斯麥採鐵血政策，集權中央。

[2] 以升大學爲主的德國傳統文法中學，向來非常強調古典語文的教育，因而高級中學教師（Gymnasiallehrer）也稱Philolog或Professor，以語言學者或教授的稱謂顯示其較高的學術專業與社經地位，詳見Fuhrig, 1969，田培林，民70。

的文法中學教師），而早期文法中學教師的地位與一般中小學教師有別，被視爲與大學教授同樣具有學術與專業素養，社經地位顯著高於其他階段的學校教師，在早期德國教育史中，隱然形成一種雙軌的發展。（楊深坑，民78；Tenorth, 1987）

如前所述，早期德國的國民學校以及一般（職業）中學教師，囿於歷史傳統，其在社會的身分地位不但遠遜於大學教授，甚至以升大學爲主的文法中學教師（Gymnasiallehrer），也和其他工商界及手工業者的身分地位無法相提並論，因爲後者受到其同業工會[3]的保障。

綜合前述，在德國教育發展史上，不同類別的學校教師所獲得的社會地位與待遇也有不同（Fuhrig, 1969；田培林，民70；楊深坑，同上）：教師所受課程的學術性質越高，也就獲得較多的尊崇[4]；一般人認爲中小學教師所需的教學技巧從職業活動中即可獲取，無須經過大學教育或特殊形式的培訓；和我國早期將「師範教育」視同「職業教育」的理念如出一轍，對國民學校教師進一步接受高深教育或從事學術研究，作了嚴格的規範與限制。Fuhrig 曾指出，在德國即使是園藝與畜牧，都比國民學校教師的培訓相對地較早獲得大學程度的教育（1969: 85）。

早期，十七、十八世紀以前，學校教育仍受教會的支配，國民學校教師多爲轉任的神職人員或爲受完八年國民教育，跟隨年長教師見習的小老師，生活卑微清苦；當時並未有師資培育學校或制

---

[3] 例如我國譯爲基爾特，英文名稱爲Guild的行業組織，德文則爲Gilde或Zunft，後演變爲今日的 Gewerkschaft。

[4] 據Tenorth（1987）的歷史分析，在德國學界曾有「教師的社會地位，端視學生而定」的笑話流傳。

度。師資培育制度受到重視，是在社會因工業革命發展逐漸改變型態，而學校教育由菁英教育邁向大眾化的平民教育，此一體系（尤其國民學校與職業學校）也逐步成形之後。

回顧歷史，德國中小學教師的在職進修制度與我國在某種程度上有幾分類似之處：初期均將師資培育視為一種職業教育，一般人主張教師勝任職務的能力，尤其教學技巧的磨練，需在實務中去培養；因而兩國的教師在職進修「制度」，可以說正式建立在師資培育提昇至大學教育程度之後；然而其中的發展進程與影響因素，兩國卻大不相同。

二、德國中小學教師在職進修制度之沿革及其影響因素分析

德國中小學教師在職進修制度之建立，其歷史的沿革實際上與教師職前培訓的情況發展密切關聯，而教師培育情形又與國民教育體制的發展息息相關，而不論師資培育制度的形成或國民教育體制的發展，均又與政治、經濟、社會（尤其社會階級與人口因素）形成一個相當複雜的糾結（Complex）。然而在師資培育制度尚未建立之前，一般學校教師的在職進修也就相對受到忽視，往往流於補救措施。若要一探德國中小學教師在職進修制度形成的歷史與社會背景，在有限的篇幅內，就時間因素為沿革階段之分析，大致可分為以下幾個時期：

（一）十八世紀至十九世紀初葉（國民教育發展初期）

路德的宗教改革，雖然使國民教育趨於普及，受教育人數普遍

增多，但前已提及，十七、十八世紀德國的學校教育完全由教會掌控，大多數的教育工作須接受神職人員的兼督，並無所謂的師資培育或進修問題，當時教師不但工作辛苦（某些地區師生人數之比可達1:116, Tenorth 1987: 257）、待遇微薄，社經地位更無法與其他行業相提並論；直到西元1848年的革命，喚醒大多數國民學校教師的階級意識，大夥兒聯合起來，一方面反抗教會的控制與政治的壓迫，另一方面也尋求整個教育大環境的改革。

德國在十九世紀以前的師資來源，除由教會掌控各項人士安排以外，在尚未形成制度之前，大致以多種形式分散各地，例如：設立教師學苑（Lehrer Akademie）或專題講座（Lehrerseminar）提供欲至學校執教的人士進修。

十九世紀初葉，各地紛紛成立了教師培育的雛形機構（以Seminar——專題討論的方式教學）：Bayern 1809, Baden 1835, Würzburg 1807, ……；在此之前，由於合格教師來源有限，所以無所謂在職進修，教師的職前與在職進修區分不明朗（Tenorth 1987: 253），其中不乏職前訓練與在職進修同時同地進行的情況：例如出身南德曾在瑞士執教且深受Pestalozzi 影響的K. A. Zeller在十八世紀與十九世紀中，被召喚到普魯士的哥尼斯堡（Konigsberg）創設師範學院（Normalinstitut Blankertz 1992: 128-129），在當時從事多方面的業務除培育國校師資之外，亦附設育幼院，並定期辦理教師專題討論（Lehrerseminar），提供在職教師進修機會與在職務上自我充實的場所（Fortbildungsinstitut），也成為當時神職人員，以及學校視導人員討論與訊息中心，形成多功能的機構，但此一機構雖為時甚短（Tenorth 1987, Reble 1989），然而在十九世紀初，師範學校

（Normalschule）成為培育國小師資的重要機構[5]，其後轉由職業學校（Trivialschulen，後來轉型為Hauptschulen）培養，也仍然在神職人員的領導之下。文法中學的教師經由師資機構入學考試規程的確立，而較國民學校教師早些脫離神職人員的兼職情況，而考試規程（Prüfungsordnung）的確立，也就成為引進教師公職（Einführung des Lehramts）的前提。（Tenorth 1987: 255）

此一時期的師資培育機構方始成形，教師在職進修並未受重視，文法中學教師（Gymnasiallehrer）受洪保德（W. von Humboldt 1767-1835）新人文主義（Neuhumanismus）之影響，可在大學進修培育；相對地國小教師的養成，則處於在教會的監督之下，直到國家力量的興起。

（二）十九世紀中葉至第一次世界戰前（國民學校體系發展時期）

西歐工業化的影響，導致人口的增長與都市的興起，國民學校教師極度缺乏（尤其在十九世紀的後三十年，Titze 1991），在工作環境與待遇無法吸引一般青年的情況下，必須借重教育機構從事較為多量而且專業的培養，專門的師資培育機構再度受到重視，然而由於理論與實際仍未結合，使得教師在職進修仍受忽視，只有在教師聚會或各項會議中，教學方法的改進才會被提及。

另一方面，雖然早在十八世紀末期，德國若干地方的國民學校教師，為改善自身的社會地位，形成一種類似基爾特的組織，但在教育行政方面卻仍然沒有發言的權利，尤其在1848年的革命之後，自由主義者的言論受到極度的壓制，有關教育制度的改革以及教育

---

[5] 師範學校（Normalschule）的設立大約至1869年為止。

政策的制訂，也都受到教會與政府的嚴格監督，只有少數學者的見解會產生一些影響力。遲至十九世紀，德國的國民學校教師，才逐漸透過其組織的力量，以其進步的、自由的觀點，發動了一些教育方面的改革行動。當時的教師組織，不但有自己的圖書室，經常舉辦座談會討論研究教育的實際問題，也致力於教育理論的研究並發行書刊小冊。（田培林，民70；馮朝霖，民81）所以德國中小學教師在十九世紀中葉，已藉由教師組織的力量團結起來，發行刊物，表達心聲，並舉辦各種實務的座談與相關問題的研討會，進行教育理論的研究，結合理論與實務充實自身的專業知識，可以說是一種早期的教師在職自我充實進修的方式，在「德國中小學教師在職進修」政策未具體落實之前，德國教師組織已為其開路先鋒，且為促成在職進修制度化的關鍵力量（Fuhrig 1969: 112）。

　　另一方面，早期文法中學的教師，由於所教學的對象為未來社會菁英，社會地位顯著高於其他階段的學校教師，在德國師資培育史上自然形成的一種雙軌發展，也由於國民學校教師素質的逐漸提昇，與學校教育體系的日益明朗，而縮短了彼此的社會距離。社會受到工業革命的影響與人口的持續增長，職業教育也隨著國民對一般教育日益升高的需求，一起蓬勃發展。職業學校教師，長久以來由於受到工會的保障，即使社經地位不及文法中學教師，然而也總是優於小學老師。因而國小教師的自我充實與進修，在師資培育發展史上，為其自身造就了與文法中學教師以及與職業學校教師（Berufsschul-lehrer）分庭抗禮的局面；而國校教師的待遇，在十九世紀後三十年間，也較先前獲得大幅度的改善。

（三）兩次世界大戰前後（國民學校體系制度化時期）

德國學校體系的發展，在兩次世界大戰期間，面臨了重大考驗：在威瑪共和國（Weimarer Republik）成立，並於西元1919年制憲以前，德國仍是處於南北兩強對峙的局面[6]；普魯士首相俾斯麥（Bismark）以其鐵血政策，不但建立了德國的社會福利政策，也將學校教育國家化，師資培育也透過考試規程的制訂，而有了明確具體的政策（楊深坑，民78；馬信行譯，民81；Titze 1991）。1933年5月6日（納粹取得政權不久）原培育師資的教育學院（Pädago-gsiche Akademie）改名為師資培育高等學校（Hochschulen für Lehrerbildung）將師資培育極度國家化，1941年後又改名為師資培育機構（Lehrerbildungsanstalten, Müller-Rolli 1989）。此時國小師資擺盪在缺乏與過剩之間，使其學術化之路一波三折，只有高級中學教師有機會接受大學教育。

由於納粹執政期間，學校教育受到嚴厲的控制（Müller-Rolli 1989），不但教師養成受到政府嚴密的監督，原先帶有左派意識形態色彩的教師組織自然也受到極度干預與阻撓，不少教師遠離家鄉，在國外另行籌組教師聯盟。（馮朝霖，1991）由於學術思想受到箝制，師資培育專業化與學術化的理想與訴求，在此一階段幾乎陷於停頓，教師在職進修也就難免除泛政治化的影響而流於極端形式化。事實上，教師進修問題在此一階段仍然未受應有的重視，除納粹在教師職務中，加強政治意識形態的灌輸之外，對教師在職進修的制度化歷程，並未有實質的貢獻。

---

[6] 當時南面為巴伐利亞王國（Bayerischer Königsreich），北面則為普魯士（Preusen）。

（四）現代化時期

德國中小學教師在職進修制度的形成始於第二次世界大戰結束（1945年）以後（Müller-Rolli, 1998: 407）。基於教育理論的持續發展，五○年代以來，德國開始在各邦的教師研習機構引進教育學、社會學、心理學、課程與教學等理論性課程。伴隨1960年到1972年文理科中學高級部的改革（Oberstufenreform der Gymnasien），以及國民小學新課程的引進、學校本身的發展，以及近年來環境教育、媒體教育、資訊教育的快速進展，教師在職進修的需求更行迫切，各邦先後成立教育中心（Pädagogisches Zentrum），或就現有的教師諮詢機構改名，視各邦不同的歷史發展情況名稱與結構也有所不同，均直接隸屬於各邦最高教育主管（權限與功能均大於我國先前存在的教育廳）。

另一方面，基於資訊快速成長，教師研習中心的人員編制與工作量均受到限制，近年來學校內安排教學空檔，讓同一年級，不同學科教師參與進修，配合教師研習機構的共同策劃與協助，可望成為未來教師在職進修的另一主流。除此之外，德國土賓根大學（Tübingen Universitat）的遠距教學學程（DIFF）也提供教師在職進修的機會。由於戰後德國恢復為典型的邦聯政體，教師在職進修主導權在各邦政府，必要時，透過各邦教育主管常設聯席會議（Ständige Konferenz der Kultusministerium der Länder in der Bundes Republik）協調一致的原則與制度面的基本架構。

兩德於1991年10月2日統一，為德國學校體制帶來新的挑戰與變革。為避免一國兩制所帶來的諸多不便，與因歷史及意識形態差異所可能衍生的問題與困難，德國政府重新整頓學校體制以及師資

培育規程。德東不少教師面臨失業危機，而德西的教師在職進修制度如何在德東推行，也面臨諸多考驗與挑戰。

綜觀前述，由於影響德國中小學教師在職進修制度沿革之因素甚爲複雜，各種因素環環相扣；本文限於篇幅，只能就其中幾項最基本的關鍵因素，擇其重點予以剖析：

教師本身的專業訴求

如前所述，十七、十八世紀的德國國民學校教師社經地位非常卑微，在政教不分的時期，甚至必須受神職人員監督或協助其教堂事務；直至十八世紀中葉，受Pestalozzi的教育思潮影響，教育工作者從實務中反省，逐漸累積教育學知識，形成專業領域；而基層學校教師爲爭脫其宿命，改善其社會地位並提昇其專業身分，在各地陸續有零星成立的教師聯盟（Lehrerverein 或 Lehrerverband）；這些團體在近百年的奮鬥過程中，逐漸與中學及大學教師團體結盟整合，拉近彼此的社會距離，形成今日屬於全國性龐大規模的「教育與學術同業公會」（Gerwerkschaft der Erziehung und Wissenschaft，簡稱GEW）。這其中德國教師如何在歷史發展中爭取其社會地位，肯定自身的專業身分，涉及複雜的教師社會運動史，雖屬值得深入研究的另一專題，然而德國教師在爭取其社會地位的過程中，不斷從事研討與進修，成爲德國最早的教師在職進修形式之一，特別值得本文研究的注意；他們並藉由其專業權的運作，促成多項學制改革（田培林，民70；Fuhrig 1969），也間接促成政府制訂全國統一的、較爲完善的現代在職進修制度，在早期師資培育制度尚未建立以前，而相關歷史文獻相當缺乏的情況下，也是教師們對此段歷史的一項貢獻。

教育思想家的崛起

　　十八世紀的啓蒙運動爲歐洲造就許多思想家，在教育界有舉世聞名的裴斯塔洛齊（Pestalozzi），他的影響在當時已遍及整個歐洲，尤其對國民教育理論的形成有非常重要的貢獻，德國國民學校教師的培育問題之所以受到重視，受Pestalozzi（1746-1827）思想影響極大，德國的師資培育因Pestalozzi及其後起之秀的理論奠基工作，而得以逐步提昇至大學教育程度。他認爲教師並非只是單純的知識傳授者，而應瞭解其所教育對象的本性，認識兒童的潛能，加以逐步誘導，方能協助其充分發展；有如牧羊者能充分掌握羊群的本性，才能使羊群接受牧羊者的引導。所以教師應具備的智能，不僅在於所傳授的知識本身，更應具備對兒童本性的認知與循循善誘的技巧；他的思想不僅開啓現代教育心理學之先河，更影響後輩爲數可觀的學者，如在國內甚爲知名的J. F. Herbart（1776-1841）、F. Fröbel（1782-1852）兩位（以及其他多位學者如後），在德國將裴斯塔洛齊的思想發揚光大；對於初等、中等學校教育，尤其是教學法的理論，以及幼兒教育之實施，提供了具體可行的依據，更吸引許多歐洲教師前來受教，蔚爲當時歐洲以及德國最早的教師在職進修活動風氣，也爲早期的中小學老師提供在職進修課程的實質內涵與理論基礎。

　　另一方面，思想家與教育家的洪保德（Wilhelm von Humboldt, 1767-1835），以及由他所延攬至普魯士的多位學者如Johann Plamann、Karl Augustus Zeller、Adolf Diesterweg……等，皆爲國內知名的赫爾巴特（Herbart）與福祿貝爾（Fröbel）的門生或後起之秀；他們深受裴斯塔洛齊以及其師的薰陶，作育英才無數，在德國形成一股新人文主義（Neuhumanismus）與自由主義（Liberalismus）

思潮。洪保德對德國人文教育思想影響至爲深遠，在當時的柏林大學培育衆多文法中學師資，也提供在職教師至學府進修的機會，使得高級中學教師相較於其他學級的教師（如國民學校教師Volksschullehrer），擁有較高的專業地位。（Reble 1989, Blankertz 1992）

政教的分離

自中古世紀以來，日耳曼民族一直接受基督思想以及所屬教會的感化，教會掌控人民的生老病死乃至國民的教化工作，所以學校一向由神職人員管理，教師也由神職人員轉任或兼職。即使宗教革命後，國民教育日益普及，來自民間的教師學歷僅及於早期國民教育（Volksbildung），再加上學徒制式的見習，因而國民學校教師的待遇與處境也仍然非常卑微，不但在本行內無法與大學教授及高中教師（在往昔也稱教授）相提並論，也遜於其他行業如手工技師的處遇。神權統治下的教育工作，不但教師福利極端被忽略，教師如何培育的問題也未受重視；即使國民教育思想形成以後，教師的在職進修也僅限於不合格教師的補習教育。這種情況一直持續至西元1918年（Tenorth 1987）。

國家的統一及教育制度（尤其學校體系）的發展

德國教師在國家形成與統一之前，大致以教師組織的力量進行自我充實與進修；而學校體系與制度的形成也依賴學校脫離教會的控制，由政府或中央單位統籌規劃全國性的師資培育體系，教師專業地位得以確立，而教師專業成長的問題也逐漸受到關注。

如前所述，德國中小學教師在職進修制度之建立，其沿革的歷史實際上與教師職前培訓的情況發展密切關聯，而教師培育情形又國民教育體制的發展息息相關，而不論師資培育制度的形成或國民

教育體制的發展，均又與政治、經濟、社會（尤其社會階級與人口因素）形成一個相當複雜的糾結，其中尤其國家的統一扮演了關鍵性的角色；因為國民教育體制的建立，使得師資培育政策得以有發展的空間，而師資培育體制的形成，使教師在職進修政策與法令得以具體落實。換言之，在師資培育制度尚未建立之前，德國中小學教師的在職進修始終處於教會、教師團體、專業團體各行其是的狀態。

聯邦體制的建立

德國中小學教師的在職進修機會，早期極度依賴地方教會勢力以及教師本身的組織和動員力量；國家的形成與南北的統一，又使教師的言論思想和意識形態受到相當的限制與箝制，與教師在職進修相關的各種公共聚會，承受超常的社會控制；與教師在職進修相關的政策與法令，依循由上而下的方式。如前所述，德國教師在職進修體系，在第二次世界戰後逐漸形成，其制度化歷程則依賴「各邦教育主管常設會議」（Ständige Konferenz der Kultusminister der Länder in der Bundesrepublik Deutschland[7]，亦稱Kultusministerkonferenz，簡稱KMK）的協調運作，訂定一致的原則與基本架構。聯邦體制的建立，鞏固民主法治的基礎，教師在職進修的制度化，也較能由下而上，反映基層教師的心聲與需求。

其他相關因素

屬於比較直接的影響因素有：德國學者以及教師從教育工作

---

[7] Ständige Konferenz der Kultusminister der Länder in der Bundesrepublik Deutschland，亦稱Kultusministerkonferenz，簡稱KMK，由各邦部長的工作組群（Arbeitsgemeinschaft）在1949年建立，（AG Bildungsbericht am Max-Planck-Institut für Bildungsforschung 1995 P.81）。

中，不斷從事對教育實際面以及對教育問題的經常反省，建立爲國際所接受的教育學說理論體系，奠定教育的專業基礎（楊深坑，民78）。然而弔詭的是：知識的大量成長與資訊的快速流通，以及新科技帶來社會的迅速轉型，教師逐漸喪失對知識與資訊的專利，而全民終身學習時代的來臨，更使教師的在職進修不但成爲必要，而且迫於眉睫。

在屬於間接的影響因素方面有：歐洲宗教革命所導致的國民教育普及化，社會因工業革命所引起的轉型，人口的增加與中產階級的興起，以及受教育人口與需求遽增，爲學校教育體系發展奠定基礎。而另一方面，就教師「在職進修」的社會理論觀點言之，社會變遷迅速，終身學習不僅對一般人，尤其對教師形成更大的迫切性，教師有繼續社會化（Further Socialization，例如：改善教學方法與技巧），或再社會化（Re-Socialization，例如：建立第二專長）的需要。

參、中小學教師在職進修制度之現況與發展趨勢分析

德國的國民教育體制經由長期的歷史發展與經驗的不斷累積，在二十世紀初已相當完備；而師資培育體系也在此時奠定厚實的基礎，甚至國民小學師資的培育，在六〇年代也隨著提昇至大學教育程度。國民教育程度的不斷提昇，帶動著教師繼續專業成長（Professional Development）的迫切需求。德國人對教育的長期經營與投資，也在中小學教師的在職進修體制上開花結果。更重要的是，德國人從幾次的重大戰爭中，自身所經歷的血淚教訓使他們深深體會，教育（尤其是師資素質的提昇）才是最重要的精神國防；

因而近年來，結合成人教育體系，大力提倡經營教師的在職進修，如今已有相當可觀的成就。

一、教師在職進修途徑

德國將中小學教師的在職進修大致區分為下列兩種情形：[8]（Lenzen 1997: 956）

（一）教師在職進修

教師在職進修（Lehrerfortbildung）旨在維護並增進教師的專業能力。為適應社會變遷及加強教師勝任學校職務的能力；通常經由學校本身或教師在職進修機構的安排來進行，主要在增進教師的專業能力（包括教育、心理、學科知識以及學科教學能力）；舉辦期限通常為三至七天，不計學分、也不涉及學歷的升級；此類在職進修又分為國家、各邦（省）、校內教學研究會三個層級。

（二）教師繼續進修

教師繼續進修（Lehrerweiterbildung）旨在協助教師取得勝任較高層級職務的專業能力（如我國的校長、主任儲訓），或第二教學專長，通常與大學互相結合，大學專門為中小學老師開闢第二專長，或為更進一級學校任教所設相關的進修學分課程。

---

[8] 上述兩種教師在職進修的區分方式，屬於學者與官方的一種共識。

二、教師在職進修政策

（一）相關法令

德國教師目前均需經由國家考試（Staatsexam）取得教師資格；早期自受命於國家，逐漸脫離教會掌控以來，即被視為公僕（Civil Servant, Fuhrig 1969），目前不但具有公務員身分，也受法令的保障；聯邦法令明訂公職身分（Beamten-Verhältnis）所牽涉的權利與義務。近年來學校法令（Schulgesetz）更明訂凡在中小學任教之教師，皆有在職進修的義務[9]（Böhm 1988），與其在職年資無關，也不涉及升遷問題。

（二）在職進修體系

在聯邦部長常設會議資料裡，德國教師在職進修體系在行政運作方面，大致可以區分為下列三個層級[10]：（Ständige Konferenz der Kultusminister der Länder in der Bundesrepublik Deuschland 1997，參閱圖4.1、圖4.2）

中央級（Staatliche Träger）

大部分幅員較大的邦皆設有獨立的邦屬教師在職進修機構（Staatliche Einrichtung der Lehrerfortbildung）至少一所，視各邦教育制度發展背景、財務狀況，以及對教師進修重視的情況而定（詳

---

[9] 參閱赫森邦學校法（1995），1997年重新修訂；及漢堡學校法（1997）。
[10] 在一般學校教師在職進修機構相關文獻裡，主要也如此區分（僅有少數邦如Bayern例外，巴伐利亞邦將其在職進修體系區分為四級）。

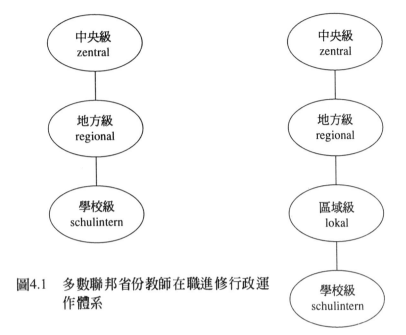

圖4.1　多數聯邦省份教師在職進修行政運
作體系

圖4.2　巴伐利亞邦行政運作體系

資料來源：Lehrerfortbildung in Bayern 1999: 10.

見表4.1）；協調其他相關教育行政機構，統籌規劃邦內所屬機構
辦理中小學教師在職進修。幅員較小的邦則在邦立教育機構中有專
責部門；部分的邦如Rheinland-Pfalz除專設教師研習機構外，另設
有「邦立教育中心」（das Staatliche Pädagogische Zentrum）進行教
學計畫的發展、檢核與修正，並與其他相關教育單位合作。各邦設
立的教師在職進修機構名稱不一致、數目（Baden-Württemberg 有
四所）也不同，視各邦教育制度發展情況而定。

　　在各邦及其邦內獨立的直轄市（Staatstadt: Bochum, Botrop,
Düsseldorf, Hamburg, Köln, München, Nürnberg, Sigmarinen）設立教
師在職進修機構，均有教師在職進修專屬機構，參見表4.1：

表4.1 德國各邦教師研習機構一覽表

邦別	機構全銜	備註
聯邦教育行政機構主管常設會議	德意志聯邦教育行政機構主管常設會議（Ständiger Konferenz der Kultusminister der Länder in der Bundesrepublik Deutschland）	德國教師在職進修體制
柏林 Berlin	柏林教師在職、繼續進修及學校發展機構（Berliner Institut für Lehrerfort-und-weiterbildung und Schulentwicklung）	與市內各文教機構合作
布蘭登堡 Brandenburg	布蘭登堡邦立教育機構（Pädagogisches Landesinstitut Brandenburg）	1991年建立，1996年改組
馬克倫堡——佛彭門 Mecklenburg-Vopommem	邦立學校及教育機構（Landesinstitut für Schule und Ausbildung）	資料從缺
什列斯威——荷斯坦 Schleswig-Holstein	什列斯威——荷斯坦邦立學校理論與實習機構（Landesinstitut Schleswig-Holstein für Praxis und Theorie der Schule）	
下撒克森 Niedersachsen	下撒克森邦立學校體制與媒體教育之教師在職及繼續進修機構（Niedersächsisches Landesinstitut für Fort-und Weiterbildung im Schulwesen und Medien-pädagogik）	
漢堡 Hamburg	漢堡教師研習機構（Institut für Lehrerfortbildung）	1926年設立，全國最早的教師在職研習機構
布萊梅 Bremen	邦立繼續教育機構（Landesamt für Weiterbildung）	主要在協助試用教師完成第二階段（實習）教育
北萊因——西伐利亞邦 Nordrhein-Westfalen	邦立學校與繼續教育機構（Landesinstitut für Schule und Weiterbildung）	1978年由邦政府最高教育主管機構成立
萊因邦——普法爾茲 Rheinland-Pfalz	邦立教師在職及繼續進修機構（Staatliches Institut für Lehrerfort-und-weiterbildung）	

（續）

邦別	機構全銜	備註
薩爾邦 Saarland	邦立教師在職進修機構 （Staatliches Institut für Lehrerfortbildung）	附件一冊
巴登—— 符騰堡邦 Baden- Wurttemberg	邦立教師在職進修機構（Comburg, Calw, Donaueschingen, Ludwigsburg 分支機構） Staatliche Akademie für Lehrerfortbildung Comburg Staatliche Akademie für Lehrerfortbildung Calw Staatliche Akademie für Lehrerfortbildung Donaueschingen Staatliche Akademie für Lehrerfortbildung Ludwigsburg	簡介資料
	德意志土賓根大學遠距研習機構 （DIFF-Deutsches Institut für Fernstudien an der Universität Tübingen）	
巴伐利亞邦 Bayern	巴伐利亞邦立教師在職進修及人事領導學院 （Akademie für Lehrerfortbildung und Personalfuhrüng）	1971 年由邦教育行 政最高主管機構設 立
撒克森 Sachsen	撒克森邦立教育計畫及學校發展機構 （Sächs. Staatsinstitut für Bildungsplanung und Schulentwicklung）	資料從缺
撒克森——安 哈特Sachsen- Anhalt	邦立教師在職進修、繼續進修及課程研究機構 （Landesinstitut für Lehrerfortbildung, Lehrerweiterbildung und Unterrichtsforschung）	
圖林根邦 Thüringen	圖林根邦立教師在職進修、教學計畫發展及媒 體機構（Thüringer Institut für Lehrerfortbildung, Lehrplanentwicklung und Medien）	
赫森邦 Hessen	赫森邦立教師在職進修機構 （Hessisches Institut für Lehrerfortbildung Hauptstelle Reinhardswaldschule）	1951 設立，1997年 與邦內其他相關教 育機構整併

資料來源：周蓮清，（民89）整理自 Von H. Schaub & K.G. Zenke 1997: 408-412。

HILF: Hessisches Institut für Lehrerfortbildung[11]（赫森邦教師在
　　　職進修研習所）

---

[11] 少數在職進修方式（如校長或主任進修）除外。

IPTS: Landesinstitut Schleswig-Holstein für Praxis und Theorie der Schule（什列斯威──荷斯坦邦立學校理論與實務所）

LSW: Landesinstitut für Schule und Weiterbildung（北萊茵──西伐利亞邦立學校與繼續教育所）

某些邦屬直轄市（Staatstadt）在部分文獻中被歸類為社區型的辦理機構（Kommunale Träger, Lenzen 1997: 957），設立教師研習中心（Zentrum für Lehrerfortbildung-Niedersachsen下撒克森）如下一節所述；某些省分或直轄市則以"Referate"（例如，Bremen, Brandenburg）的形式隸屬於其教育廳局。

區域級

區域級（Regional Träger）通常由中央機構所統籌規劃，或是委託分支機構、部門進行規劃，亦或是由中級的學校視導單位（Schulaufsichtsbehörden auf der Mittleren Ebene）、地方政府（Bezirksregierung）、政府首長（Regierungspräsident）執行。在巴伐利亞（Bayern）邦依學校類別分別由教育主管機構託付（Ministralbeauftragte）的國民中小學、文理中學所屬學區負責單位或由地方政府辦理。此一類別又可細分為：

1. 地方級（lokaler Träger[12]）：在巴伐利亞（Bayern）邦及北萊因──西伐利亞邦（Nordrhein-Westfalen）交由轄區內學校官員（Schulämter im Kreis）或負責各級學校學區事務的地方政府辦理；通常是邦屬直轄市（Staatstadt）採取此一形式。（參見圖4.2）

---

[12] Akademie für Lehrerfortbildung in Bayern（巴伐利亞教師研習學院）將此單獨列屬另一層級。

2. 各級學校教師會（Lehrerverein）、教師公會（Lehrerge-werkschaften）、學術研究會（wissenschaftliche Gesellschaf-ten）、以及教會（Konfession）：研討較為特殊的或地方性的主題。

3. 其他超越地區的遠距教學（Fernstudiengänge zur Lehrer-fortbildung）：如Deutsches Institut für Fernstudien an der Tübingen（德國土賓根遠距研習所，簡稱DIFF），提供全國教師遠距學習，以兼顧無法參加研習課程教師的在職進修機會；或各種研究與改進師資進修計畫（Modellversuche oder Reformprojekte zur Lehrerfortbildung 教師在職進修模式試驗或改革計畫；Modellversuche in Bremen oder Oldenburg 布萊梅或奧登堡模式試驗）。

學校級

學校級（Schulinterne Lehrerfortbildung，簡稱SCHILF）通常經由學校校務會議（Pädagogische Konferenzen）、學科會議（Fachsitzungen）、考評會議（Klausursitzungen）以及其他相關活動方式進行。

德國各邦由於人口成長控制得宜，地廣人稀，雖然交通發達，但仍不敵幅員之廣大，為求教師在職進修的普遍落實，近年來由各學校自行舉辦的校內教師在職進修活動非常受到重視，已成為德國未來教師在職進修的主流趨勢；與中央級的各邦教師研習機構積極合作，成立相關研究諮詢與實務推動小組；各邦政府也積極施以援手並予以考核督導。此外，一向為西方國家（尤其歐洲）所重視的校內宗教課程，其教師的在職進修則由學校委託教會機構辦理。

（三）權責的區分

在權責的區分方面視各邦教育行政結構而有相當差異；一般而言，中央級的教師在職進修機構在其所屬轄區內，統籌規劃教師在職進修研習活動，以及邦屬學校發展計畫；中央級以及區域級的區別則在於活動形式上的區分，例行性的職務研討（Dienstbesprechung）、學科會議（Fachtagung），均有其不同的層級形式；區域性研討會（Regionalkonferenz）、由轄區學校視導機構召集的在職進修輔導團（Fortbildungsreferenten aus den Schulaufsichtsbehörden）則明顯地歸屬區域性的活動。

學校級的教師在職進修方面基本上是由各校自行辦理，唯有Rheinland-Pfalz由邦屬機構（Staatliches Institut für Lehrerfortbildung und-weiterbildung）策劃與實施，部分省區由邦教育主管機關公布進修內容與時間，部分則由邦屬機構與學校視導和校內規劃小組相互合作。

（四）執行機構與措施

執行機構與措施方面在德國由於各邦發展歷史背景不同，情況也極為複雜，有各種不同的組織和活動形式，視各邦教師在職進修發展的情況而定；例行性的教師在職進修通常由邦立教育機構（教師在職進修分支單位或部門），或獨立的邦立教師在職進修機構負責，某些省份（如Bayern、Rheinland-Pfalz）則由區域性、地方性或中下層教育視導單位負責；各層級或中央與地方以及獨立機構（Freie Träger）間的相互合作也經常發生，例如天主教或基督教會提供宗教課程方面的在職進修機會；中央及機構提供一般例行進修

以外的機會，又如其他教育場所（Landesbildstellen）、教育中心（Pädagogische Zentren）、學校心理（諮詢）服務處（Schulpsychologische Dienste）以及一些外國機構，如英國領事館（Britisch Council）、法蘭西學院（Insititut Français）、或其他學會（Gesellschaft）如卡爾──杜依斯堡學會（Carl-Duisburg-Gesellschaft）。

（五）授課人員及場所

教師在職進修的授課人員（FortbildnerInnen）在各邦情況也有差異，但通常由（資深）教師、大學教師、校長（Schulleiter）、專題研究主持人、學科教學群（Fachkräften：研習機構及視導機構內專職人員或由學校資深教師兼職），校內進修也可禮聘這些人士。教師在職進修研習機構大都提供講習及住宿場所，以利研習教師彼此間的交流。

（六）參與教師在職進修資格

教師在職進修資格通常視活動項目內涵而定，不同性質的活動項目規定有別；參與教師在職進修資格一般在各項活動項目（Veranstaltungsprogramm）手冊中均有規定，通常活動項目性質因學校類型而異，參與資格也因此有所限制。通常每位教師只要符合基本要求，不論年資深淺依法皆有權以公假（Bildungsurlaub）或公差方式參與各項與本職相關的教師在職進修並享有其附帶權益；不過各邦差假、薦派、與甄選資格規定均有不同，或由校長、駐區督學決定，或由主辦單位設限。

（七）教師在職進修實施方式

　　教師參與在職進修制度化的一般形式包括：以教學學程（Lehrgang）、工作小組（Arbeitsgemeinschaft）、會議（Tagung）多日（Mehrtägig）方式由教師在職或繼續進修機構籌劃進行；各學校也以半日或全天方式在校內自行實施，近年來由於校內教師在職進修倍受重視，活動項目與形式有相對地增多。

　　校外教師在職進修活動（Außerschuliche Lehrerfortbildung）通常在下午、晚間，分別以數小時，分數日方式、或在連續數個週末舉行、或以兩天半至五天（全天候）方式舉行；校內進修活動則在下午或晚間、或以每學年一至二天方式進行；所安排的活動項目以學期或學年方式刊載於教師進修刊物中。進修方式通常為專題研究（Seminar），也有以工作小組（Arbeisgemeinschaft）方式、或以會議（Tagung）、教學參觀（Studienfahrt）、專題討論（Kollquien）形式；在區域性層次（Regionale Ebene）則多半有住宿進修團體與視導進修團體（Hospitations-und Supervisionsgruppen）方式，筆者所訪問的法蘭克福教師研習機構提供此項住宿進修的服務，因為所坐落的森林學校Reinhardswaldschule 位於偏遠的郊區（參見圖一）；而相對地，坐落於都市中的漢堡教師研習中心，則較少提供此項服務，為節省場地空間，多提供來自不同學校教師們彼此交流討論的空間。

　　（以上資料整理主要文獻來源是：Ständige Konferenz der Kultusminister der Länder in Deutschland, 1997，另參酌各邦相關資料文獻予以補充）

圖一　HeLP 位於森林學校之總部入口處（1999年1月，周蓮清／攝）

三、德國教師在職進修機構參訪實例

　　大部分幅員較大的邦皆設有獨立的邦屬教師在職進修機構（Staatliche Einrichtung der Lehrerfortbildung）一至數所不等，視各邦教育制度發展背景、財務狀況，以及對教師進修重視的情況而定；幅員較小的邦則在邦立教育機構中有專責部門。限於研究經費與時間，僅實地訪談下列兩所研究機構的主管，所選擇訪談的兩個教師研習機構：一在法蘭克福（邦赫森首府，內陸區）；一在漢堡（海港，直轄市），均受中央監督管轄。

（一）主要教師研習機構

法蘭克福教師研習所

　　法蘭克福教師研習所（Hessisches Institut für Lehrerfortbildung）

概況分述如下：

1.簡史：法蘭克福教師研習機構（HiLF）在1994年至1997年之間已將之與其他三所具傳統色彩的教育相關機構：由HIBS（Hessisches Institut für Bildungsplanung und Schulentwicklung，1975年建立）、HiLF（即原教師研習機構，建立於1951年）、LABI（Staatliche Landesbildstelle für Medien，建立於1949年）以及HEF（die Hessische Erwachsenenbildungsstätte Falkenstein，建立於1977年）共同組成，整併爲「赫森邦立教育研習所」（Hessisches Landinstitut für Pädagogik，簡稱爲HeLP），直接隸屬於邦教育主管機構（Hessisches Kultusministerium）。

2.組織概況：赫森邦立教育所整併下列機構，藉此又區分爲六個教育所（Pädagogisches Institut，簡稱PI），形成一既有明確分工，又相互密切合作的類似蜂窩型組織（參閱圖4.3：資料由Dr. Peter Chroust 提供）：（1）北赫森教育所（PI Nordhessen）設在Fudatal 的Rheinhardwaldschule，同時也是業務領導群及各項會議召集所在，另有四個區域分支機構；（2）中赫森教育所（PI Mittelhessen）乃是各項重要決策會議的召集所在，有三個區域分支機構；（3）法肯斯坦教育所（PI Falkenstein原爲成人教育機構所在）有兩個區域分支機構；（4）法蘭克福教育所（PI Frankfurt a. M.）僅有一區域分支機構；（5）威斯巴登教育所（PI Wiesbaden）僅有一區域分支機構；（6）史塔肯堡（PI Starkenburg）僅有一區域分支機構，另有一分支機構尙在規劃中。由圖4.3的每一六角

Hessisches Landesinstitut Für Pädagogik (HeLP)

PI Nordhessen
Regionalstellen
Bad Hersfeld
Bad Wildungen
Fulda
Kassel

PI Mittelhessen
Regionalstellen
Giessen/ Vogelsberg (z zr Weizlar)
Lahn-Weilburg
(z zr Laborg)
Marburg

PI Starkenburg
Regionalstellen
Bergstrasse/ Odenwald
Jugenheim

HeLP

PI Wiesbaden
Regionalstellen
Gross-Geray
Wuesvadeb

PI Frankfurt
Regionalstellen
Frankfurt
Offenbach

PI Falkenstein
Regionalstellen
Bruchkobel
Friedreg

圖4.3　整併後的法蘭克福教師研習所（HeLp赫森邦立教育所）

　　形中可見，每一分支機構都還設有1至4所不等的區域性子機構（Regionalstellen）；形成一個環環相扣，密切結合的網絡，力圖使教師進修研習機會，遍及邦內每一角落。依據實地訪談的學者Dr. Peter Chroust（北赫森教育所的研究部主任）說明，分支機構設立的主要用意爲地理因素居多，方便各地教師的參與（也期待大量教師的參與），使他們免于舟車勞頓之苦，也可爲政府及個人節省大筆住宿研習所需的經費。

3.業務簡介：

■學校品質的維護與提昇（Qualitätsentwicklung und Qualitätssicherung der Einzelschule）：

——支持學校自我管理及品質發展

——提供學校系統諮詢

——支持並協助學校擬定和實施發展計畫

——支援校內及校外評鑑

——提供學校家長諮詢及進修研習機會

——媒體教育諮詢與研發

■人事發展以及人事制度化（Personalentwicklung und Personalisierung）：

——提供教師在職及繼續進修機會

——偕同教師培訓及成人教育機構共同規劃學校發展計畫

■ 學校發展（Schulentwicklung）：

——激勵、伴隨、評鑑學校組織及實質內涵的發展

——評量及蒐集準備教育計畫（Bildungsplanung）相關措施與文獻（Daten, Instrument und Dokumentation）

■ 發展趨勢：甫於三年前轉型的法蘭克福教師研習機構（HiLF），與其他三所教育研習機構整併為法蘭克福教育研習所（HeLP）的構想，一方面是出於整合赫森邦現有教育組織資源，統籌規劃邦內所屬各級學校發展計畫，協助各校校內教師在職進修，以利計畫的執行與發展；另一方面統一後的德國也需面對歐洲聯盟時代的來臨。因此，HeLP對內積極協助邦內學校發展校務與特色，對外力求本身組織型態的現代化[13]，為拓展國際視野作準備。

---

[13] 參閱：Hessisches Landesinstitut für Pädagogik（1999）Seminar und Akademie Programm.

漢堡教師研習所

漢堡爲聯邦直屬管轄的德國第一大港市，有獨特的歷史與教育傳統。漢堡教師研習所（Institut für Lehrerfortbildung Hamburg，簡稱 ifl）其概況分述如下（參見圖二）：

1. 機構簡史：原爲1925年成立的「自然科學教學諮詢處」（Beratungsstelle für Naturwissenschaftlichen Unterricht），1926年改爲爲漢堡區教師提供進修機會的「高級學校督導署」（Oberschulbehorde），爲德國最早的教師在職進修機構。

2. 業務：

   ■ 以專題研究、工作小組、專題演講、會議、住宿（Hospitation[14]）、及參觀訪視的方式，爲在職教師、實習教師、以

圖二　漢堡教師研習所入口處（1999年1月，周蓮清／攝）

---

[14] 漢堡研習中心的副主任（Stellvertretender Director）Herr Beck 說明，目前因課程型態更新，已朝向不提供住宿的原則。

及其他學校系統的職業教師提供進修和再教育機會。

■ 提供漢堡地區所有學校諮詢服務並協助校務發展計畫。

■ 執行上級為整體學校領域所規劃的措施。

■ 提供漢堡區學校家長再教育，並提供有關校務發展與家長參與校務工作和委員會的諮詢服務。

3.組織：

■ 機構運作大抵沿用1987年的架構，新的組織架構仍在規劃中。目前約有150名左右的工作人員，分別來自九種不同的專業：專職人員、技術人員、管理階層（Verwaltungskräfte）、助理、圖書館員、動物訓養師（Tierpfleger）……等等。其中，三分之一為專職人員、三分之二由學校人員襄助業務，或參與專題研究計畫之兼職人員。人事組織的最主要特色是──媒介系統（Moderatorsystemen，也稱為種籽系統）的建立，使教師有機會將實務經驗傳授他人，讓使教師在職進修與學校實務緊密結合。

■ 本教師在職進修機構大抵分為三個部門：（不同）學校類型的在職進修、學科在職進修、行政管理與圖書部門，所有計畫方案皆須經由理監事（Kuratorium）諮詢認可。每一部門各自代表其在職進修領域與場所，且有其自身職務行使範圍。

4.漢堡教師研習所過去數年間所增加的事務：

■ 法定半日學校VHGS：Verläßliche Halbtagsgrundschule在全漢堡地區引進半日學校的協助計畫。

■ 校內教師在職進修辦事處：為提高教師在職進修需求，作為提供進修現場，協助諮詢及實施各項校內教師在職進修

的代理機構（Agentur）。

■ 為在教育體制內各類型學校的領導階層及其新秀提供繼續
進修機會。

■ 依照漢堡新學校法，提供親職教育以作為學校發展的要
素。

5.現今的任務：

■ 學校發展策劃：依照漢堡新學校法協助策劃校務發展。

■ 校內教師在職進修事務處：提供諮詢、中介、以及各項校
內教師在職進修必要支援。

■ 為基礎學校引進適度的英語教學提供取得合格教師資格課
程。

■ 為適度引進法定半日學校提供師資培育計畫。

■ 高級中學以及中等職業學校發展的教師在職進修以取得資
格。

■ 依照漢堡學校法授予特定職務領域任用資格。

■ 統合班（Integrationsklassen[15]）以及統合後的常態班
（Regelklassen）教師資格之授予。

■ 支援漢堡學校上網行動。

■ 新的學校教學形式以及教師在職進修。

■ 在學校評鑑發展方面給予學校支援。

■ 在新的職業領域方面提供培養合格教師的機會。

■ 尋求新的教學形式及教師在職進修機會。

■ 對上述校內教師在職進修方案處理結果的評估與後續執

---

[15] 為一般學生與殘障學生的混合班級。

行。

6.發展趨勢：漢堡教師研習機構為因應社會迅速變遷，及教師終身進修的意願與需求，目前正積極著手規劃新的組織型態與業務分配，將領導群區分為六大工作領域：行政管理（Verwaltung）、學校教育（Schulpädagogik）、教育與課程I（Erziehung und Unterrricht I）、教育與課程II（Erziehung und Unterrricht II）、學校發展以及區域性的業務諮詢（Shulbegleitung, -entwicklung: SCHILF-Kontor）、學校系統內的人事發展（Personalentwicklung im System Schule）；研習會正副主任負責領導專案業務的規劃（Projektsteuerung）與各項出版、文宣以及公共關係有關的事宜。此一業務擴大後的組織新貌預定於一、兩年後付諸實現[16]。

（二）其他教師在職研習機構（Lenzen 1997）

一般大學

如前所述，德國教師在職進修第二管道，是由大學或師範學院（Pädagogische Hochschule）提供Kontaktstudium讓教師有機會求取其他學科的教學能力與資格（如第二專長學科），或為自身升遷求取更高學歷。若屬前者，在出於政策變革的情況下，則有可能獲得政府補助，若屬後者，則需自行負擔全部費用。

遠距教學

德國師資培育雖未能運用遠距教學，卻提供教師在職進修超越

---

[16] 此部分係由漢堡教師研習機構副主任Herr Beck提供尚在籌劃中的相關資料，未出版。

地區性的遠距教學（Fernstudiengänge zur Lehrerfortbildung），以因應時代與社會的快速變遷，補充正式研習課程所未能及時提供的資訊。主要負責機構在Tübingen: 如前所提及的Deutsches Institut für Fernstudien an der Tübingen（德國土賓根遠距研習所，簡稱DIFF）

教會

雖然德國學校在二十世紀初葉已完全脫離教會掌控，學校改由政府監督，然而學校中的宗教課程，仍然在課程結構中，與哲學、道德與倫理相提並論，占有重要分量。此方面課程，原則上由教會人員擔任，並協助與宗教輔導相關的事務；擔任此職務或任課教師的在職進修均由教會機構負責。

教師組織

如前所述，早期德國未有充分而正式的教師在職進修機會與管道，教師改善教學以及其他專業能力，全靠教師自身的組織與動員，因而德國教師會早期在各地區蓬勃發展，如今已整併為教育與學術同業公會（簡稱GEW，其中包括「促進教師在職進修的德意志協會Deutscher Verein zur Förderung der Lehrerfortbildung」），仍繼續由各地分支機構舉辦各項研討會並發行不同形式的教育刊物。

以上四種教師在職進修管道連同各種學術組織（如上述卡爾——杜依斯堡學會）在教師進修體系中被歸類於Freier Träger，屬於自由自主的教師在職進修辦理單位。

（三）各邦教師在職進修政策改革重點

在某些聯邦省份（如Niedersachsen, Berlin, Baden-Württemberg, Rheinland-Pfalz) 為求更有籌劃與研習效果、為授課教師爭取進修機會及為改進某些領域的授課方式，正積極規劃新構想。為適應社會

的快速變遷，研習內容不僅為教師也為學生權益著想。（Hamburg
邦的改革即提供此方面實例）

在Rheinland-Pfalz為加強切近學校層級的研習活動更增加邦屬
研習機構的地方分區機構，適應社會快速變遷以保障學校的確實調
適。除增進學科以及教學知識外，輔導及教導問題也同受重視。

在Baden-Württemberg發展以下關於籌劃教師在職研習的新構
想：

1.經由專業化（服務）儘量擴大課程的供應（Optimierung des
Angebots Durch Professionalisierung）。

2.補助研習活動的提供（Subsidiarität der Fortbildungsan-
gebots）。

3.提昇容納程度（Steigerung der Akzeptanz）。

4.加強近學校層級以及學校層級的研習活動（Stärkung der
Schulnahen und Schulinternen Fortbildung）。

5.兼顧知識與經濟（Einbeziehung der Wissenschaft und
Wirtschaft）。

柏林由於兩德統一及精神需求，教師研習活動的整體組織與結
構改革剛剛完成；因此學校在容納程度上應會加以設限。

四、教師在職進修課程

德國由於實施聯邦制度，而各邦歷史與教育發展情況又有相當

程度的差異，所以極具多元化的特色[17]。各邦不但負責中小學教師在職進修的機構或專責單位互異，所開設的課程內涵也有相當程度的差別。大體上說來，邦與邦之間，經過聯邦部長常設會議（KMK）的協調，訂定課程內涵重點與主要類目的基本架構；此一基本架構之內涵，包含下列情況：

（一）課程形式

在課程形式方面大致分為：

1. 大型會議（Tagung或研討會Podiumsdiskussion）：以大型研討會方式邀請專家學者或教育行政人員，演講有關教育政策、重要教育法令或相關政治議題，例如：「學校如何進行本位發展」、「教師如何面對日新月異的科技媒體」、「擺盪在過程與結果之間的學校發展計畫」。

2. 專題研究（Seminar）：大多數課程以此形式進行，可以針對不同學科或跨越學科形式的統整教學，如下列課程內涵的各項專題。

3. 活動安排（Veranstaltung）：課程安排的準備、開始、合作與系列活動；教師研習機構與其他支援系統或其他社會機構的合作。

4. 工作圈（Arbeitskreis）或工作群（Arbeitsgruppe）：在大型會議或專題研討中，按題目重點成立專題工作小組，多方並深入蒐集與組織資訊。

---

[17] 此方面若以百花齊放、群芳競豔來形容現今的德國教師在職進修體系內涵並不為過。

（二）課程內涵

課程內涵方面完全以理論與實際的結合爲前提：

1.針對一般教育理念與教育工作的共同需求（Fachübergreifend
 Angebot für alle Schularten 例如：「如何實施政治教育」、
 「學校本位發展」、「邁向健全運作的學校」、「學校如何與
 社區結合」……），包括針對課程與教學需要的專業知識
 （例如：「教師如何教學相長」、「如何運用媒體以及資訊科
 技」、「博物館中的學習」），教育學、心理學以及社會學方
 面的相關新知識。

2.針對不同年齡階段學校教師的特定教學需求，例如：「討論
 中的國小實務課程」、「國中階段的外語教學」、「高中生的
 升學抉擇」……。

3.針對學科需要的專門知識，例如：「歐洲的外語、溝通與合
 作的關鍵」、「青少年與天文知識」、「數學與自然課程的未
 來」、「青少年的藝術修養」、「不同宗教對話中的聖經形
 象」。

4.針對個別學校類型，提供相關知識（Schulbezogen）的專題
 演講，例如：「國小的外語課程」、「聽障學生的口語教
 學」、「高中學生的升學壓力」、「國中校園的暴力問題」。

5.針對社會變遷，教師面對青少年問題所需要的各種生活專題
 知識（藥物、急救、交通等……，例如：「青少年，社會與
 政治」、「認識毒瘾與藥物」、「心肺復甦術的運用」、「交
 通安全」、「如何在生活中落實環保知識」、「歐元：學校中
 的現實生活專題」……。

6.針對個別教師本身實際教學生涯（Personbezogen）所要面對的知識，例如：「教師如何面對班級學生的衝突」、「多媒體與網路的運用」、「教師如何與家長溝通」、「教師的生涯規劃」……。

此外，漢堡教師在職進修研習所也將針對家長與教育實習學生的需求列入課程重要項目，然而因非屬本研究主題範圍，在有限的訪談時間內，並未加以深究。

（三）課程的實施

1.結合社區資源（如，教師研習中心以及與民眾高等學校Volkshochschule的結合、漢堡以部分時間及聘約方式運用市立動物園現有的專業人員）。
2.遠距教學（如DIFF課程）及網際網路的運用（大部分的教師研習機構均已設有網站，提供各項相關資料，尤其是在課程的選擇方面）。

五、教師在職進修評鑑

評鑑原本即是複雜的問題，制度評鑑更非易事；而「教師在職進修制度」的建立，不論在國內，或在歐洲先進國家，卻都在學校教育制度大致底定之後，均為晚進的發展趨勢，相關資料仍然有限。在目前德國各邦發展步調雖漸趨一致，但情況仍有個別差異的情況下，「教師在職進修制度」的評鑑措施，各邦大致處於自覓社會資源各行其道的階段：如法蘭克福教育研習所（HeLP）尋求與

馬爾堡大學的合作,漢堡教師研習所(ifl)則自掌大旗。本研究僅能就實地參訪的兩個教師研習機構時,所搜集的有限資料中,進行評鑑方式與架構重點的分析。

(一)評鑑方式

兩所機構主要均以問卷調查方式,在進修活動結束之前,讓學員填答;法蘭克福教師在職進修研習所(HiLF 1994)的研究調查報告中,另有訪談紀錄,兩機構均有對調查結果的分析以及學員對課程實施結果的評價。

(二)評鑑的理念架構

法蘭克福教師在職進修研習所問卷調查

法蘭克福教師在職進修研習所(HiLF 1994)的問卷調查主要針對下列重點:

1. 教師在職進修的形式與範圍。
2. 教師在職進修的組織形式(Organizationsformen)與配套措施(Rahmenbedingungen)。
3. 參與教師在職進修的原因、阻礙與期待,以及共同參與情形。
4. 教師在職進修課程資訊的獲得方式。
5. 校內教師在職進修。
6. 最近一次參與教師在職進修的評價。
7. 個人對教師在職進修課程的提供計畫(自由起草)。
8. 目前的工作處境。

9.個人心得敘述。

漢堡教師在職進修研習所繼續進修系統

漢堡教師在職進修研習所在1997年，針對提供學校領導人員、視導人員、行政人員的**繼續進修系統**，在下列項目進行分析：（ifl 1997）

1.學員出席情形。
2.參加研習費用。
3.學員眼中的研習活動品質。
4.繼續教育的管理與評價。

（三）評鑑的結果分析

兩個教師在職進修研習所均對研究結果，進一步尋求解釋與分析，本研究由於兩份研究調查重點與對象之不同，無法予以比較分析。希望有機會藉由後續研究，彌補此一缺憾。

肆、結論與建議

一、結論

1.德國中小學教師在職進修「制度化」歷程，與各邦教育制度之歷史的沿革及與教師職前培育制度的發展密切關聯：而教師培育情形又與國民教育體制的發展息息相關，然而不論師資培育制度的形成或國民教育體制的發展，均又與政治、經

濟、社會（尤其社會階級與人口因素）形成一個相當複雜的糾結，爲研究者留下諸多探討空間，值得進一步發展更深入的專題研究[18]。

2. 德國教師在職進修制度因其歷史背景與聯邦體制的影響，各邦在有相當程度自主的獨立情況下發展，形成多元化的進修管道與方式，各邦大體上所共有的特色是：德國中小學教師在職進修隨著德國近百年來的教育改革，由地方轉向中央逐步發展出相當完整的一套體系；中央僅負責協調統籌基本架構，實際規劃由各邦自行負責。主要策劃與執行單位爲教師研習機構，近年來學校本身舉辦教師在職進修已蔚爲一股主要風氣。此外，德國中小學教師本身藉由組織進行自發性的在職進修已有近百年歷史，形成一股推動教育改革的力量。

3. 法蘭克福教師研習機構與馬爾堡大學（Universität Marburg）合作建立評鑑模式：雙方合作進行教師在職研習活動方式、課程內涵、教師研習動機與結果……等之評鑑研究，不但爲教師研習機構與大學間的業務合作，提供具體而有建設性的模式，也爲師資職前培育與在職進修之間，奠定兩者相互銜接、實質發展的基礎；德國其他各邦（如Bayern, Niedersachsen, Berlin, Hamburg……）也均有此計畫或案例。

4. 德國教師在職進修制度的現行措施以及未來的發展方向，均以協助學校發展爲其主要任務：教師在職進修不但可改善教學品質，有利其本身的專業成長，且有助於提昇教師整體的專業素質；而教師的專業能力不僅爲學校發展的重要關鍵，

---

[18] 例如有關教師在職進修制度發展的系統性探討與相關資料均相對稀少。

x

更是推動教育改革的關鍵力量；在我國目前正大力提倡教育改革之際，此一觀念迫切需要受到普遍的重視。

5. 因應歐盟時代來臨，努力尋求轉型，建立教師研習機構之學習型體系（Lernen-System）：法蘭克福教師研習機構 (HiLF) 轉型為教育研習所（簡稱HeLP）顯示其中之一例，藉此開展與其他業務機構更密切的聯繫以及開拓更廣闊的視野；而漢堡教師研習機構也為因應社會迅速變遷，及教師終身進修的意願與需求，積極著手規劃新的組織型態與業務分配，賦予領導群更明確的分工與更具體的任務，整個研習會的藍圖有朝向企業界所倡導的學習型組織（Learning Organization）的發展趨勢。未來教師的專業發展（Professional Development）如何與學校發展（Schulentwicklung）相互配合，讓教師專業能力的成長成為學校發展與教育改革的原動力，是一項重要議題。

6. 多元化的教師在職進修管道，與異中求同的統合與聯繫：德國各邦因歷史背景不同發展情況互異，尤其在學校教育體系的形成方面，直至十九世紀末與二十世紀初，才有現代意義的「國家」出現，統一規劃各邦的學制。然而綜觀所獲得的各邦教師在職進修文獻資料，發現其實際的組織型態與執行措施相當多元化，各邦彼此間更是大異其趣；雖然形成各邦有其特色的多元局面，在彼此的溝通協調方面，會耗費較多時間，也會出現在某些原則上，如何協調一致的問題。因此，德國各邦已開始進行跨區域的合作（Forum Lehrerfortbildung 32 ），藉由彼此平實的溝通合作，努力獲取共識。

二、建議

1. 德國教師在職進修未來趨勢，除由各校自行規劃主導外，將整合師資職前培訓、實習制度與在職進修成為一連串相互銜接發展的完整體系；而德國明訂教師在職進修為法令之義務，並相當程度清楚區分職業專業成長進修與個人為取得較高學位或為第二專長進修的作法，值得國內借鑑。換言之，教師在職進修制度建立的意義與目的，在改善教師的教學品質，以提昇整體教育的專業素質，並保障學生的受教權益，此項原則應受到重視與堅持。

2. 中小學教師分級的必要性、以及其與專業能力發展兩者之間的關聯性，宜進一步深入考量與探討：在德國，鑑於中小學教育與大專院校性質不同，未有類似大專院校之教師分級制，僅有學科資深優良教師，負責參與策劃學校內的教師在職進修，並協助教師研習機構的教師在職進修課程，使其結合理論與實際。

3. 我國教師研習會與教師研習中心的功能，應仍可再進一步擴充與發揮，尤其在目前積極倡導學校本位發展的情況下，如何協助教師專業成長，並協助校務的規劃與發展，使學校本身不致由於「本位」理念而陷於閉門造車的局面，德國教師在職進修機構的發展模式，在這方面應可提供某些參考價值。

4. 教師在職進修也屬於一種成人教育，如何與成人教育機構相互合作，不但可將成人教育理論應用於教師在職進修，並應進一步考量實習教師與家長在教師進修課程方面的需求，使

教師在職進修體系更臻完備。

5. 加強教師在職進修機構與大學方面的合作：本文作者所實地
   參訪的兩個機構，無論在課程的開設方面，或在實施結果的
   評鑑方面，均積極尋求與大學合作之方式；我國教師在職進
   修研習機構雖也與大學合作，但似乎未予以制度化；教師研
   習機構如何與大學合作並建立模式，也屬我國教師在職進修
   建立制度之一環。

參考書目

一、中文部分

田培林（民70）。〈德國的教師組織〉，載於：《教育與文化》（上冊），頁：317-328。台北市：五南出版社。

田培林（民70）。〈德國國民學校教師組織的工作及其影響〉，載於：《教育與文化》（上冊），頁：329-338。台北市：五南出版社。

林清江（民70）。《教育社會學新論》。台北：五南。

陳奎熹（民75）。《教育社會學》。台北：三民書局。

楊深坑（民78）。〈西德小學師資培育制度〉。載於：《各國小學師資培育》，頁：357-370。台北：師大書苑。

王自和（民81譯，Mitter, W. 原撰）〈德國師範教育的發展趨勢與展望（Teacher Education in Germany）〉，刊於：中華民國比較教育學會與中華民國師範教育學會主編：《國際比較師範教育研討會論文集》（上冊）。台北：師大書苑。

馬信行（民81譯，Drewek, P. 原撰）〈在科學教育發展與世紀教育體制要求之間，德國師範教育的現代化〉（The Modernization of German Teacher Education between the Academic Development of Pedagogy and the Demands of the Educational System in the 20th Century）。刊於：中華民國比較教育學會與中華民國師範教育學會主編：《國際比較師範教育研討會論文集》（上冊）。台北：師大書苑。

馮朝霖（民81）。《德國教師組織的過去和現在》。教師組織國際研討會論文。

中華民國比較教育學會（民81）。《國際比較師範教育研討會論文集》。台北：師大書苑。

洪如玉（民86）。〈國民中小學教師專業自主概念之探究〉。載於：《國立編譯館通訊》，第十卷第二期，頁：43-46。

姜添輝（民88）。《教師組織與教師專業權運作之研究》。尚未出版。

二、英文部分

AG Bildungsbericht am Max-Planck-Institut für Bildungsforschung （1994）: *Das Bildungswesen in der Bundesrepublik Deutschland*, Kap.15, pp. 684-711, Hamburg: Rowohlt Verlag.

Akademie für Lehrerfortbildung Dillingen（1996）25 Jahre Akademie für Lehrerfortbildung in Dillingen/Bayern. 1971-1996. Donauwörth: Auer Verlag.

Bell, Daniel（1973）*The Coming of the Post-Industrial Society: The Venture in Social Forcasting*. London: Heinemann.

Bildungskomission NRW (1995) *Zukunft der Bildung-Schule der Zukunft*. pp.300-320 Berlin: Luchterhand.

Blankertz, Herwig（1992）*Die Geschichte der Pädagogik*. Büchse der Pandora Verlags-GmbH.

Böhm, Thomas et.al.（1988）Rechts ABC für Lehrerinnen und Lehrer. Luchterhand.

Buck, P. S.（1976）*Mein Leben, Meine Welten（Original: My several Worlds）*. München: Desch.

Chroust, P. & Göbel-Lehnert, U.（1997）Lehrerfortbildung in Hessen: Repräsentativbefragung, in: *Forum Lehrerfortbildung 32,* Deutscher Verein zur Foederung der Lehrerfortbildung Lehrerweiterbildung e.V. Grebenstein.

Fuhrig,W. D.（1969）Teacher Uninon and Associations in West Germany, in A. A. Blum（ed.）*Teacher Uninon and Associations: A comparative Study.* USA: University of Illinois.

Giddens, Anthony（1989）*Sociology*. Polity Press.

Göbel-Lehnert, U. & Chroust, P.（1997）Lehrerfortbildung in Hessen: Eine empirische Bestandsaufnahme aus Lehrersicht.Hessisches Institut für Lehrerfortbildung in Kooperation mit dem Institut für Erziehungswissenschaft der Philipps-Universität Marburg（1998）.

Hessisches Kultusministerium（1995）Das Hessische Schulgesetz. Frankfurt.

Hessisches Landesinstitut für Pädagogik（1999）Seminar und Akademie Programm.

Institut für Lehrerfortbildung Hamburg（1998）ifl: Evaluationsbericht 1997, Seminare für schulische Leitungskräfte, Schulaufsicht und

Schulgestaltumg.

Institut für Lehrerfortbildung Hamburg（1998）ifl: aktuell-
Jahresverzeichnis 1998/99.

Institut für Lehrerfortbildung Hamburg（1999?）ifl: Evaluationsbericht
--Projekt Eltern, Schule. Schulentwicklung.

Körfgen, P.（1986）*Der Aufklärung verpflichtet: Eine Geschichte der
Gewerkschaft Erziehung und Wissenschaft.* Weinheim und
München: Juventa Verlag.

Lenzen, D.（1997 hrsg.）*Pädagogische Grundbegriffe,* Bd. 2. pp. 956-
962. Stuttgart: Rowohlt Verlag.

Müller-Rolli, S.（1989）Lehrer. In: Langewiesche, D. & Tenorth, H.-E.（
Hrsg.）*Handbuch der deutschen Bildungsgeschichte,* Band V. pp.
249-255. München.

Müller-Rolli, S.（1998）Lehrerbildung. In: Führ C. & Fuck, C.-L.（
Hrsg.）*Handbuch der deutschen Bildungsgeschichte,* Band VI.-1
pp. 398-411. München:

Müller-Rolli, S.（1998）Lehrerbildung. In: Führ C. & Fuck, C.-L.（
Hrsg.）*Handbuch der deutschen Bildungsgeschichte,* Band VI.-2.
pp. 254-256. München.

Petersen , J. & Reinert, G.-B.（1996）*Bildung in Deutschland.* Band I.
II. & III. Donauwörth: Auer Verlag GmbH.

Reble, A.（1989）*Geschichte der Pädagogik.* Stuttgart: Klett-Cotta.

Schaub, H. & Zenke, K.G.（1997）Instituts für Lehrerfortbildung in
Bundesrepublik Deutschland in *Wörterbuch Pädagogik,* pp.: 408-
412. Deutscher Taschenbuch Verlag, 2. Auflage.

Ständige Konferenz der Kultusminister der Länder in der Bundesrepublik Deutschland（1997）Lehrerfortbildung in Deutschland. Bonn.

Tenorth, H. -E （1987）Lehrerberuf und Lehrerbildung. In: Jeismann, K. -E. & Lundgreen, P.（Hrsg.）*Handbuch der deutschen Bildungsgeschichte,* Band III. pp. 250-269. München: Verlag C. H. Beck.

Titze, Hartmut（1991）Lehrerbildung und Professionierung. In: Berg, C.（Hrsg.）*Handbuch der deutschen Bildungsgeschichte,* Band IV. pp.349-369. München:

Wolf, W., Göbel-Lehnert, U., Chroust, P., et. al., (1997) *Lehrerfortbildung in Hessen: Eine empirische Bestandsaufnahme aus Lehrersicht.*

法國中小學教師在職進修制度研究

楊深坑

台灣師範大學教育學系教授

壹、前言

　　師資培育制度與學程規劃反映了一個國家的文化意識，是文化政治的重要形式（H. A. Giroux, 1988: 167）。教師進修係師資培育體制的重要環節，也反映了一個國家的社會文化，教師進修體制也宜置諸歷史文化架構下加以分析，才易深入瞭解制度之深層意義。

　　法國教育素受理性主義哲學影響，特別是十七世紀R. Decartes的泛數學方法影響近世教育尤深，使得法國歷來教育改革大多採取中央集權自上而下的整體規劃方式。就中小學教師進修體制之變革而言，也是中央教育部進行整體規劃，1982年6月11日正式成立「國家教育人員培訓委員會」（Mission Académique à la Formation des Personnels de l' Éducation Nationale，簡稱MAFPEN，下同），專司教育人員進修之責。1998年9月1日起，中小學教師進修改由「師資養成學院」（Institut Universitaire de Formation des Maîtres，簡稱IUFM，下同）負責，均由中央統一，全國遵行。雖已在課程規劃上考慮教師以及地方需求，但仍須在國家整體政策架構下進行規

劃。上述政策上的重大改革，在本研究計畫提出前並無相關文獻，即使1998年2月Annie Langlois（1998）發表「Les Enseignants-Formateurs des MAFPEN, des Acteurs Sociaux」一文仍稱沒有正式政府官方文件發布，僅有部分工作報告，本文係依實地訪問Paris, Versailes和Strasbourg三地的IUFM所獲得相關資訊加以整理而成。茲先就舊有體制MAFPEN之歷史發展及其得失加以分析。再就新制加以說明，據以擬具建議以改進我國的教師進修制度。

貳、MAFPEN在職進修體制中的歷史演進

一、MAFPEN 從理念到制度

正如法國教育部總督學處在1998年的年度報告書（Ministere de l' education nationale, de la recherch et de la technologie, 1998a: 83）所稱，法國教育人員在職進修不僅起源甚晚，地位也不重要。1982 MAFPEN的成立才確立了教師進修體制，惟因MAPEN內在有諸多問題，因而在1998為IUFM所取代。

MAFPEN的理念可以追溯到1971年Vattier法案試圖將終身教育推向制度化，惟當時僅止企業界而已。1972年為初等教育工作人員的進修才開始規劃，1978年才有教育行政人員之進修，1982年才提供機會給中等教育工作人員（Annie Langlois, 1998: 43-144）。

MAFPEN在1982年成立之前已有相關的研究，研擬進修制度之形成。1978年推動教師在職進修的問題已經在教育部層級提出討論，也已有些部分行動，然因大學區之間仍認為這個理念仍未成

熟，故所編列預算仍未動用。1980年這個問題交由Mme Feneuille重行研究，惟其結論仍未被採用。

　　真正奠定爾後MAFPEN理念基礎者當推André de Péretti。他在1981年開始研究，而在1982年提出《國家教育人員之教育》報告書，建議成立一個「進修網絡」，這個網絡必須和大學相平行享有自治權：包括跨學科的學術和經費財源的自主權，以及在決策體系上獨立於學區之上的決策自主權，可以自行處理進修事宜。

　　1982年6月11日MAFPEN正式成立，MAFPEN主任的任命，根據當時教育部長Alain Savary的說法，係由大學區總長提名，徵詢各大學區內的大學校長之意見，由教育部長審慎考量後任命。其資格應爲大學教授或助教，或在例外情形可任命具有國家博士資格之公務員。

　　至於MAFPEN成立之初的主要職責，根據1982年6月17日第27號政府公報之規定，主要有兩項：

　　1.深入諮詢教育人員，分析其進修需求。
　　2.分析學區內之資源及所有可能提供的進修。

　　根據這兩項分析，據以形成進修課程方案（Plan Académique de Formation, PAF）。由此可見，MAFPEN成立之初，最主要的工作在於推動、實驗及研究，以形成進修方案。

二、MAFPEN 自主權的喪失

　　前述將MAFPEN視爲和大學有獨立自主權的政策，到了1984年以後隨著教育政策的改變而有變化。1984年中等教育改革付諸實

施，MAFPEN亦須隨著改革的需求而付予新任務，須依教育部的改革需求，MAFPEN給予中學教師在職訓練，而相應地完成教育改革之任務。1982年設立之初的獨立自主遂爲瓦解。1985年7月12日當時，教育部長Jean-Pierre Chevenement的行政命令，更將MAFPEN置諸大學區總長之管轄下，由原先的自主性，轉而爲政策的執行者，進修課程的規劃須依教育政策的轉移而有所調整，質言之，MAFPEN過去擔任政策反省的角色，轉而成爲在大學區總長管轄下，奉命行事的政策執行者的角色。

進修教育機構由自主性轉移爲附屬於大學區督學管轄，最典型的例子是Caen的MAFPEN 在1986年轉變爲大學區的教學中心（Centre Académique, CAFPEN），主要的教學督學及經費均受學區總長管轄。這個例證雖屬極端，但也顯示國家政策的重大改變，強化中學教育機構、教學督學與技術教育督學對於中學教師進修教育之控制。

這種自主性失落的轉變，不僅見諸於MAFPEN的制度層面，也見諸於進修教育教學人員之晉用。根據Jean-Louis Derouet （1988）的分析，MAFPEN的授課教師的聘請已由「自家模式」（Modele Domestique）轉變成爲「公民模式」（Modele Civique）。亦即過去教學人員的聘用主要係視MAFPEN內在以及個人的需求爲主。1988年以後，教學人員的任用取決於其能力是否是以滿足地區以及受教者的利益，而這個利益又須融入整體的利益。

1994年MAFPEN的自主性由於受到制度上的箝制更加緊縮。進修授課的講師已經不是由MAFPEN本身提供訓練再加以聘任，而是由地區負責人審愼考慮國家與地區的需要加以聘任。

綜觀1982年以降MAFPEN之演變可見其由獨立自主的角色，轉

為大學區的下屬機構，進修也由自發性的需求，轉為國家與地區根據整體需求訂定教師進修計畫，聘任進修授課教師。1998年以後更進而由「教師養成學院」（IUFM）接手，使得教師進修能夠延續養成教育學術性，但又不忽略大學區整體需求及教師個人需求。

參、大學區與師資養成學院合作之進修政策

正如本文前言所述，法國教育行政向採中央集權，由中央教育部統籌運作。中、小學教師在職進修由MAFPEN改由教師養成學院（IUFM）承擔，也由教育部自上而下一令通行。

根據A. Langlois（1998: 140-141）的說法，教師進修政策之轉變，迄今為止尚未見諸官方正式文件，最早見於1997年9月22日刊佈於《世界報》（*Le Monde*）教育部長Claude Allegre致各大學總長函，提出融合（Fusion）MAFPEN和IUFM的構想。同年11月3日《世界報》報導由Georges Laforest所領導的工作小組向教育部長提出研究建議，應在本週內將進修教育由MAFPEN逐步移轉（Progressif Transfert）到IUFM。而事實上，教育部也沒有在1997年11月份作成移轉的決定，到了1998年1月19日《世界報》又報導，1月16日教育部已決定進修教育由IUFM承擔。這項決定是由IUFM校長，大學校長及教師工會組織圓桌會議希望在三個月內中小教師在職進修由IUFM負全責，亦即教師的職前與進修教育連結起來（Lien）把IUFM和MAFPEN的工作連成一氣來處理。

正如A. Langlois（ibid.）的評論，這項決策遲遲未作決定，以及所使用語詞之前後不一，由「融合」逐步轉移到最後由IUFM統合連結職前教育與在職教育等，可見要實際付諸行動在法國教育界

仍有極為紛歧的意見。本研究曾於1999年6月29日、6月30日及7月12日分別訪問Paris、Versailles和Strasbourg的IUFM校長Jean Janitza、Anne-Marie Pauleau和Denis Goeldel，三個人的反應就極不一致，Janitza的反應非常激烈，認為教育部一意孤行，IUFM只能奉命行事。Pauleau和Goedel則較為支持，也作了一些課程規劃的預備工作。

以下根據訪談資料、及1998年6月18日Strasbourg大學區總長Marc Debene、和Strasbourg IUFM校長Denis Goeldel所簽署的「斯特拉斯堡大學區與師資養成學院關於教育人員進修教育組織協議」（Rectorat Academie de Strasbourg, 1998）規定事項說明於后。

一、大學區總長與IUFM聯合之目的

1. 使進修教育和師資養成教育合作，以延續養成教育。
2. 強化進修教育之大學層面，使各級教育人員能適時更新其知識，符應現實需求，在教育與學術上均能有所發展。
3. 拉近中、小學在職進修課程。
4. 使參與進修人員更具多樣化、進修內容更豐富。避免某一教師將某一全部時間完全投入進修之情況。
5. 適應教師、學校及學術機構之需求，並連結專業實務與進修課程。
6. 在IUFM中提供各類教育人員生涯發展所需的學術、教學及各種不同文化環境，並與各類型的進修教育之教學人員合作，提供教學技術與工具所需的相關文獻。

基於上述目的，大學區總長須與IUFM合作，共同規劃與執行教師進修教育。

二、進修課程之訂定與執行

（一）進修教育政策之擬定

大學區總長須為學區內教育人員釐定進修教育政策，以形成每年的年度進修課程計畫。年度課程計畫之擬定須考慮為工作適應、實務及職業發展、與任教機構環境相關、國家需求以及職位晉升相關等提供進修課程。

（二）進修課程計畫之形成

學區內進修課程計畫之擬定由大學區總長總其成，並由全體督學會同人力資源主管、IUFM校長、學校校長、進修教育講師、大學校長、教師工會代表等研究本學區之需求完成課程計畫。

（三）課程計畫之推動

大學區內之進修方向、優先目標、學員類型、進修速度及財務來源等由大學區總長負責。至於課程計畫之細部工作，如架構、目標、內容、教學方法、授課教師及實施日期、時間、地點等均由IUFM加以明確的訂定，交由大學區總長處印行。而由學區督學及省級所屬主管發送各單位。

三、進修課程之實施

　　大學區總長彙整進修人員名單及其資格，送到IUFM，並編擬經費。

　　IUFM選擇進修課程之講師，並依課程性質，運用不同教學方法進修教學。並於課程結束後將課程實施結果及實際支用經費送交大學區總長公署。

四、進修行政與經費

　　有關進修所需行政人員及經費，由大學區總長編列預算，以符應IUFM之需求。預算如不符所需，由大學區總長向教育部建議，提高預算。至於各區所需設備亦由大學區總長公署編列。

五、進修之評鑑

　　進修評鑑由大學區總長組織對進修教育之總體評鑑，針對課程效果、年度內進修的實施情形、學員及其任教學校對於進修的滿意度等進行總體性的評估。

　　IUFM有責任將上述資料提供大學區總長公署。IUFM亦須完成一份年度進修教育之分析報告，提供大學區總長公署，作為改進進修教育之參考。

肆、結論與建議

一、結論

本文經由歷史研究、文獻分析及實地訪談法國中、小學教師在職進修制度，可得下述六項結論：

1. 進修教育政策之擬定有國家統合之趨勢：法國原中小學在職進修機構MAFPEN在1980年代為獨立自主單位，到1990年代大學區總長介入，而成為其下屬單位，顯示法國對中、小學進修教育有由地方自主轉為國家整體規劃的趨勢。
2. IUFM統籌職前與進修教育，強化進修教育之學術性：1998年9月開始，大學區總長與IUFM合作進行進修教育，使養成教育和進修教育得以密切結合，並強化進修教育之學術性。
3. 進修課程兼顧國家與地方需求：進修課程之規劃考慮到地方需求與國家整體的教育政策。
4. 進修教育執行與監督單位職權分明：進修課程之實施由IUFM實際執行，惟受大學區總長監督。
5. 強調永續發展的進修教育：進修教育所需設施及經費由大學區總長公署編列預算，可使進修教育能夠永續發展。
6. 建立進修教育評鑑制度：進修教育每年進行評估，能夠不斷改善，並符應時代需要。

二、建議

根據上述研究結論，提出以下六項建議，以爲改進我國中小學教師在職進修制度之參考：

1. 強化進修決策單位之功能：建議教育部強化「師資培育審議委員會」的職權與功能，統籌師資養成、實習與進修政策之擬定、進修單位之考評以及經費預算之編擬。

2. 促進研習中心與大學之合作：強化縣市教師研習中心組織、結構與功能，並與附近大學密切合作，共同推動教師進修事宜。

3. 審愼研究中、小學教師進修需求：未來國家教育研究院成立，應有專責單位，針對國家政策轉變、社會變遷所造成的教師新需求定期進行審愼評估。

4. 進修課程應予縝密規劃：配合國家教育政策及中小學教師需求，審愼規劃進修課程。

5. 確立進修考評制度：對進修實施成效之施行應每年進行考評，對於進修教育執行單位也應定期考評，以責成績效。

6. 建立中小學教師永續進修機制：爲鼓勵教師終身進修，應在相關法令上明確規定進修獎懲辦法，並建立定期換證制度。

參考書目

Baluteau, F. （1995） "Une approche de la construction politique de la formation continue. L'évolution du statu de l'enseignement depuis la creation des MAFPEN" *Cahiers Binet Simon,* No 642: 77-96 .

Bégyn, F. （1997） " La formation continue des enseignants entre discipline et établissment" *Recherche et Formation,* No. 25: 57-67.

Clerc, F. （1996） " Profession et formation professionelle" *Recherche et Formation,* No. 23: 87-104.

DAFCO （1999） *Cahier des Charges Pour I'elaboration du Plan de formation continue des personnels de I'education nationale,* Strasbourg: Rectorat Académie de Strasbourg.

Derouet, Jean-Louis （1988） "La profession enseignante comme montage composite" *Education Permanente,* No. 96.

Foucon, G （ed.）（1996） *Guide de I' instituteur, et du professeur d'école,* Paris: Hachette Education.

Giroux, H. A. （1988） *Teachers as intellectuals: Towards a critical pedagogy of Learning,* Massachusetts: Bergin & Garvey Publishers Inc.

IUFM de l' Académie de Grenoble （1996）, *Mémento des stages en étabissment du second degré* Grenoble: the author.

IUFM de 1' Académie de Versailles （1996） *Projet d'établissement,* Versailles: the author.

IUFM de 1' Académie de Versailles （1998） *Appel d'Offres pour le programme academique de formation continue 1999-2000* Versailles: the author.

IUFM de 1' Académie de Versailles （1999）, *Programme academique de formation continue,* Versailles: the author.

Lang, V. （1996） " Professionalisation des enseignants, conception du métier, modéles de formation" *Recherche et Formation,* No. 23: 9-27.

Langlois, A. （1998） "Les enseignants-formateurs des MAFPEN , des acteur Sociaux. Résultats de recherche" , *Recherche et Formation,* No. 27: 139-154.

Ministére de l'éducation nationale, de la recherche et de la technologie （1998）, *Enseigner de la maternelle á l'université, paris*: the author.

Ministére de l'éducation nationale, de la recherche et de la technologie （1998a）, *Rapport général 1998 Inspection générale de l'administration de l'éducation nationale, Paris*: La Documentation française .

Rectorat Académie de Strasbourg （1998） *Convention relative á l'organization de la formation continue des personnels enseignants, d'éducation et d'orientation de premies et second degrés dans* l'*Académie de Strasbourg,* Strasbourg: the author.

Rouet, G., Savontchik, S & Poupineau, F（eds）（1996）*Dictionaire Pratique de l'Enseignement en France,* Paris: Ellipses.

日本中小學教師在職進修制度研究

楊思偉

台灣師範大學教育學系教授

壹、前言

　　日本雖然是一「後發型」國家，但在明治維新以後，以學習西洋各種典章制度起，並在教育上強調「追趕之」並「超越之」的堅強信念（臨時教育審議會，1984），以致到今日不論在各方面或教育上皆有卓越的成果。特別是在八〇年代以後，由於IEA等國際組織的評鑑結果，咸認日本的中小學學生學力頗高，因此成為世界其他國家矚目及學習的典範。（柴田義松，1997）。

　　日本教育之所以能獲得很高的成果，具有優良的師資是其重要因素之一，筆者多年來透過田野調查，對日本中小學教師一般共同的優良特質印象深刻。綜合言之，日本教師具有高度的敬業精神，無私的奉獻熱誠，奉公守法的忠誠心，以及不斷的進修心等都是其特質所在。除了上述一般的特質外，能影響教育成效的，當然亦包含有制度的相關因素，不過受限於篇幅，本文不擬對後者進行探討。而就前者而言，要造就優良的師資，應包含職前訓練、導入階段及在職進修三個部分，而任一環節皆是一項重大的探討主題，同樣受限於篇幅，因此本文擬只就在職進修部分加以探討。

貳、在職進修的歷史沿革

　　日本現行的教師在職進修制度（日本稱現職進修或研修），基本上是在第二次世界大戰以後，隨著新的教育制度的成立而逐漸確立的。不過，在說明日本的教師進修制度前，應對兩項基本原則先做說明：其一是日本界定教師是公務人員，即稱做「教育公務員」，所以在1949年，當「教育公務員特例法」及「教育職員免許法」制定公布以後，有關教師制度的法律基礎基本上即已確立。亦即其中提到進修乃是教育公務員的職責，而保障教師的進修機會，既是權利也是義務；其二是日本的教師政策，一直秉持「教師是一項專業」為其理念主軸，並一直在謀求教師職業的現代化與專業化，也基於此，所以教師進修一向是最重要的師資培育政策之一。

　　有關日本的教師在職進修制度，可分幾個時期說明之。

（一）戰敗初期

　　日本由於在第二次世界大戰以前，基本上典章制度即已非常健全，所以戰敗初期，由軍國主義走向民主化的過程，時間很短，大致在1949年時，已將各種教育基本相關法律建構完成。所以即使日本的文部省設置法到1949年才公布，但在1946年時已開始實施「新教育方針中央講習會」，另有對督學的研習進修會，即「IFEL教育指導者講習會」（1948～1952），這些都是由文部省（教育部）所主導的進修制度。

（二）五○年代

　　在此時期發展的特色是，除了行政主導的進修外，民間自主的

進修活動亦逐步展開。首先官方在準備推動進修業務時，先於1948年設立國立教育研究所，並以此為中心，將全日本的教育研究所結合起來，而此組織至1951年時，全日本加盟的教育研究所，公私立合起來有70餘所，大致都做為教師進修的場所。

相對於此，在各地方民間的自主社團之研究組織也陸續組成。以全國性組織為例，如「教育技術聯盟」、「核心課程聯盟」、「全國作文教育協議會」、「歷史教育研究協議會」、「教育科學研究會」等，而日本最大的教師組織「日本教職員組合」（簡稱日教組）亦於1951年舉辦第一屆民間的教育研究全國大會，其意義在於相對於官方所舉辦的強迫進修（或稱行政進修），教師自主的（民間的）進修活動正式展開。另外，1959年開始進行「國外進修」制度。

（三）六〇年代

此時期有幾項重大的政策，包括1960年開始推動「教職員等中央研修講座」，主要徵調校長、教頭（副校長）等行政職位人員，以及做為主管預備軍的指導主事，或中堅層教師等受訓進修，以培養學校行政人員。其次，在此時期，為對抗日教組的自主研究大會，日本文部省所組織的「教育課程研究集會」亦於1962年正式成立推動。

1960年代後半，為了提升教職的專門能力，在行政相關措施上亦有很多改革措施，使得教師的社會地位提昇不少，並改善了教師的待遇制度。

（四）七〇年代

日本政府經過六〇年代後半大幅提升教師待遇後，開始對教師

的進修制度等進行內部質化的改變，其中包括1977年實施新任用教師之進修，及教職五年經驗的在職進修。其次，並自1979年起對教師研究團體給予補助，這主要是對辦理進修的主辦單位之都道府縣、特別市及團體給予國庫補助，這是官方的「研修行政」（在職進修行政）的新做法。另外，在教育系統的研究所（大學院），包括三所新設立教育大學，都開始推動長期的在職進修制度。

（五）八〇年代以後

日本中央教育審議會在1978年提出「有關教師的資質及能力之提升」報告後，執政黨自民黨中的文教部會教員問題小委員會，提出「提升教師資質的建言」後，文部省接受這項建議，於1982年提出「有關教師任用及研修方面」之命令，強調「整備充實研修的體系」、「改善校內研修」、「新任教師的研修」、「中堅教師的研修」、「確保研修的指導者」等項目，自此以後，日本各行政區域開始規劃體系的進修體制，其影響層面至今仍延續著。

參、在職進修體系

在職進修是為使每個教師，能維持且提升職務能力等為目的，並從改善學校的必要性著眼，由教師、行政機關及大學等所實施的教育活動。

教師在職進修，就日本而言，自戰後即1949年相關法律訂定以後，已被法制化。教師在職進修制度，乃以憲法及教育基本法為其基本依據，然後在教育公務員特例法及教育職員免許法中具體規定，主要為促使教師職業成為專門行業，以促使教職的現代化與專

業化。日本經歷戰後五十多年的發展與改進後，已建構了一個較完整的在職進修體系。

　　日本教師在職進修制度，可依不同角度，區分及整理不同之進修方式，以下試從各種角度進行分析。另外，由於日本用語乃將「在職進修」以「研修」代替，為便於說明起見，以下以「研修」和國內的「在職進修」用語同時併用。

（一）依進修內涵區分

1.行政研修：或稱義務研修，主要指的是由行政機構所辦理的研修活動。
2.民間研修：或稱自主研修，指的是由教師個人或團體自發自動的研修。

（二）依進修時間區分

1.職務研修：接受教育委員會或校長的職務命令（研修命令）而去參加進修的即是，此時進修即是應做的職務。
2.職專免研修：全名是「專務專念免除研修」，是指雖然是上班時間，但可以在不妨礙教學的情況下參與研修活動之一種進修。
3.時間外研修：在上班時間之外，以自由時間所進行的進修活動。

（三）依場所區分

1.校外研修：在校外參與進修。
2.校內研修：在校內參與進修。

（四）依內容區分

1. 基本研修：又可區分成三種：（1）按照教職經驗而進行的研修，包括初任者研修、教職經驗者研修（五年、十年、二十年）；（2）按照職位而進行的研修，包括校長研修、教頭研修、教務主任研修、學生指導等（組長）研修等。

2. 專門研修：可分成兩種：（1）學科等的研修，即國語、數學等各學科的進修；（2）有關教育課題的研修，即資訊教育、國際理解教育、學生指導等課題之進修。

3. 學位研修：這部分指的是在新教育大學及一般教育系統大學研究所學習的學位進修。最近，在新的制度改革趨勢，強調要取得「專修免許狀」時，以進修研究所取得學位為原則，所以有增加的情況。

（五）依辦理機構區分

1. 國家（中央）辦理：（1）管理層研修，包括教職員等中央研修講座、海上研修、學生指導研修、進路指導研修、課程研究集會、教師海外派遣等；（2）以全部教師為對象的研修，主要是指教師課程研修會。

2. 由縣（都道府縣）辦理：（1）依教師經驗長短的研修，包括初任者研修，五年、十年、二十年經驗者研修；（2）依職位功能（職能）的研修，包括校長、教頭及教務主任研修等；（3）專門的研修，包括學科指導、教法、特別活動、學生指導、進路指導、資訊教育等；（4）長期派遣研修，包括大學、研究所、民間企業之派遣研修。

3.市町村所實施的研修：以轄區內中小學之教職員爲主要對象，實施各種有關提昇職能的研修活動。

4.教育研究團體或教師組織辦理：包括自主性的教學研究會、課程研究會等，而其辦理主體包括兩類，即教育研究團體或教師會組織（教師組合）。

（六）依研修對象區分

1.初任者研修：對於新任教職工作者，自1989年起陸續實施，此爲義務性質。

2.中堅教師研修：主要的對象是指針對經過五年、十年，甚至二十年的教師徵調參加研修，以提昇教師之素質，大部分的都道府縣都實施前兩者，二十年經歷者之研修較少。

3.管理職的研修：對於包括教頭（副校長）、校長之新任者或任期經過一段時期者，都要給予在職進修。

綜合上述，可將日本教師進修體系，整理如圖6.1。

肆、行政機構辦理的研修

本節主要從辦理主體的角度分析日本的在職進修內涵，此處將依行政機關的區分而論述。

一、中央行政機構──文部省

日本文部省所主管有關教師在職進修的項目，包含有下列八項：

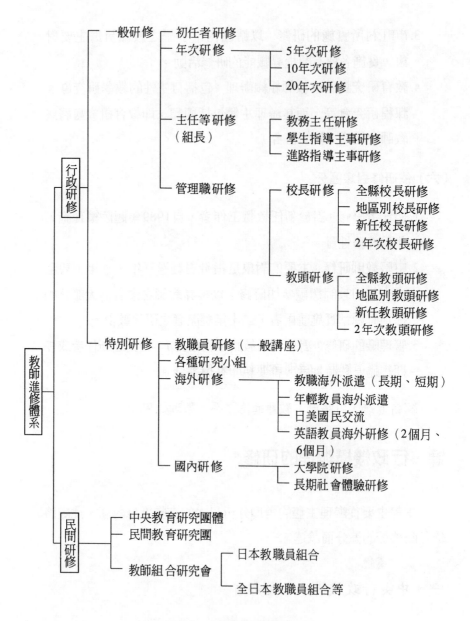

圖6.1　教師在職進修體系

資料來源：依據1995年兵庫縣教育委員會資料修改而成。

1. 文部省直接主管的研修項目：依照日本文部省平成九年度
（1997）的預算概算來看，在此項目下可再分成以下若干項
（文部省大臣官房編，1997）：
   - 初任教師研修，特別是指校外研修部分及宿泊（住宿）研
修、海上研修等（楊思偉，民88）。
   - 有關教師研修工作補助費之撥付。
   - 校長、中堅教師研修會等。
   - 教師的海外派遣。
   - 改善課程運營講座，特別是指有關課程標準的講習。
   - 小、中、高各級學校技能科目講座。
   - 補助國立教育會館辦理研習活動。
   - 有關提昇教師素質的專案研究。
2. 和都道府縣、特別市（指定都市）共同推動的事項。
3. 委託都道府縣、特別市推動的事項。
4. 對都道府縣、特別市推動相關事項的補助。
5. 對於研究小組及研究團體等的補助。
6. 教師的海外進修。
7. 獎勵及資助實驗校（研究指定學校）之校內研修活動。
8. 對教育研究中心或研修中心等的補助。

以上為文部省所負責的研修事項，就研修時間而言，自一天至
較長期的皆有；就辦理地點而言，有在文部省所掌握的主要機構
「國立教育會館」（東京）或「學校教育研修所」（筑波）舉辦，也
有透過各級機構而辦理的。

位於東京的國立教育會館是以日本文部省為主，出資所設立的
「特殊法人」組織，其下有上述的學校教育研修所及社會教育研修

所（上野），主要辦理全國性的教師在職進修，自1995年度開始研究利用衛星轉播的相關事項，1999年2月時並尚未正式推動，至於年度預算方面，1997年度總預算爲19億9,905萬圓日幣（匯率約爲4：1台幣），其中文部省補貼12億3,616萬圓。

二、地方行政機構——都道府縣教育委員會

日本的都道府縣層級，相當於我國的省市層級，而其教育行政單位爲模倣美式的「教育委員會」，由於此層級是教師職位的「派任單位」（任命權者），所以對教師的在職進修也特別重視。而其實施方式，通常由主管的科室直接企劃與推動，而其實施場所通常是在稱做「教育研究所」或「教育中心」或「教育研修中心」的機構辦理，因此住宿研修都沒有問題。

其次，也有由教育研究所或研修中心等直接策劃的全年研修計畫，而這種情況比較屬自由報名方式的。另外，在此層級亦有對研究團體及研究小組進行經費補助的措施。

在都道府縣教育委員會層級，若以研修的種類來看，可分以下幾項說明。

（一）以研究對象而言

以研究對象而言則有管理職，包括校長及教頭的研修。其次是主任等研修，包括教務主任、學年主任、學生指導主事（相當於我國的組長）、進路指導主事等。第三是基本研修，即包括初任教師、五年經驗、十年經驗者等之研修。

（二）以學校階段而言

以學校階段別而言則對幼稚園、小學、中學、高中及特殊學校各階段的各種學科的講座皆有。而除了學科別以外，在道德教育、特別活動（活動課程）、教育諮商、教育工學等領域亦有，也有班級經營、圖書館經營等；另外，對特殊新的議題，亦常會辦理研習，至於研習方式，則以「教學研究」爲主，特別強調教學的技術層次方面的問題。

（三）以福島縣教育委員會實施方式爲例

有關五年、十年經驗者的研修方式，以福島縣教育委員會所實施的小學、中學的方式爲例，分別說明如下：

1. 五年經驗之中小學教師研修，實施天數各爲12天，其中5天在校內辦理；另外3天在「教育中心」研修，其中再分全體集中式研修1天，分課程別研修2天；其次在各「教育事務所」（教育委員會的分處）參加2天（全體集中式），再有2天則在各種研修會之研修（以課程別研修）。至於實施的目的與內容，中小學則各有區隔，基本上是以道德教育的實施方式、特別活動的教學方式、班級經營的方法、學生理解與諮商、教師工作的相關問題爲主。

2. 對於服務經驗十年的教師之在職進修，亦共有12天，其中5天是在校內研究，5天是校外研修，即到「教育中心」參加，5天中再分前後期，各爲3天和2天，可能是考慮教師無法連續參加5天之故，其方式亦分全體集中式1天，課程別研修2天，後期亦是課程別研修。另外的2天則是在各教育事務

所集中研修1天，各研修會的課程別研修1天。至於研修目的及內容，則是因應經驗十年教師的需求，以道德教育、特別活動、學生指導等內容爲主，中小學也有區隔（福島縣教育委員會，1997）。

三、基層機構——市町村教育委員會

日本的教育行政或一般行政的基層單位爲市、町、村，因不同的都、道、府、縣，而有不同的名稱，相當於我國的縣、市層級。而就行政權限來看，因市町村不是教師的任用者，也不是教師薪給的負擔者，大致只是服務的監督者而已，因此就研修行政而言，市町村教育委員會的定位是，除部分可做例外權宜的處理外，應以協助都道府縣實施研修爲其責任所在。因此，市町村與其說是研修工作的實施主體，不如說是以協助縣教委之研修工作，或對所管轄的學校（中小學）的教育研究活動給予獎勵與建議，以及爲此而做的學校訪問、獎助研究團體或組織研究團體等。

不過，市町村教委在研修行政上，有一項特殊的功能，即「學校訪問」，而這種訪問主要是指對有關教學研究的指導訪問，主要由「指導主事」（類似我國的督學）進行，對於相關的學校和教師有關教學活動提供各種建言，不過由於此是協助性的，並沒有指揮命令權，因此常發生爭議，然而一般仍然強調對「研究會、教學觀摩」進行「講評」等實際「建言」，這項內容仍有一些爭議。

伍、民間團體的研修

　　日本在法律上對於教師團體有較清楚的界定，基本上分成下列
三種：

1. 職員團體：是指「職員為籌謀維持及改善勤務條件而組成的
   團體或聯合體」，因此由教師團體（日文稱教育職員）所組
   成的日本教職員組合（日教組）、日本高等學校教職員組合
   （日高教）等都是這類團體。
2. 教員職能團體：是指因工作內容的類似性為原則，進而以意
   識、行動、生活利害等共通性為基礎所組合的職業團體，如
   校長會、教頭聯合會等團體即是，美國NEA組織亦是屬於這
   種。
3. 教育研究團體：是指由教師所組成的以研究教育學術為目標
   的團體。這種研究團體可依性質而區分成不同的團體，如以
   綜合的角度，進行各種教育研究活動的稱做「綜合教育研究
   團體」；以特定學科為對象，進行學科內容及教學方法等研
   究的是「學科教育關係團體」；以道德和學校行事等特定領
   域為研究對象的是「學科外教育研究團體」；另以殘障兒教
   育及教學研究，偏僻地教育等為主的研究是「問題別研究團
   體」；以學校種類別為單位所組成的是「學校種別研究團
   體」。

　　其次，若以教育團體的自主性角度來區分，則可分成「民間教
育團體」和由文部省支持的半官半民的團體，稱做「中央教育研究
團體」。

以上三種類型的團體，都各自辦理各種的研修，而這些研修，由於是由教師團體及自組的研究會等主動的研修活動，所以和上述由行政機構所主導的研修有很大的差別。另外，這些教師所組成的團體，和一般學術界所組成如「日本教育學會」等以學術研究及理論建構爲主的團體有別，主要是以解決現有教學問題，交換教育資訊，及提供研修機會，以提昇教師素質爲其主旨，所以可說是一種教育實踐的研究組織。同時，各團體各有其設立的主旨，各自有其「特殊性」，例如國語科教育相關的團體就有十幾個，但各自的運作方式及研究重點都各有差異，因此參加之際都會非常愼重，這和每個團體都要繳交會費也有關係。以下舉幾個例子說明。

一、日教組的研修

　　日本教職員組合（日教組）在1947年成立全國性組織以後，就決定爲了提昇教師的素質，要舉辦自主的講習會。至1951年就召開第一屆全國教育研究會議，三年後再和另一團體「日高教」共同舉辦4天的「教育研究全國集會」，一般就稱這種會議爲「日教組教研」，其主旨爲達成「課程的自主編輯運動」和「確立維護和平，貫徹民主教育」，由於日教組的這項研究會議是自主性且組織性的活動，所以具有很多特色，包括有以下幾項：

1.由於參加這種集會是自由的，因此自1956年以後，每年都有超過1萬名以上的教師及父母參加，在會中提出的報告有1,400份以上，會議除了開幕式及閉幕式外，大致分成26個「分科會」（主題），其下再分若干「小分科會」，總共約分成

35～37組研討，場面非常浩大。

2. 日教組在戰後一直是日本最大的教師團體，戰後初期有8成左右的教師加入日教組（94％的人加入任何組織），但後來由於逐漸有政治色彩，且和政黨有結盟情況，所以其後年年有減少的情況，到1996年時，有加入教師組織的教職員數為全部的55.3％，而其中加入日教組的約33％，顯現日教組的影響力已經大減，其原因包括1989年日教組分裂，以及1995年日教組和執政黨結盟，褪去以前反體制的色彩之故。其次，有一項應特別說明的是，日本人參加任何組織，都必須繳交會費，會費的多少雖然依地區而有不同，但平均每月要繳日幣7,000圓左右（約台幣2,000元），所以一方面可確定人數，一方面便於推動會務（楊思偉，民88）。

3. 日教組召開這種會議，以1983年在盛岡市舉行時，全部花費約日幣10億圓，其中日教組總部負擔1億5,000萬圓，其他為收取參加費支付，另外其中支付給警察的警備費有1億2,000萬圓，這是因擔心右翼人士鬧場而做的。

4. 日教組的這種教師研修活動，尚有一項特色是，要至全國大會報告者，通常是由以各學校為單位的「職場教研」（或稱分會教研）開始發表，然後再至市町村的支部教研，都道府縣教研，最後至全國教研發表，同時要至上層教研會議報告者，首先先提自己的報告，然後在獲選可代表到上層報告時，同時要把大家的意見整理，提出另一份報告書，這是一種由分會到全國，將成果「累積」向上讓大家分享的方式，而能獲選至全國會議報告者，亦視為一種榮耀，須將全國大會的結果整理回到自己的分會報告，以「回饋」同事，這是

日教組全國教研的一種特色。

5. 參加教師組合的研修活動，是否算是正式研修活動，可否用公假方式參加，即是否可以所謂「職專免」方式參加，一直存在著爭議，其結果是有些地方可以，有些不行，如果不行的地方，大致以請假方式，或利用晚上進行。至於次數方面，支部教研大致是每年2～3次，縣教研亦是每年2～3次，自己校內則以每月一次為原則，另外提出去的報告，有個人整理的，也有團體整理的（伊藤和衛，1986，158）。

6. 日教組教研活動，代表的意義是日本教師具有認員的教學研究熱誠，這是非常值得注意的，不過，這種活動由於規模過大，雖受到全國矚目，但亦會產生不易尋找適當場所的問題，而分科會到最後一天，人數明顯減少，也牽涉到其原本和文教體系對抗，一直未被納入正式研修體制之本質問題有關。雖如此，但是由學校分會起的自主性研修活動，仍是深具意義的。

二、中央教育研究團體的研修活動

日本的文部省受到日教組教師研修活動的刺激，為減少其衝擊力，乃設置對教育研究團體提供補助金的政策，而文部省就對這些接受補助款的研究團體，稱為「中央教育研究團體」，此種制度自1961年起，後來亦組成全國性組織，稱為「日本教育研究聯合會（簡稱日教研聯合會）」，有55個團體參加，另外以管理職（行政人員）等所組織的校長會及教頭會亦組成聯合會，稱為「日本教育會」，共有10個團體參加。

日本教育研究聯合會設立的主旨，強調「綜合研究教育上的各種問題，以謀求解決問題，同時，並期對我國教育的正常發展有所助益」，日本教育會的主旨亦大致相同，兩會主要推動調查研究活動，及以提昇教師素質的演講會、研修及研究大會等，另外，日本教育會有辦理海外研修旅行，而日本教育研究會，則有辦理對各團體的優秀論文表揚制度；及對個人或團體提供研究獎勵金制度等。

　　中央教育研究團體的活動，大致由個別組織進行獨自的研修活動，大部分是一年舉辦一次的全國研究大會，平均是辦理2天，以及發行機關雜誌等。另外，其中只有少數團體有地區性的研究會，幾乎全部都以全國大會做為研修的主要場所與機會，因此其活動力似乎比民間組織略遜一籌。

　　其次，日本文部省在1961年設置對教育團體提供補助金制度後，於1962年起推動俗稱「文部教研」的所謂「教育課程研究發表大會」，主要為配合實施課程標準（學習指導要領）而做的，這種研修活動，是由中央所主動推動的，所以是由行政人員為主導，一般教師的意願是被動的。

三、民間教育研究團體

　　除了上述教師團體辦理之研究會，及中央教育研究團體外，日本尚有推動教育自主研究運動的組織，全國共有70餘個，其中支持各種教師組合研究運動的團體，亦都是屬於這種團體，這些團體於1959年2月組成「日本民間教育研究團體聯合會」（簡稱民教聯），加盟團體共有44個，這些團體各自以一種教育思想或教育理論為依據，針對學習指導要領所具有的國家基準性質加以批判，然後以其

所秉持的教育理論，對教育內容及方法進行實踐性的研究，特別是對於自主編製課程內容更是研修的重點。因此這些團體的研究活動都是持續性的，活動期間亦以利用春、夏、冬長期休假時為多，另外，並以住宿研究（合宿），每月定期研究會方式為多，所以比中央教育研究團體活潑很多。

民間教育研究團體，大致都發行「雜誌」，公開銷售，以籌措經費和宣傳教育理念。依據上述，可知這些團體，是所謂「反體制」的教育研究團體，由於是真正出於自主的、主動的意志出發，所以其成效是可預期的。

四、財團法人等主持的研修活動

這種團體雖然不是教育研究團體，但是他們是具有某種目的，以對振興教育與教育普及提供助益的團體，基本上是財團法人組織，定期舉辦教師研修活動及教育講座，甚至召開夏季研究發表大會的也不少，因此其影響力比起上述的教育研究團體，有時反而更大。

這種團體和以學科或領域為對象的研究團體不同，大致是以某種領域中的專門部門為其團體之名稱，其中比較有特色的如「私學研修福祉會」，是以私立學校教師為對象的研修團體，對私立學校教師之研修有很大幫助。另外像「新力教育振興財團」，則以自然科教育為主，和中小學實驗學校合作研究教學，並辦理全國研究發表大會等。

陸、行政研修之例子──以千葉縣為例

日本在職進修由都道府縣層級為主體進行，因此在內容上略有地方之特色，不過大致亦大同小異。以下舉千葉縣教育委員會為例說明，該縣先組成了「教職員研修體系化委員會」，於1982年提出「有關教職員研修體系」之報告，提出有關教師應具備的資質力量共有44項，然後將其研修內容歸納成五個類型，即教養、指導、經營、課題Ⅰ、課題Ⅱ，然後在教職生涯的各期（初期、中堅、指導）中，透過在職進修而獲得應有的知識（參考表6.1）。

有關教師資質應具備的能力，日本千葉縣歸納為三大類，即：（1）基礎的資質能力；（2）直接和指導學童有關的資質能力；（3）間接和指導學童有關的資質能力，其下再分7種，然後再分15項小類（A～O），其下再細分44項，可謂分析得非常細緻。

其次，在職進修按照教師的生涯規劃，分做初期（教職1～3年）、中堅期（教職4～26年）、指導期（27～44年）三期，然後初期以教養內容為主，中堅期以指導及行政之內容為主，指導期則以課題Ⅰ、課題Ⅱ等特殊議題為研修內容，因此基本上這是很具體及具層次的（參考表6.2）。

柒、改革趨勢

日本的在職進修制度，隨著時空的演變，也一直有計畫的在調整新方向，並充實新的研修主題與內容。從上述的分析，可知在各都道府縣及特別市中，大致分一般教師之教職經驗者研修及各種管理職之職能研修，另外還有針對特定主題的特別研修等，在特別研

表6.1　研修內容類型

資質能力				類型	內容A		內容B
I	(1)		1		教養 社會·教育思想	教育觀等	世界觀、人生觀、教職觀
	(2)	A	2			學校教育外的教育部門	教育方法的現代化、教育計畫（地域）、PTA、社會教育、幼兒教育、國際理解教育
		B	3				
	(3)	C	4 5 6 7 8			教育部門外	地域開發計畫、企業的研修、世界情勢
II		D	9 10 11 12		指導 各教科·學童指導等	基本理念 內容 計畫 指導 評量 實踐	教育課程、教材研究、教育方法、學校保健、安全教育、防災教育、環境教育、情操教育、性教育、公害教育、進路教育、教育相談、不良行為對策、人權教育、資訊處理教育、視聽教育、圖書館教育（讀書指導）、學校伙食、教育評量、教育研究法
		E	13 14 15				
		F	16 17 18 19				
	(4)	G	20 21 22 23		經營 經營	學級 學年 學校 其他	教育課程、經營學、學校事務、教育行財政、情報處理教育、環境教育、情操教育、統合教育、學校保健、安全教育、防災教育、學校事故、教職員管理、教職員研修、學校教育環境、PTA、學校伙食、學校·學級經營評量、教育研究法、人權教育、學校建築
		H	24 25 26				
III	(5)	I	27 28				
		J	29 30				
	(6)	K	31 32 33		課題	教育一般的需求	教育評量的充實、人權教育、勤勞體驗學習、指導要領修訂等主旨說明等
		L	34 35				
		M	36 37		I	地區的需求	國際理解教育、學童指導體制、提升學力對策等
		N	38 39				
	(7)	O	40 41 42 43 44		課題II	個人設定的課題	長期及短期派遣研修

資料來源：伊藤和衛，1986，21-22。

表6.2　教師資質能力一覽表

			資質能力項目
資質能力	**I 資質能力的基礎**		
	(1)人格		1.豐富的人格
	(2)教養	A.一般教養	2.廣泛的一般教養
		B.專門教養	3.對專門領域具深厚的教養
	II 直接和指導學童有關的資質能力		
	(3)掌握實態的資質能力	C.觀察理解的資質能力	4.觀察學力及思考的資質能力
			5.觀察健康狀況及體力的資質能力
			6.觀察生活態度的資質能力
			7.觀察煩惱與需求的資質能力
			8.觀察家庭及地區特性的資質能力
		D.檢查調查及判斷的資質能力	9.檢查、調查及判斷學力的資質能力
			10.檢查、調查意識及想法的資質能力
			11.檢查、調查健康及體力的資質能力
			12.調查家庭及地區狀況的資質能力
		E.收集及分析資料的資質能力	13.由學校生活及記錄掌握資訊的資質能力
			14.由校外掌握資訊的資質能力
			15.由文獻及資料掌握資訊的資質能力
	(4)指導的資質能力	F.建立計畫的資質能力	16.規劃學校教育目標的資質能力
			17.規劃各學科等目標的資質能力
			18.將學校教育目標具體化的資質能力
			19.規劃各學科等指導計畫的資質能力
		G.推動計畫的資質能力	20.掌握個人與團體的資質能力
			21.依實況而指導的資質能力
			22.依各學科等目標指導的資質能力
			23.為有效的指導能具創意規劃的資質能力
		H.評量的資質能	24.具對學校學年班級經營評量的資質力
			25.具對指導計畫及方法評量的資質能力
			26.具對各個學童評量的資質能力
	(5)處理環境條件的資質能力	I.規劃及利用環境的資質能力	27.規劃及安排教室及學校環境的資質能力
			28.利用地區及社會環境的資質能力

（續）

		J.利用地區及社	29.處理事故的資質能力
		會環境的資質	30.處理災害的資質能力
		能力	
Ⅲ間接指導學童有關的資質能力	(6)處理事務的資質能力	K.記錄管理的資質能力	31.記錄及保管的資質能力
			32.處理及管理帳簿的資質能力
			33.處理文書及聯繫的資質能力
		L.管理物品和財務的資質能力	34.處理會計的資質能力
			35.管理學校財產的資質能力
	(7)創造良性人的環境的資質能力	M.和校外聯繫的資質能力	36.和家長聯繫合作的資質能力
			37.和地區住民及機關團體聯絡協調的資質能力
		N.順利推動學校經營的資質能力	38.能活潑地運作校內組織及活動的資質能力
			39.能帶動勤務及服務的資質能力
		O.推動研修（研究）的資質能力	40.推動自我研究的資質能力
			41.推動校內研修的資質能力
			42.推動校外研修的資質能力
			43.能將日常實踐活用在研修的資質能力
			44.推動地區研修的資質能力

資料來源：伊藤和衛，1986，21-22。

修方面，1995年度特別強化「電腦基礎研修」，1996年度導入「欺凌問題研修」，1998年度實施「社會志工活動體驗研修」，派遣教師等赴各種機構長期研修，另外長期進修學位等的研修也都在進行，這都是由文部省專款補助而實施的。

　　表6.3顯示了日本長期研修的派遣地點和實施的狀況，可以發現派往研究所（大學院）、研究機構或海外的占較大比率，其他派到民間企業體驗經營管理等方法亦逐年增加中。

　　在文部省所辦的研修方面，以校長、教頭及中堅教師為對象的「教職員等中央研修講座」，1997年度1,781人參加，其他各種專門

表6.3　長期研修的實施狀況（1994年度）

派遣期間＼派遣地	大學學部		大學院			大學專攻科	研修所・研究機關	民間企業等	社會教育設施	社會福祉設施	海外派遣	其他	計
	教員養成系	其他	新教育大	教員養成系	其他	攻科							
1月以上3月未滿	39	11	0	0	0	0	1,974	33	0	3	1,117	68	3,218
3月以上6月未滿	84	65	0	0	0	0	374	23	0	4	3	15	569
6月以上1年未滿	197	111	0	7	0	0	613	14	1	2	60	52	1,057
1年以上2年以內	288	100	925	535	36	45	625	9	0	0	33	10	2,606
計	608	288	925	542	36	45	3,559	79	1	9	1,213	145	7,450

註：本調查結果為暫定的數字。
資料來源：《教育委員會月報》，1996年1月號。

的進修及海外派遣，1997年度有5,415人參加。另外，1996年起，亦開始實施教師「長期社會體驗研修」，到1997年度已有8個縣市開始推動，此制度和前面所提「社會志工活動體驗研修」一樣，乃為使教師體驗社會生活的另一面，以擴充教師視野，藉以改善學校教育，預料今後會納入正式的教師在職進修體系內。

有關派遣到大學院修讀碩士學位（修士學位）者，因1988年修改證照法（免許法），增設「專修免許狀」以後，為晉升專修免許狀，有更多的教師想到各大學大學院進修，目前除了原有的所謂三所新教育大學，即兵庫、上越、鳴門之外，大部分國立教師養成大學的大學院都已開始接納教師進修，另外，1996年度開始，東京學藝大學（和埼玉大學、千葉大學、橫濱國立大學）及兵庫教育大學（和上越教育大學、鳴門教育大學、岡山大學）合組成「聯合大學院」，設置博士課程，前者招收學校教育學專攻20名，後者招收學校教育實踐學專攻8人，學科教育實踐學專攻16人，這是教師養成系統大學最早的博士課程，具有象徵意義。

這種博士課程的設置，其中有一最大目的，即在培養兼具實務與理論基礎的學科專家，日本同樣出現著大學教授缺乏實務經驗，現場教師缺乏理論基礎的問題，為了培養更具宏觀視野的實踐人員，乃有這樣的改革，這種做法是頗切合實況的。

其次，1998年6月23日，日本教育職員養成審議會中的〈大學院等特別委員會〉發表了一篇〈有關積極利用碩士課程以培養師資的應有作法〉報告，其中特別強調為提昇教師資質，應提供教師利用全職或在職進修方式，攻讀碩士學位，或為使取得最高級「專修免許狀」，應提供各種進修機會，特別應以碩士層級進修為主要考慮重點，因此日本對於現職教師之進修，已逐漸擴大進修研究所的

機會，同時，亦要給予取得碩士學位或專修證書者，在薪給上給予相對提高，這種改革在日本的師資培育上，具有重大意義。

捌、特色與課題

以下針對日本的中小學教師在職進修，歸納以下幾項特色，並試著與我國制度比較角度分析，以提供一些省思的問題。

一、進修體系完整

日本的在職進修體系，依據相關法律規定，進行各種研修活動，其內容除了行政體系所策劃的活動外，更重要的有民間主動規劃的活動，因此避免了強迫式研修所可能發生的各種問題，官方與民間似乎搭建了一個非常嚴密的進修網路，因此對提昇教師素質，以及解決教師面臨的實踐性問題，都有迅速解難的優點，這種運作機制，是國內所最欠缺的。日本教師由「自己研修」為起點，配合教職員團體之研修活動、自主的研究團體研修、校內研修、行政研修，以及長期研修等，難怪所謂教師專業在日本一直沒有受到任何質疑（參考圖6.2）。

二、師資培育的一貫性思考架構

將職前教育、導入階段與在職進修三者連成一貫，視為師資培育的整體過程，已是師範體系的基本概念，然而在實務運作上，是否真的落實實施，在我國可能仍是問題。而在日本方面，我們卻可

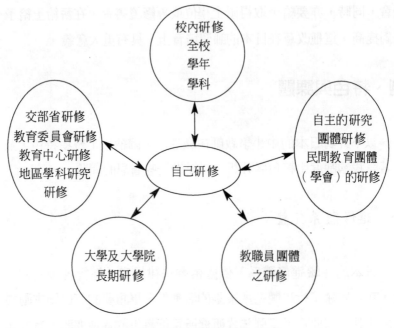

圖6.2　研修機構及場所圖

見到這種師資培育一貫性的具體做法。例如，在決策方面，負責政策規劃的是「教育職員養成審議會」，該會在例次的諮議報告中，都將養成教育、初任教師研修、及在職進修教育做整體的思考，並架構各種改革的措施，這種政策規劃的一貫性是很明顯的。

其次，就行政研修的角度而言，我們亦可發現各都道府縣在規劃在職進修體系時，亦有其理論的架構，再演繹出各種進修措施。另外，和教師個人的生涯進階做更緊密的結合，也是一項特色。由圖6.3可以瞭解日本廣島縣模式的特色，將研修種類分成兩類：一為「一般研修」；二為「課題研修」；然後再將其分為四個領域：即A有關指導學生方面；B為有關學校經營方面；C為因應社會進展方面；D為新的教育課題，依此大架構，再設定各種主題研修，並

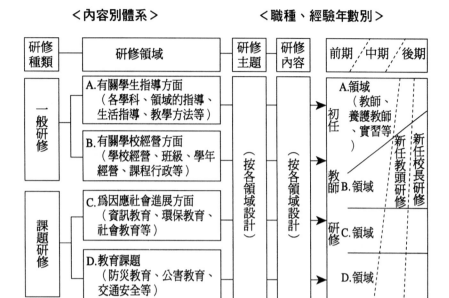

資料來源：伊藤和衛，1986，21-22。

圖6.3　廣島縣公立學校研修體系模式

應用各種方式進行，同時並和教師的職種、經驗年數配合，分成前期、中期、後期，分別進行各種領域的研習。而就教師生涯規劃而言，由於日本一向強調經驗與年齡的重要性，所以要擔任教頭（副校長）或校長，前者不到40歲，後者不到50歲是不容易甄選上的，因此能再和這種生涯工作進階一起配套規劃，此為其特色所在。

三、民間研修最具特色

　　日本民間團體自主性的研修活動，可推溯自1920年代左右即已開始，後來受到軍方的壓迫，被命令解散，但在第二次世界大戰後，政治上走向民主化，因此這項自主性的研修活動，得以重新復

甦，而在戰後的五十多年歷史中，也的確累積了很多的研究成果，對日本教育的發展也給予很多的影響，這是日本教育界的一大特色，也是研究日本教育，不可忽略的一環，這在歐美教育界亦是沒有的經驗。

　　日本民間教育研究團體，戰後對於追求教育的自主性及民主化，以及追求教師的專業性地位，可以說貢獻很大。這可能和其基本上是一種「反體制」、「反文部省」的體質有關，而為了追求教育的更合理化，且避免落人口實，或受到行政的牽扯，因此更激發自己及團體的奮發向上的心，這股力量導致今日日本教師的敬業與犧牲奉獻的精神。這種國民特質，是別的國家所羨慕的，也是不容易學習模倣之處。

　　其次，日本在戰後，教師團體對其學習指導要領的朝向法定限制性的走向，一直有強烈的反感，為了追求課程編製的民主化與自主化，日本教師因此投注很大的心力在自主教材的編製上。因此日本雖然說有國定課程標準，但教科書是審定制，同時教材的選材，教師保留有自主的空間，所以這方面的研究成果非常豐富，因此日本並沒有現在歐美式的「學校本位課程」問題，而學校為基礎發展具特色課程的真義亦值得深入探討。

四、正確的在職進修理念

　　在職進修在日本而言，是公務人員應有的權利與義務，這是法律上所明文規定的，其次，日本的在職進修做法，不管是公務人員或教師體系，都以提昇其本身工作資質，以能更有效完成其工作目標為主旨，所以各種在職進修都應和工作有關，同時，它是「資質」

的提昇，所以不應是「學位」的進修，而且也和「薪資」的提升不相關，這是日本式的想法，這由我國的角度觀之，更會覺得其可貴之處。不過，也許一種制度的形成和其他文化背景，相關配套措施有密切關係，所以必須再深入分析其他相關因素，才能真正理解這種制度的原因與真髓。雖如此，但學術界與官僚體系的分離，在公教系統不太強調以學位為敘薪及升遷的重要依據等特色，的確值得我們加以玩味的。

其次，對日本教師而言，既然追求教師的專業性，是身為教師的唯一選擇，因此在職進修就不該是由上而下的「研修」，而是一種主動的「研究」，因此在職進修應由研修走向研究之路，這樣的理念辯證，也很值得我們的參考。

（本文為國科會研究多元化師資教育之中小學教師在職進修制度研究——日本中小學教師在職進修制度研究87AFA03K0010041之研究成果）

參考書目

文部省（1998）。平成十年度《我國の文教施策》。日本：大藏省印
　　刷局。

文部省（1997）。平成九年度《我國の文教施策》。日本：大藏省印
　　刷局。

文部省（1996）。平成八年度《我國の文教施策》。日本：大藏省印
　　刷局。

文部省（1995）。平成七年度《我國の文教施策》。日本：大藏省印
　　刷局。

三省堂（1995）。解說教育六法。日本：三省堂。

文部省大臣官房編（1997）。《文部省の教育預算のあらまし》。日
　　本：第一法規。

伊藤和衛（1986）。《現職教育の再檢討》。日本：教育開發研究
　　所。

東京都教育委員會（1996）。《初任者研修實施手冊》。日本：東京
　　都。

柴田義松（1997）。〈日本學校教育的光明面與黑暗面〉，載錄在課
　　程與教學學會等主編，《課程改革的國際比較：中日觀點》。
　　台北：師大苑。

福島縣教育委員會（1997）。平成九年度教職員現職教育計畫。日

本：福島縣教育委員會。

福島縣教育委員會（1996）。《初任者研修實施手冊》。日本：福島
　　縣教育委員會。

教員養成審議會（1997）。「新たな時代に向けた教師養成の改善
　　方策について」諮議報告。日本：文部省。

文部省（1996）。《教育委員會月報》，1996年1月號。

楊思偉（民88）。《中日學校經營之比較研究》。台北：師大書苑。

臨時教育審議會（1984）。《第一次諮議報告書》。日本：文部省。

台灣地區中小學教師在職進修制度之沿革

舒緒緯

屏東師範學院初等教育學系助理教授

　　在強調終身學習的今日，不斷的學習成為每個人生涯進程重要的一環，而身為知識傳播者的教師，更必須與時俱進，不斷的吸取新知，才能符合現代專業化教師的需求。因此各國教師教育的關注點，逐漸從師資職前教育階段，擴展到實習導入階段與在職進修階段。台灣在光復初期的教育，基本上是掃除殖民統治的遺毒，使學生熟諳祖國語文與加強民族精神教育，而其重責大任則落在教師的肩上（李園會等，民82）。因此，政府除一方面積極培育優良之師資外，另一方面也加強現職教師的在職進修。其後隨著經濟的進步與國際潮流的影響，政府將國民教育延長為九年，並提高國小教師資格至專科及其後之大學學歷，使得整個教育的生態產生極大的改變。而教育改革總諮議報告書所揭櫫的「建立教師進階制，提供多元進修管道，協助教師生涯發展」，以及建立「終身學習社會」的理念（行政院教育改革審議委員會，民85），更使教師在職進修成為教師教育關注的焦點。

　　五十餘年來，台灣地區之中小學教師在職進修，因為受到社會變遷、教師專業性質改變等內外因素之影響，呈現階段性的發展，而且每一階段皆有其特色。再者因為長久以來，我國中小學教師係

採分流培育之方式，因此二者之在職進修各有其異同之處。故本文除以階段別來探討台灣地區中小學教師在職進修之情形外，並分別從小學教師在職進修制度之演進、中學教師在職進修制度之演進，以及相關行政措施來加以說明，茲分述如下：

壹、開創期（光復至民國六十八年）

此時期教師在職進修之主要任務有二：一是研習教育新知；一是提昇教師素質。就研習新知而言，為使中小學教師能與時俱進，有關單位利用各種進修方式以提昇其專業知能。至於提昇教師素質部分，由於早期小學教師素質較差，甚有未接受專業訓練即在小學任教者，故政府為提昇其素質，乃在師範校院設立特殊班隊充實其專業素養。其後政府實施九年國教，由於準備時間過於倉促，相關配套措施未臻完善，因此大量試用教師進入國中任教，為使這些不合格教師能有管道取得合格教師資格，乃開設教育學分班，解決此一問題。另外民國58年所公布之中學教師登記檢定辦法，規定教師十年換證，亦造成中學教師的進修熱。以下分別就小學教師在職進修、中學教師在職進修、相關行政措施，說明其演變情形。

一、小學教師在職進修

政府為提昇國民學校教師之素質，於民國31年4月頒佈「各省市辦理中心學校及國民學校教員進修辦法」（詳如〔附錄一〕），規定教師進修範圍包括：進修刊物、進修輔導、通訊研究、進修班、教師假期訓練等五項。台灣光復後，有關國民學校教師之進修亦受

此規範。民國35年1月，又公布「國民學校教職員任用保障進修辦法」（詳如〔附錄二〕），規定教師進修的機構為：主管教育行政機關舉辦之假期訓練班、依教育部命令所組織之各級國民教育研究會、師範學院或師範學校附設之進修班及函授學校。民國39年，教育部通令各師範學校舉辦「國校教師暑期講習會」，調訓各國校教師參加講習，提昇其素質。民國44年9月，教育部公布「提高國民學校師資素質方案」，對於國校校長與教師之進修輔導有極為明確的規定，並以每一教師皆有進修或接受輔導之機會，以及將進修成績視為提高待遇條件之一，作為實施的原則。民國45年，教育廳為配合前述方案，在省立師範學院（今台灣師大）開辦國校師資專修班（辦理數期後停辦）。民國47年起，台灣省教育廳在各師範學校設立特師科，對於未受專業訓練之國校校長及主任，施予一年之專業訓練。民國48年，又設立國民學校師資進修班，對學歷為初中、初職及日據時代高等科畢業之現職國校教師，施予一年之專業訓練。上述特師科及國民學校師資進修班，均在開辦數期後停辦。民國52年省教育廳訂頒「台灣省教育廳五十二學年度辦理特別師範科及國民學校師資進修班暫行實施要點」，使高中職、初中職、及日據時代國民學校高等科畢業之現任合格教師、主任及教師，補受教育專業訓練，提昇其素質。同年，省立台北師專及台中師專開始試辦夜間部，民國56年起教育部通令各師範專科學校開設夜間部及暑期部，招收現職國小教師進修，修業期滿成績及格者頒給專科畢業證書。民國62年，教育部指定台灣省立台北、新竹、台中、嘉義、台南、屏東及市立女師等7所學校，試辦暑期部空中教學，唯此種空中教學至民國71年後不再辦理。另外，為獎勵國小教師參加師專暑期部或夜間部進修，除畢業後可依規定晉級加薪外，並由教職員

福利會提供每一學分20元之補助費（國家建設研究委員會，民63；
台灣省教育廳，民76）。

二、中學教師在職進修

民國31年，教育部為獎勵中等學校教師休假進修，頒發「教
育部獎勵中等學校教員休假進修辦法」（詳如〔附錄三〕）。民國33
年再頒佈「師範學院附設進修班辦法」，規定各師範學院附設中等
學校教員進修班，讓高中及初中教師有一年帶職帶薪的進修機會。
民國36年，教育部頒佈「修正中學規程」，規定中學教師任滿九
年，可有一年的休假進修。民國39年，教育部頒佈「中等學校及國
民學校教員學術研究獎勵辦法」，鼓勵中小學教育局從事改進教學
方法或進行學術研究。同年在「師範學院規程」中，規定中等教育
輔導委員會負有辦理中等學校教師進修任務（台灣省教育廳，民
76）。

民國40年，台灣省教育廳指定省立師範學院利用暑假辦理中學
教師講習，以增進中學教師專門知能。本講習計分國文、英文、歷
史、地理、數學、理化等六科，由省教育廳分令各校選調各該科教
師參加。其後又視需要辦理社會中心教育、視聽教育等講習。民國
44年，教育部頒佈「提高中等學校師資素質實施方案」，對輔導中
學教職員之進修有極為詳細的規定。包括：（1）加強師範學院中
等教育輔導委員會活動，如舉辦教學觀摩、舉辦教師通訊研究、設
立函授進修班；（2）充實各科教學研究會之內容；（3）改進暑期
講習辦法，優先調訓未受專業訓練之教師；（4）獎勵學術研究；
（5）建立教育廣播網，各省市教育行政機關或師範學院舉辦廣播教

學；（6）選拔優良教師進入大學研究所深造（台灣省教育廳，民76）。

民國47年，台灣省教育廳在省立師範學院成立「中等學校教師研習中心」，負責中等學校教師進修事宜，分設理化、博物、數學、工藝、科學實驗、英語等科；民國59年又在省立高雄師範學院舉辦國文、數學、工藝各科研習會，提供中等學校教師在職進修。民國56年，行政院公布「九年國民教育實施綱要」，規定除修訂現行之教師登記及檢定辦法外，並要建立教師進修制度（國家建設研究委員會，民63；台灣省教育廳，民76；吳清基，民78）。

民國57年，師大教育研究所奉教育部之令，開設「教育學術研究會」，招收「（1）大學畢業現在師範院校執教者；（2）獲有教育學士學位現從事教育工作者；（3）高等考試教育行政人員及格現從事教育工作者。」參加暑期教育學術研習。民國64年，政大教育研究所首創「教育人員進修班」，師大教育研究所亦於民國65年將上述教育學術研習會改為教育人員進修班。此一班次共四十學分，均分四個暑期修畢，凡修畢者除頒予結業證書外，並可晉升四級薪俸。其後師大及清華大學之若干研究所亦開辦此一班次，增加中等學校教師之進修機會（台灣省教育廳，民76）。而為滿足學員個別需求，除原有之暑期班外，另開設夜間班及週末日班，其修業年限，同為四年結業（教育部中等教育司，民71）。

民國58年，教育部修正公布「中等學校教師登記及檢定辦法」，規定教師證書的有效期限為十年，期滿須重行申請登記或檢定。但「教師於服務期間經常參加在職進修研究，成績優良並有證明文件者，得於有效期限屆滿時，予以延長十年。」自規定十年換證後，為應付眾多教師進修的需求，中華電視台與國立台灣師範大

學於民國67年，合作開設德育原理（四學分）、教育行政（四學分）、視聽教育（二學分）的空中教學。並規定凡進修上述各科成績及格且達六學分者，得憑此辦理延長教師證書的時效（台灣省教育廳，民76）。

民國59年，省立師範大學改為國立。省教育廳為賡續中等學校教師進修事宜，另在彰化原進德中學校址，設立「台灣省中等學校教師研習中心」。直至民國60年，省立彰化教育學院成立後，該中心業務逐由教育學院接辦。該校為擴大辦理中學教師在職進修，乃於民國62年成立進修部，招收現職中學試用教師，修習二十個教育學分，使其能有管道成為合格教師（台灣省教育廳，民76）。

此外，為仿效歐美國家將中學教師學歷提升至研究所階段，教育部自六十五學年度起，在國立台灣師範大學開辦中等學校教師碩士學位在職進修專班，鼓勵教師在職進修（教育部中等教育司，民71）。

三、相關行政措施

民國39年8月，教育部為鼓勵中小學教師研究進修，特頒佈「中等學校及國民學校教職員學術研究獎勵辦法」（詳如〔附錄四〕），規定凡「中小學教師對於編譯補充教材，從事專門著作，自製教學用具，進行教學實驗，或其他有關改進教學方法及學術研究事項」成績優良者，由主管教育行政機關予以獎勵。民國45年，台灣省教育廳在板橋市創辦「台灣省國民學校教師研習會」，做為國小教師進修之常設機構，輪流選調國民小學校長、主任、教師及幼稚園教師參加研習。該會舉辦之在職進修活動，既無學分又不晉

級，純屬增進專業知能之性質。但在結訓後可獲結業證書，作爲日後參加國小校長或主任甄試時加分之用（王家通，民73）。民國51年所舉行的第四次全國教育會議，提議師大或師專設置夜間部或暑期部，修業期滿授予畢業資格，以鼓勵中小學教師進修。民國52年及53年，台灣省政府先後公布「台灣省政府暨所屬機關學校現職人員出國進修補助旅費辦法」，及「台灣省政府暨所屬機關學校公教人員公費留學辦法」，鼓勵中小學教師出國進修（吳清基，民78）。此外，台灣省教育廳爲輔導國小教師進修，提昇教師教學效能，乃採取下列措施，包括：（1）成立「台灣省國民教育輔導團」，選調國小各科優良教師，每年定期巡迴各縣市舉辦教學觀摩會，或針對實際教學問題舉行研討會；（2）將各師專實習輔導室正式納入編制，並將全省分爲八個輔導區，分由8所省立師專負責輔導區內之國小改進教學；（3）編印地方教育輔導刊物，幫助國小教師進修；（4）視實際需要，不定期選調國小教師至各師專接受一週的研習（教育部中等教育司，民71）。

貳、制度期（民國六十九年至八十四年）

以往有關中小學教師之在職進修法令，並無統一完整之規劃，甚至師範校院之定位問題，亦莫衷一是。爲求正本清源，教育部乃著手「師範教育法」的修訂工作。該法於民國68年公布，並明文規定教師有進修之義務，其後所頒佈之「中小學教師在職進修研究辦法」，更使中小學教師之在職進修有一明確之規範。舉凡進修機構、進修方式、進修者之權利義務，皆有章法可循。

一、小學教師在職進修

　　以往師專畢業之小學教師，因無適當之管道，故有進修意願者，多前往一般大學進修。但其課程、定位與師範教育不同，能否提昇小學教師之教育專業知能，有待存疑。民國68年所公布之「師範教育法」，明確指出師範校院的教育功能之一，即為辦理中小學教師之在職進修。此一法案公布後，不僅提供師專畢業之國小教師在職進修之機會，亦間接鼓勵在校師專生的士氣（吳清基，民78）。故自六十九學年度起，台灣師大、高雄師院與彰化教育學院之夜間部即轉型為專供中小學教師進修之進修單位。此外，為順應世界潮流，提昇國小師資素質，行政院在民國74年11月7日通過教育部所提，在民國76年7月1日前，將國內9所師範專科學校改制為師範學院，招收高中職畢業生，修業四年，實習一年，期滿授予學士學位（李園會等編著，民82）。由於師大與師範學院之教育功能與課程設計並不相同，故自七十七學年起國小教師之進修改由9所省市立師範學院辦理，中學教師之進修則仍由師大、高雄師範學院及台灣教育學院辦理（台灣省政府，民77）。此外，由於小學教師進修學士以上學分之動機強烈，故各師範學院自八十四學年度起，開設研究所四十學分班，分四個暑期修習碩士程度的學分。

二、中學教師在職進修

　　如前所述，自民國69年起，政府將台灣師大、高雄師院與彰化教育學院的夜間部改制，停止招收高中職畢業生，改招在職中小學教師，修業三至四年，期滿成績及格者授予學士學位（台灣省教育

廳，民76）。此外，師大教育研究所有鑒於中學教師參加研究所四十學分班之績效良好，為鼓勵中學教師繼續進修，遂自七十學年度起，開始招收修滿研究所四十學分之教師進修碩士學位。錄取者，除承認部分暑期進修學分外，並可縮短修業年限，故此一措施對進修研究所學分班的教師，具有相當的增強作用（教育部中等教育司，民71）。民國74年，教育部依「師範教育法」之規定，公布「中小學教師在職進修研究辦法」（詳如〔附錄五〕），對於中小學教師之在職進修，作更詳盡的規範。而台灣省政府教育廳為統籌規劃該省中等學校教師進修事宜，乃於民國72年初步規劃「中等學校教師研習會」之籌設，並於民國76年在台中豐原正式成立，自此台灣省國民小學與中等學校教師之進修研習工作，就由國民學校教師研習會與中等學校教師研習會各自推動與負責（台灣省教育廳，民76；蔡芸，民86）。

　　為落實終身教育的理念，並使中等學校教師能有更多的專長，教育部乃於民國78年分別在國立台灣師大開設中等學校教師第二專長進修班，在國立高雄師大開設中等學校教師進修班，提供中等學校教師更多的進修機會（蔡芸，民86）。

三、行政措施

　　民國68年「師範教育法」公布，第六條明文規定「師範大學、師範學院、教育學院、師範專科學校及設有教育系、所之大學得設夜間部或暑期部，辦理教師在職進修。」此一條文，確定了師大、師範學院之教育功能。故自民國69年8月起，師大及師院之夜間部乃停招一般高中生，改辦中小學教師之在職進修教育。台灣省教育

廳為擴大中小學教師之在職進修機會，委託台灣師大、高雄師院、彰化教育學院與政治大學，辦理學士學位與研究所學分的巡迴教學班，由於成效良好，故隔年又擴大辦理。巡迴教學班的設立，對於偏遠地區教師之進修，有甚大之助益（王家通，民73）。

此外，「師範教育法」第十九條規定：「各級學校教師在職期間，應進修研究與其教學有關之知能，其辦法由教育部定之。」此一規定，為長久以來定位不明的教師進修制度，提供一明確的法律規範。為配合法案的施行，教育部終於在民國74年10月4日頒佈「中小學教師在職進修研究辦法」。本辦法規定教師之在職進修方式有：進修學分，進修學位或資格，參加有關之研習、實習及考察，或主管教育行政機關所認可之進修方式等。辦理教師在職進修機構則有：（1）師範大學、師範學院、教育院系、師範專科學校；（2）教育部指定或核定之公私立大學校院；（3）教育部設立或核准設立之教師進修機構。而為鼓勵教師在職進修，凡教師參加與其教學有關知能之進修，並修得學分、學位或資格者，可依「中小學教師登記及檢定辦法」之規定，申請各該科教師之登記，或依規定換薪敘級，並可作為甄選調職升遷之參考。至於進修成績優良者，尚可報請主管教育行政機關予以獎勵。唯中小學教師之進修機構非為主管教育行政機關所指定或核准者，除可依敘薪辦法有關規定辦理提敘者外，其他獎勵措施則不得享有。

對於有志參加學分學位進修之教師，本辦法特別規定須服務屆滿一年以上者始有資格參加在職進修，但所謂「服務屆滿一年」因定義不明，引起甚多爭議。故教育部為解決紛爭，乃於民國82年發函省市主管教育行政機關，將「服務屆滿一年」定義為取得畢業證書後一年，而非結業實習期滿。不過七十七學年以前入學之師專

生仍依招生簡章規定，實習年資視同服務年資，不受其限制（教育部，民74；台灣省政府，民75；台灣省政府，民82）。由於中小學教師在職進修的場所不足，無法滿足中小學教師在職進修的需求，台北市政府於陽明山成立「台北市教師研習中心」，高雄市政府亦於小港成立「高雄市教師研習中心」，讓北、高二市之教師得有專屬之進修場地（蔡芸，民86）。

　　為使教師在職進修能切合其需求，進而增進教師之教學專業知能，並提昇教學品質起見，台灣省教育廳乃實施「區域性國民中小學教師在職進修方案」（長青專案）（詳如〔附錄六〕）。本方案計辦理五年（民國79年8月至84年6月），研習對象為台灣省國民中小學校長、主任、組長等行政人員及各學科專任教師。每梯次研習時間以一週為原則，研習當前教育政策、新課程精神及導向、教學評量、教材教法、專業新知等重要課題（台灣省政府，民79）。

　　其後台灣省教育廳又於民國79年12月29日，頒佈「台灣省教師進修專案進修計畫──長青專案」（詳如〔附錄七〕），將前述長青專案作更詳盡的規劃。本計畫與前述方案最主要不同點在於實施對象擴及到台灣省中小學教師、幼稚園教師，以及省屬各教育行政人員。其實施內容主要有十項，包括：「（1）協調各大學校院擴充辦理進修活動；（2）擴增教師研習會功能；（3）輔導各縣市辦理進修活動；（4）鼓勵各級學校或公民營機關辦理各項進修研習活動；（5）建立國民教育輔導網，發揮教學輔導功能；（6）辦理績優人員短期出國考察；（7）規劃教育及學校行政高級研究班；（8）舉辦教師學術論文發表會；（9）創辦教師進修講座；（10）輔導教師建立終身學習、時時自我進修之觀念」（台灣省政府，民80）。

　　由於中小學教師對進修學位的需求日益強烈，而以往有關單位

對中小學進修學位並無一套完善的作法，產生甚多的問題。因此為順應教師的需求並兼顧學校教學的正常運作，台灣省教育廳乃通函所屬學校教師利用公假在職進修之名額，以每年不超過每校編制教師員額5%為限，未經核准者則不給予公假（台灣省政府，民83）。

參、強制期（民國八十五年起迄今）

以往政府對於中小學教師之在職進修所採用之誘因，仍以鼓勵方式居多。亦即對於不參加進修或缺乏進修意願或動機的教師而言，仍無強制性的規定。所以往往造成需要進修者不來進修；沒有迫切需要進修的教師反而常常出現在進修的場合。因此民國85年所公布的「高級中等以下學校及幼稚園教師在職進修辦法」（如〔附錄八〕）第九條即明文規定，教師「每一學年須至少進修十八小時或一學分，或五年內累積九十小時或五學分」。至此，教師在職進修的動力，可謂胡蘿蔔與棍棒兼具。其後在「終身學習」口號的倡導下，各師資培育機構紛紛開設在職進修碩士專班，為中小學教師開闢取得碩士學位的第二管道。

一、小學教師在職進修

自師專改制為師院後，中小學教師均為相同之學歷。但由於師範學院改制時間尚短，故無論在學校規模與師資素質上，均與三所師大有段距離，因此各師範學院所能提供之學士以上之進修管道，自然遠不如三所師大。雖然從八十四學年度開始，各師範學院陸續開設暑期四十學分班的課程，但僅有學分而無學位，難免予以隔靴

搔癢之感。再加上民國85年的教育改革總諮議報告書，明白指出建立回流教育制度，以建立終身學習的社會，乃是教育改革的方向之一（行政院教育改革審議委員會，民85）。故自八十七學年度起，各師範學院陸續開設在職進修碩士專班，提供小學教師在職進修碩士學位的機會。

二、中學教師在職進修

大體而言，中學教師之在職進修制度並無多大變革，唯一與前不同者，乃是三所師大與若干大學，在教育部「終身學習，回流教育」的政令下，亦如同師範學院開設在職進修碩士專班，提供中學教師在職進修碩士學位的機會。

三、相關行政措施

為配合教師法第二十二條、第二十三條，以及「師資培育法」第十六條之規定，教育部乃於民國85年10月2日公布「高級中等以下學校及幼稚園教師在職進修辦法」。本辦法之適用對象包括公立及已立案之中小學、幼稚園之教師與校（園）長，進修方式包括參加研習、實習、考察、進修學位學分、或其他由主管行政機關所認可之研究與進修。辦理教師在職進修機構則包括：「(1)中小學、幼稚園及特殊教育學校；(2)師範校院及設有教育院、系、所或教育學程之大學校院；(3)各級政府設立、核准設立之教師在職進修機構；(4)各級主管教育行政機關委託、認可或核准之學校、機構。」至於進修學位之教師至少須服務滿一年以上。同時為

使教師視進修爲生涯發展的一部分，並對教師在職期間所應參與的進修時數，作一明確的規定（楊景堯等，民86）。本法與民國74年公布之「中小學教師在職進修研究辦法」之相異點有：

1. 將幼稚園教師納入本法，擴大適用範圍。
2. 重視學校本位之進修方式，中小學、幼稚園及特殊教育學校亦可辦理教師在職進修工作。
3. 規定教師在一定期限內必須參加一定時數或學分的進修。
4. 因應相關法令之訂定，廢除可申請增加各該科教師之登記，與甄選調升之依據等獎勵教師進修之規定。

雖然中小學教師的管道與機會並不算少，但一般教師對於學位的進修較爲重視。儘管台灣省教育廳對於教師進修學位的名額有所規範，但其餘相關規定皆付之闕如，再加上一般教師仍熱衷於學位進修的方式，故省教育廳乃於民國87年公布：「台灣省高級中學以下學校及幼稚園教師國內在職進修學位實施要點」（詳如〔附錄九〕），就進修條件、進修程序、進修期限、進修人員之義務作一明確之規範。其中明文規定教師申請在職進修學位須在校服務一年以上，此處所謂「服務滿一年」係指「依法取得合格教師證書之日起算至報考時該學期結束止」。又爲貫徹公費服務制度，凡「師範院校及教育院系公費畢業生，於其服務義務期限內不得參加全時進修；師資培育法公布後考入師範院校及教育院系之公費畢業生，於其服務義務期限內亦不得參加留職停薪進修。」（台灣省政府，民87a）。本法之規定，雖有助於教師在職進修學位制度之建立，但其中所謂「服務滿一年」係以「取得合格教師證書之日起算至報考時該學期結束止」，但因教師晉用管道與日期不一，各縣市作業時效

有別，故取得合格教師證書之日，亦有所不同，也因此衍生許多問題。所以為求公平起見，乃將「服務滿一年」之計算，「以依法取得合格教師證書之『學期』起算至報考時該學期結束止」，以解決前述因素所造成之困擾（台灣省政府，民87b）。

此外，為配合教育改革總諮議報告書所建議的建立回流教育制度，教育部乃於民國87年6月29日頒發「大學辦理研究所、二年度在職進修專班及大學先修制度共同注意事項」（如〔附錄十〕），鼓勵各大學辦理回流教育（高教法規網站，民89）。各師範校院亦在此情形下，開辦研究所在職進修碩士班，招收現職教師與教育行政人員。表7.1就是各師範校院八十八學年度的開辦情形。

表7.1　八十八學年度師範校院研究所在職進修專班開設情形一覽

學校	開設系所	班數	招收人數	上課時間	備註
高雄師大	成人教育研究所：文教行政人員碩士學位在職進修專班	1	30	夜間	
國北師院	1.國民教育研究所：教育行政碩士學位班	1	25	夜間、假日	
	2.課程與教學研究所：教育行政碩士學位班	1	25	夜間、假日	
嘉義師院	家庭教育研究所：在職進修碩士學位專班	1	25	星期五、六	
屏東師院	國民教育研究所：教育行政碩士學位班	1	30	夜間	
台東師院	1.兒童文學研究所：碩士學程在職進修專班	1	25	夜間	
		1	25	暑期	
	2.國民教育研究所：教育行政碩士學位在職進修專班	1	25	夜間	
市北師院	1.國民教育研究所：教育行政碩士學位在職進修專班	1	20	夜間	
	2.應用語言文學研究所：在職進修碩士學位班	1	30	夜間	

合計：6校10班260人（資料來源：教育部高教法規網站）。

肆、台灣地區中小學教師在職進修之特色

綜合前述相關之資料，吾人可將台灣地區中小學在職進修之特色歸納如下：

一、進修管道多元化

台灣地區之教師在職進修之舉辦主體，大致可分為校外公辦、校外民辦、校內研修三種。其內容可參見表7.2。

由上表可知，台灣地區中小學教師在職進修的管道非常多元，相關政府機構或是民間團體都有舉辦教師的進修活動，雖然其方式或著重點不盡相同，但在促進教師之專業成長方面，有其一定之貢獻。

二、公辦之進修活動占多數

由表7.2可以發現，台灣地區中小學教師在職進修，仍以公辦之進修為主。尤其是早期之教師在職進修，幾乎完全由相關公家單位所主導。直到教育改革運動興起，許多民間教改團體紛紛成立，這些團體除透過各種方式宣揚其理念外，亦為在職中小學教師舉辦各種進修活動，使能認同其理念，並進而成為教改的夥伴。

三、教師自我進修不受承認

教師既然為專業人員，故從專業發展的角度來看，不斷的進

表7.2　台灣地區中小學教師在職進修管道

校外公辦		校外民辦		校內研修	
國外研習	國內進修學位學分	國內短期研習	由教師團體辦理	由教育相關組織辦理	學校本身依需要舉行研修
1.人事行政局或省政府所屬公教人員出國研究或進修 2.教育部甄選國民中學英語教師赴美進修英語教學	1.碩士學位進修 2.學士學位進修 3.四十學分班 4.輔導專業學分班 5.台灣師大專門科目選讀班 6.台灣師大第二專長進修班 7.資策會資訊人才推廣計畫 8.空中教學教育選修科目	1.省市教師研習中心（會）辦理的各種研習 2.省及縣市教育輔導團舉辦的研習 3.國小週三下午區域性進修研習 4.中小學接受委託辦理的專案研習	1.振鐸學會假期研習營、小組定期研習 2.基層教師員實教育聯線讀書會、每月座談、假期工作坊、實務研討會 3.慈濟教師聯誼會定期共修、暑假慈濟教師學佛夏令營 4.中華民國全國教育會教育人員語言表達訓練班	1.人本教育基金會快樂教師成長營 2.救國團諮商輔導處輔導知能訓練 3.遠哲科學教育基金會國中科學教師成長工作坊 4.中華民國教材研究發展學會（教研學會）藝能科教科書研習	

資料來源：陳舜芬、丁志仁、洪儷瑜（民85），頁48－62。

修，應是教師的權利與義務。而從終身學習的觀點來看，只要有助於個人之進德修業，不論其進修時空環境與方式為何，應皆可視為自我成長的一部分。但由於台灣地區中小學教師之在職進修涉及教師個人之晉級加薪、陞遷調職等攸關權益之事，再加上自我進修欠缺客觀明確之標準與定義，所以對於教師之自我進修採取消極的態

度。在這種缺乏誘因，又無法受到肯定的情況下，教師自我進修無法蔚爲風氣，形成惡性的循環。

四、教師缺乏進修主導權

目前多數教師的進修活動皆爲公辦，而負責教師進修的各級教育行政單位欠缺正確的理念，未能作長期與整體的規劃，故造成反效果（陳舜芬、丁志仁、洪儷瑜，民85）。其因在於長期以來，教師專業組織未能發揮其應有之功能，甚至淪爲教育行政機關的附庸，故教師的專業權威未能得到應有的重視。在此情況下，教師在職進修的主導權，完全由教育行政機關所掌握。不過近年來由於教師組織逐漸發揮其功能，政府將教育權力下放，再加上教師自主意識日益高漲，所以學校本位的教師進修逐漸受到肯定。雖然目前的實施狀況，優劣互見，但相信不久的將來，教師將發揮其專業影響力，使教師在職進修能夠成爲教師「修德修業」的機制。

五、提供誘因鼓勵教師進修

長期以來，有關單位爲鼓勵中小學教師進修，基本上是採取提供誘因的方式，使教師樂於進修。而見諸相關規定，這些誘因包括：給予公假或事休假、補助進修費用、改敘級薪、列爲聘任之參考、列爲校長（主任）遴（甄）選之資績評分條件、列爲調動之積分等。因此，教師對人生有不同之規劃時，則極力爭取參加進修的機會，成爲專業進修老師，不僅造成勞逸不均，相對地造成他人減少研習進修的機會。

六、重獎勵輕懲罰

　　尊師重道為我國固有傳統，因此顯現於外的就是對於教師進修，採取「重獎輕罰」或「有獎無罰」的進修政策。從以往的相關法令可以看出，政府對於教師進修的待遇是極為優渥的。對於有意進修者，提供相當多的優惠措施。相反地，對於無意進修者，缺乏監督的機制。直到民國84年所公布之教師法，規定教師有進修的義務，而此種義務明文化在民國85年所公布的「高級中等以下學校及幼稚園教師在職進修辦法」。該辦法第九條規定：「教師在職期間每一學年須至少進修十八小時或一學分，或五年內累積九十小時或五學分。」易言之，中小學教師若未能作到上述要求，則將遭到去職的命運。但就目前之中小學教師在職進修制度來看，該辦法的要求實在非常寬鬆，距離教育專業化的要求，仍有不小的差距。

七、重中學輕小學

　　由於我國以往實施中小學師資分流的培育政策，再加上中學師資與小學師資學歷不同，使社會產生小學教師之職業聲望不如中學教師之錯誤觀念，而此種觀念亦深深影響教育行政主管機關的作為。例如，民國33年所頒佈之「師範學校附設進修班辦法」與民國39年所頒佈之「修正中學規程」，規定中等學校教師享有帶職帶薪或休假進修的權利，但小學教師則無此規定。又如教師進修可修碩士學分或碩士學位的規定，亦是中學教師先於小學教師。再如教育部前曾規定教師須十年換證，亦是只限於中等學校教師而已。依聯合國教科文組織在1968年所公布之「關於教師地位之建議」，明白

指出從幼稚園教師至大學教師皆屬專業人員。故其內涵即說明教師只有服務學校層級之不同，而無專業程度高低差異之區別。但由我國對於中小學教師在職進修待遇之有別，可以得知有關單位仍存有重中學輕小學的不健康心態。

八、學位的進修漸成為主流

以往教師之在職進修旨在研習教育新知、充實專業知能，故多以短期、非學位的進修為主。其後雖有開放教師進修學位之相關規定，唯基本上教育行政主管機關仍以被動消極的方式加以因應。雖然師範改制為師專、師專改制為師院後的若干年，有關單位利用暑期或夜間辦理進修活動，以提高小學教師的學歷，但基本上此乃屬於政策性的措施，而非積極鼓勵教師取得較高的學歷。因為鼓勵教師進修與保障學生受教權之間如何取得平衡，一直是個難解的問題，因此為避免產生「老師進修，學生自修」的現象，故需耗費較多精力的學位進修，自然受到壓抑。但依國人重視文憑的習性，再加上較高學歷的取得，有助於教師的人生規劃，所以希望藉由在職進修以取得學位，成為多數進修教師的願望。此外為順應世界中小學教師學歷逐漸提高的趨勢，並呼應終身學習的潮流，教育部遂大開學位進修之門，因此訂定相關辦法，鼓勵各相關大學校院開設教師在職進修碩士專班，使學位的進修成為教師在職進修的主流。

伍、台灣地區中小學教師在職進修問題的探討

雖然以往之教師在職進修，對於增進教師專業知能、提升教學

效能，有其不可忽視之貢獻，但整體而言，仍有若干問題值得探討，茲分別說明如下。

一、教師主動進修的意願不高

由於教師的工作有保障，職務上無分級的設計，而其薪資係因年資而提升，故教師進修的動機不強。少數可以晉級加薪的進修機會，雖然較能吸引教師，但其動機究竟是為進德修業，抑或是誘因動人，則有待考證（陳舜芬、丁志仁、洪儷瑜，民85）。但由以往號稱「百萬進修班」的研究所四十學分班，當傳出無法因此而晉級敘薪後，報考人數遂大幅減少時，似乎可看出部分教師進修的心態。故此種以重利吸引教師進修的方式，是否會造成教師進修觀扭曲或偏差，值得探討。

二、 缺乏評鑑機制

教師在職進修的原意在於提升教師的教學效能，但以往的教師在職進修，只問過程，不問結果，故成效不如預期。就鉅觀面言之，課程的設計與規劃，活動的實施，是否符合教師的需求與在職進修的精神；就微觀面言之，教師參與在職進修後，其教學效能有無提升等等問題，有關單位均缺乏長期的探討與研究，亦乏類似的評鑑機制。故整體而言，台灣地區教師進修的績效，似乎遠不如預期。

三、 進修規劃缺乏教師的參與

目前中小學教師的進修活動，仍以校外公辦為主流，並由各級教育行政機關負責規劃。但由於只考量到主辦單位的便利性，往往對學校的行政運作，產生甚多的困擾。此外，課程的內容與活動的方式，是否有助於教師的專業成長，亦未徵詢相關人員的意見。因此，進修遂成為新進教師的義務，而流於形式。故教師進修活動應否由效率為人詬病的官僚體系來主導，值得吾人深思（陳舜芬、丁志仁、洪儷瑜，民85）。

四、 法令不夠嚴謹

以往對於教師的進修，可謂「有獎無懲、重獎輕懲。」雖然其後「教師法」第十七條明訂教師有進修的義務，而此義務具體化在「高級中等以下學校及幼稚園教師在職進修辦法」中，要求教師「一學年內須至少進修十八小時或一學分，或五年內累積九十小時或五學分」。但依目前學校的生態，上述規定似乎過於寬鬆，而且在強調教育權力下放，實施學校本位經營的趨勢下，各校可自訂進修的內容與方式，因此要達到前述的規定實在是易如反掌。故在此外無監督，又缺乏評鑑的機制下，其成效實在令人存疑。

五、教師進修的定義過於狹隘

因為我國將教師的進修，與個人之職務調整、升遷敘薪、職位異動等權益事項，牽連在一起，故單純的進修被賦予過多的任務。

也因此為求其客觀公正，遂將教師進修的定義狹隘化。只有出具證明或有具體可觀察之指標的進修活動，才被認可，至於教師自我進修則因缺乏明確的證明，而無法被採納接受。從終身學習的觀點來看，不承認自我進修的重要性，似乎有違進修的真義。

六、教師進修體系凌亂

雖然教師在職進修與職前教育及實習，均為教師教育不可或缺的一環，但由於缺乏制度化與系統化的實施，其統整性、嚴謹性與系統性均不如後二者。也因為目前的教師進修缺乏系統性的規劃，形成「一人一把號，各吹各的調」，政出多門的現象。也因此各單位所舉辦的活動，多屬應景與零散，既乏聯繫，效果亦屬有限（歐用生，民85）。

陸、對我國中小學教師進修制度的建議（代結語）

由前述分析可以得知，我國中小學教師在職進修活動，存有甚多疑難雜症。而在此轉捩時刻，若欲使其可長可久，發揮應有之功效，似可採取下列措施，加以改進。

一、調整教師進修的時間

教師進修的目的原在提昇教學品質，保障學生之受教權。為避免因教師參加進修活動而干擾教學秩序，使學生未蒙其利，先受其害，應調整現行的教師進修活動時間。其具體措施包括：（1）教

師進修活動的規劃應以短期為主，屬教師個人深造性質長期進修，應以留職停薪的方式為之，或利用課餘時間進行；（2）較長時間的進修（如一至數週），應利用寒暑假為之；短期的進修亦配合空堂或課餘時間進行；（3）仿照大學教師，實施休假進修（陳舜芬、丁志仁、洪儷瑜，民85）。

二、建立教師進修評鑑機制

為使教師進修活動能充分發揮進德修業的功能，應建立事前評估、事後考核的評鑑機制。首先，應審慎考慮規劃各階段、各類科教師進修機會的均衡，並配合其生涯發展，設計不同程度的進修課程（陳舜芬、丁志仁、洪儷瑜，民85）。其次，對於教師進修的結果，從鉅觀面的制度與課程的規劃、設計，到微觀面的教師個人專業成長，教師教學效能的提升，都必須加以評鑑，以作為日後改進的參考，如此方能提昇進修的品質與成效。

三、修訂相關法規

依目前相關法令的規定，教師形式上要達到進修的最低要求，實在非常簡單，但其成效如何，有待評估。因此可從法令修訂上著手，使教師進修能達到進德修業的目的。包括：（1）提高進修時數的最低規定，同時對不同生涯發展階段的教師，應有不同的進修時數之規定；（2）訂定進修活動認定標準，明確規範可資採計的進修內容與項目，減少不必要的爭議；（3）明訂辦法，就教師自我進修的方式與內涵，作一明確規範，以拓寬教師進修的範圍。

四、 落實學校本位教師進修

任何政策的改革與推動，「由下而上」的方式較能收其成效，教師進修活動亦然。教師在教學過程當中所遇到的困難，應是教師進修的重點，而每一個學校的問題不盡相同。因此落實學校本位的進修活動，誠爲當務之急。但爲使學校本位的進修活動發揮功效，除訂定前述之認定標準外，亦應訂定諸如評鑑機制、考核標準等配套措施，才能使學校本位教師進修確實發揮專業自主、因地制宜的特性。

五、 廣納基層的意見

以往的教師進修，從規劃到執行，幾乎都由各級教育行政機關所主導。在下情不能上達的情況下，教師進修不是流於形式，就是造成學校行政的困擾。爲改進缺失，各級教育行政機關在規劃教師進修計畫時，應徵詢基層教師、教師專業組織、學校行政人員的意見，以合作夥伴的關係來規劃相關的活動。千萬不可閉門造車，以上級長官的心態主導指揮，如此才能創造雙贏的局面。

六、 建立完整之進修體系

體系的建立，有助於政策的落實。以日本爲例，日本的在職進修體系，依據相關法令進行各種研修，其內容除行政體系所策劃的活動外，也有民間主動規劃的活動，二者構成一個綿密的進修網路。日本教師由自我進修爲起點，配合教職員團體之研修活動、自

主的研究團體研修、校內研修、行政研修，以及長期研修等，故其專業地位受到相當的肯定（楊思偉，民89）。故我國的教師在職進修似可仿傚日本，首先建立起行政體系與民間（尤其是教師專業組織）的夥伴關係，釐清彼此的定位與相對之權利義務。其次則根據需要，規劃整體性的教師進修方案，以作爲推動的準則。最後則是以生涯發展的觀點，規劃教師終身學習的方案。如此經緯縱橫，將有助於教師專業知能的成長與專業地位的提昇。

參考書目

王家通（民73）。《我國中小學教師在職教育制度之研究》。高雄：
　　國立高雄師範學院。

吳清基（民78）。《教師與進修》。台北：師大書苑。

李園會等編著（民82）。《國立台中師範學院校史初編》。台北：五
　　南。

陳舜芬、丁志仁、洪儷瑜（民85）。《師資培育與教師進修制度的
　　檢討》。台北：行政院教育改革審議委員會。

楊思偉（民89）。〈日本中小學教師在職進修制度研究〉。發表於
　　「各國中小學教師在職進修制度比較研究」學術研討會，嘉義
　　市：嘉義大學。

楊景堯等編（民86）。《教育法規》。高雄：麗文。

蔡芸（民86）。《學校本位教師專業發展之研究——以台灣省國民
　　中學教師為例》。國立高雄師範大學教育系博士論文（未出
　　版）。

歐用生（民85）。《教師專業成長》。台北：師大書苑。

教育部編（民60）。《教育法令》。台北：正中書局。

教育部法規委員會編（民70）。《教育法規彙編》。台北：作者。

教育部中等教育司（民71）。《中小學教師在職進修意願研究》。台
　　北：作者。

教育部（民74）。《教育部公報》，131期，頁4-5。

台灣省政府（民75）。《台灣省政府公報》，75春，35期，頁5-6。

台灣省政府（民77）。《台灣省政府公報》，77夏，4期，頁2。

台灣省政府（民79）。《台灣省政府公報》，79冬，33期，頁7。

台灣省政府（民80）。《台灣省政府公報》，80春，6期，頁14-16。

台灣省政府（民82）。《台灣省政府公報》，82秋，70期，頁9-10。

台灣省政府（民83）。《台灣省政府公報》，83春，43期，頁8。

台灣省政府（民87a）。《台灣省政府公報》，87春，35期，頁23-
　　27。

台灣省政府（民87b）。《台灣省政府公報》，87夏，20期，頁10。

台灣省政府教育廳（民76）。《台灣教育發展史料彙編──師範教
　　育篇》（上、下）。台中：作者。

行政院教育改革審議委員會（民85）。《教育改革總諮議報告書》。
　　台北：作者。

國家建設委員會（民63）。《建立中小學教師在職進修制度之研
　　究》。台北：作者。

高教法規。教育部網站，2000/1/5/，http：www.high.edu.tw/
　　hiedu_asp/internet...1_2.asp?LCLID=0000000036&LAWID=0000
　　000138。

附錄一　各省市辦理中心學校及國民學校教員進修辦法

第一條　為督導各省市中心學校及國民學校教員進修起見，特訂定
　　　　本辦法。

第二條　各省市教育廳舉辦中心學校及國民學校教員進修事業，其
　　　　範圍如左：

　　　　一、進修刊物　如本部與各省市合編之國民教育指導月刊
　　　　　　等。

　　　　二、進修輔導　如國民教育輔導研究會及中心學校輔導國
　　　　　　民學校等。

　　　　三、通訊研究　如辦理小學教員通訊研究或輔導研究等。

　　　　四、進修班　如大學或師範學院附設教員進修班及函授學
　　　　　　校等。

　　　　五、教員假期訓練　如各省市辦理中心學校及國民學校教
　　　　　　員假期訓練班等。

第三條　各省市教育廳局為切實施行上項進修辦法起見，應就各省
　　　　市實際情形，嚴密訂定舉辦各項進修事業之實施辦法，呈
　　　　報備查。

第四條　教育部得指派視察或督學，協助各省市教育廳局辦理中心
　　　　學校及國民學校教員假期訓練班。

第五條　教育部或省市教育廳局，就實際需要，指定各校教師擔任
　　　　實驗研究工作。凡對於指定研究工作之具有優良成績者，
　　　　應作進修論，並應予以獎勵，其詳細辦法，由教育部另訂
　　　　之。

第六條　各省市教育廳局舉辦中心學校及國民學校各種進修事業，

　　　　　　每年應列支確定之經費，於必要時教育部得酌予補助。

第七條　各省市教育廳局每年度應根據本辦法第二條規定，將上年
　　　　度進修設施之經過及下年度實施計畫，呈教育部核備。

第八條　本辦法由教育部頒發施行。

附錄二　國民學校教職員任用保障進修辦法

第一條　本辦法依國民學校法第二十三條之規定訂定之。

第二條　縣市政府及院轄市主管教育行政機關每學期應舉辦國民學
　　　　校及中心國民學校教職員之登記，並於學年開始兩個月前
　　　　公布其姓名學歷，如遇人數過多，得分期公布之。

第三條　凡具有國民學校及中心國民學校規則第十九條所定資格及
　　　　經檢定合格之教職員，均得聲請登記。

第四條　凡依本辦法登記公布之教職員，均應儘先任用之。

第五條　合格人員不敷時，得遴選合格教導主任或服務未滿二年之
　　　　合格教員爲代理校長，遴聘服務未滿一年之合格教員爲代
　　　　理教導主任，具有得受國民學校及中心國民學校教員試驗
　　　　檢定之資格或曾受短期師資訓練者爲代用教員。

第六條　國民學校教職員應由校長於學年或學期開始一個月前聘駐
　　　　之，初聘以一學期爲原則，以後續聘任期爲一學年·聘定
　　　　後應即呈報主管教育行政機關備案，教職員中途自請退職
　　　　須商得校長同意，如有因故解職，應由校長呈報主管教育
　　　　行政機關備案。

第七條　國民學校教職員之薪給，應由各省市教育廳局依照下列各
　　　　款之規定，斟酌地方情形另訂實施辦法，呈准教育部備案
　　　　施行。

　　　　一、薪給以每年十二個月計算，按月實足發給不得折扣。

　　　　二、最低薪津應以當地個人食衣住三者所需生活費之三倍
　　　　　　爲標準，並得比照當地縣市級公務人員薪給標準支
　　　　　　給。

三、最低薪額之外，應按照教職員資歷高下，服務久暫，
　　職務繁簡分別增加其薪額。

四、薪額以發給國幣為原則，但得以米麥等主要食糧代
　　替，其折算價格應依市價。

第八條　國民學校教職員遇有左列事項請假時，仍得享受原有待
　　　　遇，其代課教員之薪津由校長呈請教育行政機關另行支給
　　　　之。

一、本人婚假得給假二星期。

二、父母或配偶死亡。得給假一個月。

三、女教職員生育，得給假六星期。

四、在一縣市區域內連續服務滿十年者，得給休息假一
　　年。

五、在一縣市區域內連續服務滿十五年者，每年得給休息
　　假二星期。

第九條　現任國民學校教職員家境清貧者，其子女肄業各級學校，
　　　　得按其服務年限之久暫，依照下列各點分別免繳各項費
　　　　用。

一、現任教職員之子女肄業於本縣市立中等學校者免其學
　　費。

二、教職員服務滿五年，其子女肄業於公立中等學校者免
　　其學宿費。

三、教職員服務滿十年，其子女肄業於公立中等學校或公
　　立專科以上學校者，免其學宿費。

四、教職員服務滿十五年，其子女肄業於公立中等學校者
　　免其學宿膳費。

五、教職員服務滿二十年，其子女肄業於公立中等學校或公立專科以上學校者，免其學宿膳費。

前項申請免費手續，除專科以上學校之免費手續由教育部另行規定外。餘均由各省市教育廳局定之。

第十條　國民學校教職員之服務成績特別優良者，得就下列各項分別予以獎勵，其實施辦法由各省市教育廳局定之。

一、發給獎金或獎狀。

二、升任簡易師範學校或簡易師範科及同等程度之學校教員，擔任其所特長學科之教學。

三、考升專科以上學校肄業時，得補助或貸予半數以上之升學費用。

第十一條　省市主管教育行政機關應視國民學校及中心國民學校教職員待遇情形，及地方教育經濟狀況，提倡福利事業，如辦理儲蓄合作社等，其實施辦法，由教省市教育廳局定之。

第十二條　國民學校教職員應依法保障，不得隨校長或主管教育行政人員之更迭而進退，非有下列情形之一者不得解職。

一、違犯刑法證據確鑿者

二、行為不檢或有不良嗜好者

三、任意曠廢職務者

四、成績不良者

五、身體殘廢或身有痼疾不能任事者

第十三條　學校教職員非前條各款情形之一而解職者，得聲敘理由呈請主管教育行政機關或上級教育行政機關查明糾正。

第十四條　學校教職員之進修，應隨時注意其教導知識之增進，道

德之修養，體魄之鍛鍊，以及其他學術之研究，並參加
下列各種研究進修機關。

一、　主管教育行政機關舉辦之假期研習班

二、　依照部令組織之各級國民教育研習會

三、　師範學院或國立師範學校附設之進修及函授學校

第十五條　幼稚園教員之任用待遇保障適用本辦法之規定。

第十六條　本辦法自公布日施行。

附錄三　教育部獎勵中等學校教員休假進修辦法

第一條　本部爲獎勵中等學校教員休假進修起見，特訂定本辦法。

第二條　休假進修之教員以在一校繼續服務滿九年，並合於下列各項條件者爲限。

　　　　一、曾受檢定合格者。

　　　　二、服務於公立或已立案之私立學校者。

　　　　三、係專任者。

　　　　四、曾經本部或各省市教育行政機關視導人員認爲成績優良者。

　　　　五、品格健全並無不良嗜好者。

第三條　合於前條規定之中等學校教員，應填具休假進修表，由服務之學校呈送主管教育行政機關核定後，於每學期開始兩個月造冊連同申請表彙呈本部審查。

第四條　休假進修之期限爲一年，仍支原薪及各項補助或津貼，由各省市教育行政機關每年核計應行休假進修教員人數，編列各該省市教育文化費概算內，本部另予核給獎金，分甲乙兩種，其數目及每年核給名額另以命令定之。

第五條　中等學校教員休假進修，分爲研究及考察兩種，以於所任教課或職務有關者爲限。

　　　　前項研究之處所或考察之地區，得由各省市教育行政機關或由本部指定之，必要時並酌予補助旅費。

第六條　休假進修之教員，應就志願或指定研究考察之事項擬具計畫書，呈送主管教育行政機關核定後轉呈本部備查。

第七條　休假進修之教員，應於每半年及進修完畢時，分別將研究

或考察情形及結果繕具書面報告，呈由主管教育行政機關轉呈本部備查，本部給予獎金分兩期核發（如中途停止進修或轉任其他職務，應予停發。

第八條　休假進修教員進修期滿，應仍回原校服務，非經主管教育行政機關核准，不得轉往其他學校服務。

第九條　休假進修教員之獎勵，除依本辦法規定外，仍得享受其他優待及獎勵。

第十條　本部直轄各中等學校休假進修教員之獎勵，適用本辦法各條之規定，由各校逕呈本部核獎。

第十一條　本辦法自令行之日施行。

附錄四　中等學校及國民小學教員學術研究獎勵辦法

第一條　教育部為鼓勵中等學校及國民小學在職教員（以下簡稱中小學教員）注意學術研究，增進專業精神起見，特訂定本辦法。

第二條　中小學教員學術研究範圍如下：

一、編譯補充教材。

二、從事專門著作。

三、自製教學用具。

四、進行教育實驗。

五、其他有關改進教學方法及學術研究事項。

第三條　中小學教員於每學年開始時，得就前條規定範圍選一項或數項從事研究，至學年結束時，將研究成績報由學校彙轉主管教育行政機關申請獎勵。

第四條　中小學教員研究成績，經主管教育行政機關組織審查委員會審查結果，認為成績優良者，除於年終由學校予以晉級加薪外，並由縣（市）、省（市）及本部分別給與獎狀。

第五條　中小學教員研究成績優良獎狀，依照下列規定發給：

一、各縣（市）教育行政機關對所轄中小學教員研究成績經審查結果認為優良者，除提選較優之成績（至多不得超過十分之一）送請省教育行政機關核獎外，其餘次優者由各該縣（市）教育行政機關頒給獎狀。

二、各省行政機關對各縣（市）彙呈之中小學教員研究較優成績，除選擇最優者（至多不得超過十分之一）呈報教育部核獎外，其餘次優者由各省教育行政機關頒

給獎狀，成績再次者，仍發還縣（市）教育行政機關給予獎狀。

三、各省（市）對直屬中小學教員研究成績，經審查結果認為優良者，除選擇最優之成績（至多不超過十分之一）呈報教育部核獎外，其餘次優者，由各該省（市）教育行政機關頒給獎狀。

四、教育行政機關呈報之中小學校教員研究成績，經審查結果認為最優者由部頒給獎狀，次優者仍發還省（市）教育行政機關給予獎狀。

第六條　各縣（市）教育行政機關應於每學年結束後一個月內，將該學年給予獎狀之教員姓名、年齡、籍貫、簡歷、擔任學科、研究工作及服務學校名稱等列表，彙報省教育行政機關備查。

第七條　各省（市）教育行政機關應於每學年結束後二個月內，將該學年給予獎狀之教員姓名、性別、年齡、籍貫、簡歷、擔任學科、研究工作、及服務學校名稱等列表，彙報教育部備查。

第八條　各級教育行政機關應將每年核准給予獎狀之中小學教員姓名及服務學校名單定期公布之。

第九條　中小學教員研究成績確有學術價值者，得由各級教育行政機關協助出版，並予介紹。

第十條　本辦法自公布之日施行。

附錄五　中小學教師在職進修研究辦法

第一條　本辦法依師範教育法第十九條規定訂定之。

第二條　本辦法所稱中小學教師（以下簡稱教師），係指曾經登記、檢定合格現任公立或已立案之私立中等學校、國民小學及特殊學校之專任教師。

第三條　教師在職進修研究方式如下：

一、進修學分。

二、進修學位或資格。

三、參加有關之研習、實習、考察。

四、從事有關之研究、譯著、創作。

五、主管教育行政機關認可之其他有關進修研究方式。

參加前項第一款、第二款進修之教師，以服務屆滿一年以上者為限。

第四條　辦理教師在職進修之機構如下：

一、師範大學、師範學院、教育院系、師範專科學校。

二、教育部指定或核准之公私立大學校院。

三、教育部設立或核准設立之教師進修機構。

前項第一款、第二款之進修機構，除因政策需要或依其他法令之規定，辦理進修學位或資格外，以辦理前條第一項第一款、第三款之進修為原則。

第一項第三款之進修機構，以辦理前條第一項第三款之進修為限。

第一項第一款、第二款進修機構，辦理進修學位或資格，其報考資格、入學試驗及應修學分總數等均依照有關大專

校院之規定辦理。

第五條　進修機構辦理教師在職進修，得利用假期、週末或夜間實施。

第六條　進修機構辦理第三條第一項第一款之進修，除主管教育行政機關專案指定辦理者外，應採公開登記甄選方式辦理，並訂定實施計畫，連同登記甄選簡章，報請主管教育行政機關核備後辦理。

第七條　教師參加在職進修，修畢規定學分，成績及格者，由辦理進修之機構發給學分證明書或結業證明。其經入（轉）學考試及格者，另依規定發給畢業證書或授予學位。

前項各種證明書類之格式，由教育部定之。

第八條　教師參加與其教學有關知能之進修，修得學分、學位或資格者，按照下列方式予以獎勵：

一、依照中小學教師登記及檢定辦法規定申請增加各該科師之登記。

二、依照公立學校教職員敘薪辦法規定換敘薪級。

三、作為甄選調職升遷之參考。

第九條　教師依本辦法規定參加研習、實習等進修，成績優良者，得報請主管教育行政機關予以獎勵。

第十條　教師從事研究、譯著、創作、發明，其成果有益教學者，由服務學校列入學年成績考核；其特別優良者，得報請主管教育行政機關獎勵；其具有特殊價值者，由主管教育行政機關協助出版或製造。

第十一條　主管教育行政機關得依實際需要，選調公立學校教師帶職帶薪參加進修學分、學位、資格或核予公假參加研

習、實習、考察。但選調帶職帶薪參加進修學位或資
格，以不受師範教育法第十七條所定限制者爲限。

教師依前項規定參加進修學位或資格者，完成進修後應
回原服務學校服務，其應服務年數爲進修期間之二倍。
未依規定履行服務義務者，應依未服務年數按比例追繳
其進修期間所領取之一切費用及薪津。

私立學校之教師擬參加第一項帶職帶薪退修者，應由其
服務學校向主管教育行政機關申請辦理，其待遇及進修
完畢後之服務義務，依約定爲之。

第十二條　教師自行參加各項進修研究，均應利用公餘時間，不得
　　　　　因進修研究影響教學或職務。

第十三條　教師自行參加進修研究，除法令另有規定外，以自費爲
　　　　　原則。主管教育行政機關得視財力設置獎學企，對參加
　　　　　進修學分成績優良之教師予以獎勵。

第十四條　本辦法之規定，於中小學校校長在職進修研究準用之。

第十五條　本辦法之規定，於現任中等學校試用教師研習教育專業
　　　　　科目學分準用之。

第十六條　本辦法自發布日施行。

附錄六　臺灣省政府教育廳辦理區域性國民中小學教師在職進修實施計畫

一、依據：長青專案——臺灣省教師進修計畫。

二、目的：溝通教育觀念，增進教學專業知能；提昇教學品質。

三、辦理時間：

　　（一）、七十九年八月至八十四年六月。

　　（二）、每梯次研習時間以一週爲原則，並得視研習科目採分段
　　　　　　分時累計辦理。

四、辦理單位：

　　（一）、主辦：台灣省政府教育廳。

　　（二）、承辦：各縣市政府教育局。

五、參加對象：國民中小學組長、主任、校長等行政人員及各科專
　　　　　　任教師。

六、辦理方式：

　　（一）、有特殊科目、地區特性以及課程安排之需要，則打破縣
　　　　　　市行政區域限制，由各縣市聯合辦理。

　　（二）、視研習科目，由承辦縣市指定學校或文教機構辦理，就
　　　　　　彈性劃分區域內之學校調派教師參加研習。

　　（三）、每梯次每班至少四十人。

七、研習方式與內容：

　　（一）、研習方式：針對學科性質，以專題演講、課程講授、實
　　　　　　驗操作、實地觀察採集、分組討論、綜合討論或實務研
　　　　　　討等方式實施。

　　（二）、研習內容：當前教育政策、新課程精神及導向、教學評

量、教材教法、專業新知與專題研討。

八、經費：

（一）、研習所需費用依本廳規定標準編列後，並隨擬定研習計
畫報本廳核定後撥補。

（二）、參加研習人員往返差旅費由各校自行依規定勻支。

九、參與研習人員，研習合格者，由承辦單位得發給研習證書，並
登錄於教師進修卡。

十、辦理是項研習工作，視其工作績效，由各機關學校依權責敘
獎。

十一、本計畫經核定後實施。

附錄七　台灣省教師進修計畫——長青專案

壹、計畫緣起

　　教育之成敗與師資之良窳有密切關係，提高師資素質為增進教育效果之必要措施。處此知識快速成長，知識不斷變遷的時代，每一個人應建立終身學習的理念，必須時時從生活中學習以求與時俱進。故台灣省政府教育廳特策劃此「長青專案」，並預先研訂為期五年的第一期教師進修計畫，期使教師藉著不斷的進修，充實自我，開發潛能，如同萬年長青的松柏一樣，歷久彌新，永保朝氣、活力，俾能追求卓越，提昇品質，以增進教學成效。

貳、計畫目標

　　一、近程目標

　　　　（一）整合教師進修管道，研訂適切進修辦法，滿足進修需要，激勵教師進修意願。

　　　　（二）增進教師專業素養，培養多元化教學及課程統整能力，提昇教學品質。

　　　　（三）預期在五年內，本省中小學及幼稚園約十五萬教師，每人至少參加一週以上的進修（研習）。

　　二、遠程目標

　　　　（一）建立教師終身學習理念，實現生涯教育目的。

　　　　（二）結合教師進修、教學評鑑工作，提昇教師素質。

參、實施對象

　　一、本省高中、職、國民中、小學及幼稚園教師。

　　二、省屬各級教育行政人員。

肆、實施期限

第一期　自七十九學年度起至八十三學年度止（八十四學年度
　　　　起繼續加實施）。

伍、實施內容

計畫項目	內容摘要	辦理單位			
		主辦	協辦	承辦	備註
一、協調各大學校院擴充辦理進修活動。	協調大學校院有關系所，配合教學需要，擴大辦理進修課程或班別。	教育部教育廳第一科		各大學校院	
二、擴增教師研習會功能	1.選建國教研習會並繼續充實中等學校研習會，以擴充教師進修能量，提昇教師進修品質。 2.依據「有教無類、因材施教」理念有效規劃辦理各類教師進修活動，如儲訓班、進修班、研習班。 3.協助各縣市政府設立教師研習中心規劃執行縣市內教師進修，便於教師進修研習。 4.積極籌設幼稚園教師研習會（暫定），辦理幼稚園教師進修。	教育廳第一科	教育廳各廳室		國教研習會 中教研習會 幼稚園教師研習會 各級學校 各縣市教育局
三、輔導各縣市辦理進修活動	1.協助各縣市教育局依據教學實際需要及課程之革新，辦理教師進修或研習。 2.各縣市擴大規劃一週以上之進修。	教育廳第一科		教育廳第四科督學室	各縣市政府教育局

	3.擴充區域性或專案性之進修。			
四、鼓勵各級學校或公民營機關辦理各項進修研習活動	1.各校自行規劃辦理研習、研討、觀摩等活動。 2.由省縣市主管教育行政機關協調公民營機關如文化中心、生產力中心、職業訓練中心等辦理各項專題研究及專題講座。	教育廳第一科	各縣市政府教育局 教育廳各科室	各級學校 各縣市文化中心 生產力中心 職業訓練中心 有關職訓及文教機構	
五、建立國民輔導網，發揮教學輔導功能	1.建立國民中小學教育輔導網並發揮其輔導功能。 2.與師大校院密切配合。 3.省縣輔導團密切配合相輔相成發揮功能。	教育廳第一科	教育廳第四科督學室	各師範校院、省縣國教輔導團	
六、辦理績優教育人員短期出國考察	1.研訂「台灣省政府教育廳績優人員短期出國研習實施計畫」。 2.每年遴選若干績優教育人員前往美、日、韓等教育先進國家觀摩研習、吸取他國長處帶動教育革新。	教育廳第一科總務室	省人事處 教育廳各科室	各級學校	
七、創辦教育及學校行政高級研究班	分年儲訓本廳行政人員、各縣市教育局長、課長、督學、高中、高職、國中、國小校長及主任，充實領導溝通能力，促進校長發展。	教育廳第一科	各縣市政府教育局 教育廳各廳室	中教研習會 國教研習會 師大校院	

八、舉辦教師學術論文發表會	1.論文發表以教育階段分爲高中高職、國民中學、國民小學等三組,並各成立籌備委員會承辦,且得視論文性質或範圍成立小組分別承辦。 2.各組每年以舉辦一次,每次以一天爲原則。 3.參加論文發表者,須向各該組籌備委員會申請參加,經審查通過後,應親自出席發表並接受質疑參與研討。	教育廳研考小組第一科	各縣市政府教育局教育廳各科室	省立台中高農國教研習會中教研習會主辦之學校	
九、創辦教師進修講座	依據時間、經費、規模、教授遴聘及課程等因素統籌規劃教師進修講座,透過電視廣播及演講會等方式,提供教師進修機會。	教育廳第一科	教育廳第一科大衆傳播機構師大校院	各縣市政府教育局各級社教機構省國教輔導團	
十、輔導教師建立終身學習,時時自我進修之觀念	1.充實各級學校圖書設備 2.舉辦教師自我進修能力之活動 3.出版有關刊物 4.增進教師自我進修之管道及機會	教育廳第一科	各縣市政府教育局教育廳各科室	各級學校各級社教機構	

陸、行政配合

一、教育廳設置進修規劃委員會：

聘請教育專家學者暨教育行政人員等組成進修規劃委員會，以規劃未來進修政策及研訂進修計畫等事宜。

二、統整教師進修活動：

請教育部並協調縣市政府及各種研習機構，整合進修管道，統整進修活動。

三、建立教師進修檔案

委請學術單位或資訊機構建立全省教師進修資訊檔案，俾能公平、進、迅速執行教師在職進修調訓作業。

四、妥善規劃教師進修師資與課程：

由各辦理研習機構，組織師資課程規劃小組，負責遴聘優良師資，研訂完善的進修課程與教材。

五、檢討與改進相關措施：

1.建議教育部檢討修訂現行教師進修法令規章。

2.檢討現行各研習會（班）之優缺點及改進措施。

3.有效整合、運用社會資源。

4.透過教育廣播電台等大眾傳播媒體加強推廣教育講座。

5.編印教師進修刊物。

6.開闢特殊教育專業教師進修途徑。

7.訂定本省教師研究、著作、譯述、創作、發明及論文發表等獎勵辦法。

8.設立高中、職、國中、小學各科示範中心學校。

柒、執行進度

學年度	調訓教師預定度	累計進度百分比
七十九	一三、000人	9%
八十	二四、二五0人	32%
八十一	三四、二五0人	55%
八十二	三四、二五0人	78%
八十三	三四、一五0人	100%

捌、經費

一、七十九學年度經費預算原現有經費適當勻支。

二、進修經費包括行政費、鐘點費……等；以每人每週約需三千五百元估算，預計每年調訓三萬四千二百五十人，約需經費為壹億貳仟萬元，以後逐年檢討修正，依據績效及進度分年編列預算。

玖、評鑑

一、研訂評鑑要點，設計評鑑工具，評鑑各縣市教育局及各級學校推動教師進修活動成效，列入年度視導考核，視辦理績效之優劣，分別予以適當獎勵或追蹤輔導。

二、設計教師進修卡，訂定進修時數認定、計算辦法，採累積計時方式登錄（五年內每一位教師累計進修時數需達三十五小時以上），以作為教師年度考績、加薪、跳級、調動、介聘之參考，未來並列為教師教學評鑑的重要依據。

三、本計畫經教育廳廳務會報通過並經廳長核定後實施，當視實施成效，分年分期進行評鑑、檢討與修正。

附錄八　高級中等以下學校及幼稚園教師在職進修辦法

第一條　為鼓勵教師在職進修，提昇教育品質，特依師資培育法第
　　　　十六條第二項之規定訂定本辦法。

　　　　本辦法未規定者，適用其他相關法令之規定。

第二條　本辦法適用對象為公立或已立案之私立中等學校、國民小
　　　　學、幼稚園及特殊教育學校（班）編制內按月支領待遇之
　　　　校（園）長及依法取得教師資格之教師。

第三條　教師在職進修，須與其本職工作或專業發展有關。其方式
　　　　如下：

　　　　一、參加研習、實習、考察。

　　　　二、進修學分、學位。

　　　　三、由其他由主管教育行政機關認可之進修與研究。

　　　　前項所稱本職工作或專業發展係指教學與訓輔、課程與教
　　　　材發展、教學評鑑、學校行政、教育研究等專業與專門知
　　　　能。

第四條　辦理教師在職進修之機構如下：

　　　　一、中小學、幼稚園及特殊教育學校。

　　　　二、師範校院及設有教育院、系、所或教育學程之大學校
　　　　　　院。

　　　　三、各級政府設立、核准設立之教師在職進修機構。

　　　　四、各級主管教育行政機關委託、認可或核准之學校、機
　　　　　　構。

第五條　在職進修機構辦理進修學分、學位者，其入學資格、方式

與應修學分數等,應依規定報請主管教育行政機關核定後辦理,並依相關規定發給學分證明書、結業證書或授予學位。

第六條　主管教育行政機關或學校,得視實際需要,薦送、指派或同意教師參加在職進修。其實施要點,由各主管教育行政機關訂定之。

教師自行參加各項進修未經事先報准,應利用公餘時間,不得影響教學或行政工作。

第七條　進修機構辦理教師在職進修,以利用寒假、暑假、夜間、週末或其他特定時間實施為原則。

第八條　教師須服務滿一年以上始得進修學位。

第九條　教師在職期間每一學年須至少進修十八小時或一學分,或五年內累積九十小時或五學分。

第十條　教師自行從事與本職工作或專業發展相關之研究、著作、翻譯、創作成績優良者,得由學校依相關法令報請主管教育行政機關酌予獎勵。

前項研究、著作、翻譯、創作等優良作品,得由主管教育行政機關或服務學校協助出版、製作或推廣。

第十一條　本辦法自發布日施行。

附錄九　臺灣省高級中等以下學校及幼稚園教師國內在職進修學位實施要點

一、依據：

（一）、教師法第二十二條、二十三條。

（二）、師資培育法第十六條。

（三）、教育部頒「高級中等以下學校及幼稚園教師在職進修辦法」第六條第一項。

（四）、教育部頒「教師進修研究獎勵辦法」第六條第二項。

二、本省高級中等以下學校及幼稚園教師國內在職進修學位，除依「高級中等以下學校及幼稚園教師在職進修辦法」暨「教師進修研究獎勵辦法」辦理外，悉依本要點之規定辦理。

本要點未規定者，適用其他相關法令之規定。

三、本要點所稱「高級中等以下學校及幼稚園教師」（以下簡稱教師），係指現任本省公立或已立案之私立中等學校、國民小學、幼稚園及特殊教育學校（班）編制內按月支領待遇之校（園）長及依法取得教師資格之教師。

四、教師申請在職進修學位必須以在學校服務滿一年以上者為限，其「服務滿一年」之計算以依法取得合格教師證書之日起算至報考時該學期結束止，服兵役年資不予採計。

五、進修條件：

（一）、教師進修系所，須與其本職工作或專業發展有關，由服務學校依「高級中等以下學校及幼稚園教師在職進修辦法」第三條規定予以認定，並報主管教育行政機關核

備。

（二）、師範院校及教育院系公費畢業生，於其服務義務期限內不得參加全時進修，師資培育法公布後考入師範院校及教育院糸之公費畢業生，於其服務義務期限內亦不得參加留職停薪進修。

（三）、各校教師申請在職進修學位，須不影響教學及行政業務，其參加進修名額，應以每學年度不超過編制教師員額百分之五為限（其中全時進修者最多二人），員額未滿二十人者，其參加進修名額以一人計。

同一學校中教師進修人數受名額限制時，以進修學士或碩士者為優先；同一學位，並以一項為限。

（四）、參加公餘進修者，其名額不受前款之限制。

六、進修程序：

（一）、各校教師參加全時進修者，須主管教育行政機關基於教學或業務需要，主動薦送或指派，其薦送或指派手續由主管教育行政機關逕行辦理。

（二）、各校教師參加部分辦公時間進修或留職停薪進修者，須學校或主管教育行政機關基於教學或業務需要，主動薦送、指派或同意教師進修，且應於報名前由服務學校彙報主管教育行政機關核准後，始得報考，逾期或自行報考錄取後再提出申請者，不予受理。

（三）、教師參加公餘進修者，由各校自行核定。

七、報考前未經服務學校事先同意，事後經服務學校及主管教育行政機關同意前往進修學位者，以事假或休假處理，未經同意而擅自利用辦公時間就讀者，由各主管教育行政機關依相關法令

規定處埋。

八、進修期限：

　（一）、全時進修之期限最高不得超過二年，超過二年以上，應予留職停薪。

　（二）、部分辦公時間進修者，每週酌予公假一日（或兩個半日），惟學校教學或業務仍須親授或自理，期限最高不得超過法定最高修業年限。

　（三）、留職停薪進修者，以學年度為基準，並以兩年為原則。如須延長，須經服務學校同意，並由指導教授出具證明，報請主管教育行政機關核准，至多以一年為限，且配合學期辦理。

　（四）、申請全時進修、部分辦公時間進修或留職停薪進修者，不得中途申請變更，亦不得分段申請。但全時進修人員，如確因學校教學或業務所需，經報請主管教育行政機關核准後，得改以部分辦公時間進修。留職停薪進修者，如經原服務學校同意其兼課或兼職，亦須符合兼課及兼職有關規定。

九、進修人員義務：

　（一）、教師參加在職進修者，應於申請時填具保證書，保證履行服務之義務。除留職停薪進修外，寒暑假期間，服務學校如有交辦事項，應依規定返校處理。

　（二）、師範院校及教育院系公費畢業生未服滿最低服務年限參加進修者，應於進修後以上述方式合併履行其尚未履行之服務義務與進修之服務義務。

　（三）、教師參加進修取得學位後，履行服務義務未屆滿前，不

得再申請進修。但因教學或業務需要，經服務學校教師評審委員會審查通過及學校同意並報經主管教育行政機關核准再進修者，應填具保證者，俟將來取得學位後履行前後進修學位累計應服務之義務。

（四）、留職停薪進修者申請復職時，應於進修期滿或完成進修或因故無法完成進修前一個月辦理，逾期經學校通知仍不申請者，依聘約暨相關法令規定處理。

十、教師申請進修學位，除公餘進修外，應由服務學校依「高級中等以下學校及幼稚園教師在職進修辦法」暨「教師進修研究獎勵辦法」及本要點之規定確實進行初審，再依報考校院別敘明報考教師之登記科目及報考系所，列冊報請主管教育行政機關核發同意函。

十一、依廢止前「中小學教師登記及檢定辦法」進用之試用教師及依「特殊教育登記及專業人員進用辦法」進用之特殊教育試用教師，準用本要點有關公餘進修之規定。

十二、各縣市政府、各私立學校（含私立幼稚園），得參照本要點，另訂補充規定辦理。

十三、本要點自發布日施行。

附錄十　大學辦理研究所、二年制在職進修專班及大學先修制度共同注意事項

一、目的：

建立多元彈性之高等教育體系，強化高等教育體系在職進修功能，建構終身學習社會。

二、各大學於教學資源充裕及確保教學品質條件下，得辦理研究所、二年制在職進修專班及試辦大學先修制度。

三、研究所在職進修專班

（一）開班範圍：各大學現有之研究所，針對特定專業領域在職人士所提供結合理論與實際之碩士學程。

（二）招生對象：限招收大學畢業或同等學力之在職生，並應規定具相當年限之工作經驗。每班（組）人數最高以不超過三十人為原則，跨系所整合性之專班不受此限。

（三）招生方式：各校應組成招生委員會辦理招生事宜，其招生作業應符合公開、公平、公正原則；其考試科目、方式得針對在職生之特色訂定，錄取標準得酌採計工作經驗及工作成就。

（四）授課時間：得配合在職學生之需求，彈性規劃授課時間。

（五）課程及修業年限：課程應配合在職進修之需求專案規劃，修業年限並得酌予放寬。

（六）收費標準：由各校自訂。

（七）學籍事項之處理，均依有關教育法令及各校教務章程規定辦理。

（八）申請及審核：各校應於開班前九個月提報計畫書，其內容應包括申請理由、發展重點、課程、學分、師資、圖書、儀器設備、空間等並應經校務會議討論通過後，報教育部（以下簡稱本部）審核。

四、大學二年制在職進修專班

（一）開班範圍：各大學現有之學系，針對專業領域在職人士所提供結合理論與實際之學士學程。

（二）招生對象：限招收專科學校畢業生，並應規定具相當年限之工作經驗。每班人數最高不得超過五十人。

（三）修業年限：由各校依大學法第二十四條訂定辦法報本部核備。

（四）收費標準：由各校自訂。

（五）其他招生方式、授課時間、課程、學籍事項之處理、申請及審核等比照研究所在職進修班規定辦理。

五、大學先修制度

（一）招收對象及名額：招收當年度參加大學聯招且符合繳交志願卡之最低分數標準者，以隨班附讀方式，選修大學課程及學分。先修生不具正式學籍，名額由各校依實際教學資源自行訂定。

（二）招收方式：招收方式得採登記或審查方式辦理，申請人數超過擬招收之名額時，原則依照大學聯招之成績作為遴選依據，採計之科目及加重計分之比例由各校自訂。

（三）申請作業：擬申請先修者應於大學聯招放榜後十日內，檢附相關資料向學校提出申請，各校並應於開學前完成審核。各校應於同一日辦理報到（日期另訂），未報到之

缺額將以備取生遞補。

（四）先修課程及學分：先修課程由各校自訂，應以基礎課程
或共同必修課程為主，以提供試探學習的機會，至少應
修習所指定之該系（院）必修課程三科以上，各校並得
自訂每學期最高之修讀學分數。

（五）收費標準：參酌推廣教育收費標準，由各校自訂。

（六）學分抵免：先修生所修學分經考試及格，各大學應發給
學分證明。先修生經大學新生入學考試錄取者，其所修
學分得依各校規定酌予抵免。

（七）入學考試：大學得為已修畢並通過（四）所規定系（院）
必修課程之先修生辦理公開之入學考試，招生之對象應
包括已修畢該課程之其他學校先修生或修習推廣教育學
分者，招生名額以當年度本部核定之新生招生名額外加
百分之二十為限，考試科目應限定前述之課程範圍，並
兼採修課之成績作為取錄依據，經錄取者可進入該系成
為正式生。
前項入學考試辦法由各校擬訂後報本部核定。

（八）擬試辦大學先修制度之學校應於七月十五日前將試辦計
畫報部備查，計畫內容應包括各系擬招收名額、遴選標
準、指定之課程、收費標準等事項。

六、大學辦理研究所在職進修專班、二年制在職進修專班及大學先
修制度之收支應依相關會計作業規定辦理。

七、本注意事項未盡事宜，依相關法令辦理。

臺灣地區中小學教師在職進修制度研究
——現況與問題調查

屏東師範學院初等教育學系副教授　湯維玲

屏東師範學院初等教育學系副教授　顏慶祥

台東師範學院教育研究所碩士　李鴻章

壹、緒論

自從民國83年我國師資培育走向多元開放制度之後，對於教師專業的維護與教學品質提昇日漸重視，也關切教師生涯的發展。師資教育從職前的師資培育，逐漸擴展至實習教師階段，或初任教師的輔導，與繼續教育的在職進修階段，期使教師通識能力、專門知識與專業素養與日俱增，達到終生學習的教育目的。在職進修係屬師資教育的第三階段，為期最長，可茲改變的內容與型態也最具多樣性，就教師生涯而言是極為重要的一個階段。因此，教師在職進修成為師資教育的主要焦點，亦無可厚非，值得進行廣泛且深入的研究。

依據法令分析在職進修的負責機構，師資培育法第十六條規定「師範校院及設有教育院系所或教育學程之大學校院得設專責單位，辦理教師在職進修。教師進修教育，除由前項校院辦理外，主

管教育行政機關得視實際需要，另設機構辦理之。教師在職進修辦法，由教育部定之。」依據母法進一步訂定的相關子法有民國85年10月2日由教育部頒訂（民86）的「高級中等以下學校及幼稚園教師在職進修辦法」，同年10月9日訂定的「教師進修研究獎勵辦法」（教育部，民86），對於教師在國內、外學校或機構修讀與職務有關之學分、學位或從事研習、專題研究等活動有具體的規定，如給予公假、獎勵方式、補助費用、服務義務等。從該辦法的立場分析之，係採取獎勵的立場鼓勵教師在職進修。

不過行政院教育改革審議委員會於民國85年12月出版的《教育改革總諮議報告書》中指出：教師進修攸關教師的素質，是為教師專業生涯所必須進行的終身教育，同時也是教師的權利與義務；但是目前國內教師進修面臨教師進修管道狹窄（尤其是國小教師和代理代課教師）、方式單一、內容無法反映教師實際需求的困境，因而建議應建立較完整的進修制度（行政院教育改革審議委員會，民85，54）。國內學者如歐用生（民85，153-155）檢討我國國小教師進修教育有五大問題，分別為：進修制度尚未制度化、偏於教育行政機關或師範校院主辦的正式進修、教師進修意願不強、研習課程無完整安排與研習方式偏於講解，以及缺少專業發展的中心概念等。王家通等人（民86）於民國86年5月調查台灣省國民中小學教師參加在職進修的現況、評價、需求與意見。研究建議：提供更多的學位與學分進修；進修的動機首要為提昇教學及行政效果。因此，師範院校進修內容應予配合；創設教師專業成長日，使教師得以參加學校安排的進修活動；建議調查進修需求的科目；促使各縣市政府成立「教師進修審議委員會」規劃與審議進修事宜；運用各種獎勵方式，鼓勵進修；研究以教師著作折抵進修時數；補助各校

進修經費；提升校內進修效果；推展各校對進修活動的自我評鑑。該研究已為轉型中的師資在職教育，奠定良好的研究基礎，可以在此基礎之上再深入分析，以建立較完善的在職進修制度。

再從近年來倡導「邁向學習社會」（教育部，民87）的呼籲中得知：推展終身教育，建立學習社會，其中具體途徑之一即是「加強培育教師終身學習素養」；從教師在職進修過程中著手增加終身教育及學習方法的科目與活動，以培養終身的學習理念，使教師均能成為終身教育的教師，學會認知、學會做事、學會共同生活、也學會發展，全面促成學習社會的建立。這也顯現出我國師資教育正遭受到與英、美、日等國師資教育所面臨的困境相似：教師處於後工業後現代社會之中，面對轉變迅速的社會，知識呈現出立即、個別、零碎的、快速退化的現象，教師需要具有終身學習的理念，形成學習型的組織，有一教師終身進修的進程，方能因應知識的快速轉變。

基於上述之研究問題背景，本研究的目的有以下三項：

1.剖析臺灣地區中小學教師在職進修實施現況。
2.探究臺灣地區中小學教師在職進修問題。
3.歸納研究發現，作為建構臺灣地區中小學教師在職進修制度之參考依據。

貳、文獻探討

一、教師在職進修問題

　　行政院教育改革審議委員會於民國85年12月出版的《教育改革總諮議報告書》中指出：教師進修攸關教師的素質，是為教師專業生涯所必須進行的終身教育，同時也是教師的權利與義務；但是目前國內教師進修面臨教師進修管道狹窄（尤其是國小教師和代理代課教師）、方式單一、內容無法反映教師實際需求的困境，因而建議應建立較完整的進修制度（行政院教育改革審議委員會，民85，54）。國內學者如歐用生（民85，153-155）檢討我國國小教師進修教育有五大問題，分別為：進修制度尚未制度化、偏於教育行政機關或師範校院主辦的正式進修、教師進修意願不強、研習課程無完整安排與研習方式偏於講解，以及缺少專業發展的中心概念等。

　　蔡培村等人（民85，153-160）調查臺灣地區的中等學校教師對在職進修內涵與體系規劃的意見。從研究結果得知中等學校教師在職進修的問題有：缺乏系統性與整合性、進修活動窄化、忽略自發性進修活動的價值與功能、課程不符需要且滿意度低。教師的進修需求與課程教學方面：教師對長期性教育專業學分與學校本位進修需求性高、對碩博士學位進修需求較低；教師參與學校自辦進修機會最多、但缺乏專門或教育專業學分進修機會。又有助於教學效益的進修活動為：學校自辦研習、研究所四十學分班進修、閱讀相關刊物、觀賞教學媒體與學位進修。對於師資水準與進修效益滿

意，但對進修名額與課程設計滿意度低。

　　該研究報告依據上述結果所提出的具體建議如：（1）採多元與動態的教學型態；（2）研究所四十學分班過於學科本位，建議兼顧專門、教育專業與一般知能的課程內涵；（3）依據進修活動性質與功能不同，委由不同層級單位協同辦理；（4）暑假辦理長期或專業性高之進修，寒假辦中短期研習或研討會，平日的夜間週末則辦理研究所四十學分班；（5）帶職帶薪、公假、晉級加薪、記功嘉獎、給予積分均可成為參與在職進修的獎勵；（6）課程性質與辦理機構方面，專門與專業知能以大學辦理為宜，一般知能以學校自辦較佳；（7）各級教育行政機關擔負的職責方面：中央層級規劃長期、整體性的進修制度，統合資源運用；大學與師範校院協助發展第二專長特殊類科與技藝專長之進修，提供資源設備；省市層級制訂進修發展措施、平衡城鄉差距，以及加強教師研習中心設置推廣；縣市層級發展進修特色與鄉土教材，並普設在職研習中心；鄉鎮發展區域性的教師研習組織與各科教學輔導團。另外焦點學校以自辦進修活動；企業與民間機構以協助政府的角色開辦一般知能進修活動。

　　饒見維（86a）也提出我國教師在職進修的問題：如教育行政單位較常以由上而下的方式推動教育活動，調動教師協助，影響教學；國小安排週三下午教師進修時間，但國高中則闕如；未安排暑假的「專業發展日」；進修型態被動單一化，偏重進修研習，未強調教師的主動研究。王家通等人（民86）於民國86年5月調查台灣省國民中小學教師參加在職進修的現況、評價、需求與意見。研究建議：提供更多的學位與學分進修；進修的動機首要為提升教學及行政效果，因此，師範院校進修內容應予配合；創設教師專業成長

日，使教師得以參加學校安排的進修活動；建議調查進修需求的科目；促使各縣市政府成立「教師進修審議委員會」規劃與審議進修事宜；運用各種獎勵方式，鼓勵進修；研究以教師著作折抵進修時數；補助各校進修經費；提升校內進修效果；推展各校對進修活動的自我評鑑。該研究已為轉型中的師資在職教育，奠定良好的研究基礎，可以在此基礎之上再深入分析，以建立較完善的在職進修制度。

是故，本研究分從「進修政策、法令與機構」、「教師進修途徑、進修課程與教學」與「教師進修制度革新與專業發展」三大主題進行文獻探討，以期歸結前人的智慧成果，開展新的視野。

二、教師進修政策、法令與機構現況

攸關多元化師資教育品質及教師專業發展的「高級中等以下學校及幼稚園教師在職進修辦法」已於民國85年10月2日由教育部頒訂（教育部，民86）。該辦法第四條條文明訂辦理教師在職進修的機構包括：學校機構（中小學、幼稚園、特殊教育學校）、師資培育機構、教師在職進修機構，以及主管教育行政機關委託、認可或核准之學校或機構。這類教師在職進修機構可以辦理經教育行政機關核准的學分進修或學位進修，並依規定發給學分證明書、結業證書或授予學位。且規定教師須服務滿一年以上始得進修學位（辦法第八條）；辦法亦規定每位在職教師每一學年至少須進修十八小時或一學分，或在五年內累積九十小時或五學分（辦法第九條）。倘若教師自行從事與本職工作或專業發展相關之研究、著作、翻譯、創作，且表現優異者得依相關法令由學校報請主管教育行政機關酌

予獎勵，協助出版、製作或推廣（辦法第十條）。上述所言均是進修辦法所規定的主要內容。另於同年85年10月9日教育部訂定「教師進修研究獎勵辦法」（教育部，民86），對於教師在國內、外學校或機構修讀與職務有關之學分、學位或從事研習、專題研究等活動有具體的規定，如給予公假、獎勵方式、補助費用、服務義務等。從該辦法的立場分析之，係採取獎勵的立場鼓勵教師在職進修。

目前教師在職進修活動過於凌散、缺乏制度化與系統化，也較缺少鼓勵進修的機制，難以引起教師自發性的進修（教育部統計處，民88），同時進修的管道於質量上均有不足之處。因此，蔡培村（民84，67-69）建議規劃的一套進修系統，從大學與師範院校、省市教師研習中心（會）、縣市教師研習中心與輔導團、鄉鎮教師研習組織、焦點學校或重點發展學校五方面著手，並分別擔負不同任務的研修：學術性、國家政策性、實務性、資源分享性，以及特色觀摩。

此外，教育部統計處於民國87年12月31日至民國88年1月29日期間，共20場次的「跨世紀對談」，4,666位填答問卷的中小學教師代表，從統計結果得知進修問題與急待進行的事項（教育部統計處，民88，4-5）。研究結果顯示，現行教師終身進修活動中，最需改進之處有：（1）近半數的受試者認為，「進修活動過於凌散，缺乏制度化與系統化」（49.49%）；（2）「缺乏鼓勵進修機制，無法引起教師自發進修」（18.26%）；（3）「參加進修所學對實際從事教學的助益有限」（15.41%）；（4）「進修機會不足或進修途徑過少」（14.66%）等均是目前教師在職進修的問題。至於建立教師終身進修制度策略中，最迫切要進行的事項有：（1）「增闢教師進修途徑，以學校為中心的進修方式」（29.96%）；（2）「落實教師

終身進修理念，配合教師生涯需求」（26.45%）；（3）「修訂教師進修法令，建立教師終身進修法則」（22.20%）；（4）「整合教師終身進修組織，建構教師進修體系」（19.74%）。鼓勵教師終身學習的最大誘因則是：（1）「自我充實或自我實現的感受」（35.71%）；（2）「反映在教學品質或學生學習成就」（32.98%）；（3）「反映在考績或昇遷」（17.40%）；（4）「培養第二專長以備不時之需」（12.84%）。因此理念、法令、體系、途徑、獎勵措施的規劃顯現其迫切與重要性。

三、教師進修途徑、課程與教學內涵

（一）教師進修途徑

「高級中等以下學校及幼稚園教師在職進修辦法」規定（教育部，民86）：教師的在職進修須與其本職工作或專業發展有關（辦法第三條），其方式有：參加研習、實習、考察、進修學分或學位、或是教育行政機關認可的進修研究；進修的範圍則須與教學訓輔、課程教材發展、教學評量、學校行政、教育研究等專業與專門之知能有關。進修時間則以寒暑假、夜間、週末、特定時間實施為原則（辦法第七條）。臺灣地區教師進修的現況乃是針對全體教師進行的進修，也將學位進修列為第一優先，由教育機構負責兼辦進修事宜。

大陸地區中小學教師進修方式，一般以業餘進修、自學、函授、短期培訓為主，以脫產離職進修的中、長期培訓為輔。教師在

職進修的方式主要有六種（唐玉光，1995；張松田，民87；劉問岫，1993；顏慶祥，民87）：

1. 教師自學：無合格學歷中小學在職教師利用業餘時間自學，最後可參加大陸「自學考試」。考試合格一科，即取得一科合格證書書，合格學科累計到某一「專業」所規定的全部課程，即取得學歷證書。

2. 學校本位在職進修：目前中國大陸比較發達的地區嘗試進行學校中心的在職進修方式（亦即在中小學校內進行研修、討論等），邀請優秀且富經驗的中小學教師或學科專家蒞校講座和討論或進行教學觀摩。

3. 短期進修：如各地教育學院、教師進修院校或教研室，舉辦教材教法短訓班，這一類短訓班一般有兩種情況：一種是為不能勝任教學工作的教師舉辦的；一種是為講授新教材有困難的教師學習新教材而舉辦的。

4. 舉辦講座或報告會：如各地教育行政部門或教育學院、教師進修院校、教研室，舉辦專題講座或報告會，組織教師學習新知識，瞭解教育發展的新成就。

5. 學位進修：這種培訓班由各地教育學院、教師進修院校舉辦，有離職進修和業餘進修兩種形式。其主要在進修學位課程，學員結業，若考核合格，發給學歷證書或其它有關證書，可以此享有與全日制高等師範、中等師範畢業學生同等待遇。

6. 其它方式：如夜大學、函授、廣播電視教學等。函授教育之培訓形式多用於廣大農村地區在職教師的培訓；大中城市則

有爲中小學教師開辦夜大學、電視大學、廣播電視大學等。

分析進修途徑後，管道暢通與廣布是現代教師得以接受終身進修的先備條件。對教師而言，宣傳終身學習資訊的最有效管道，依序爲「大眾媒體（如報章雜誌、電視、廣播）」（31.01%）與「透過學校行政體系直接宣傳或發送資料」（27.75%），再次是「網際網路（如設立網站或寄發個人電子信件）」（21.35%），以及「舉辦研討會或座談會」（17.79%）等 （教育部統計處，民88，6）。是故，進修訊習透過多管道廣爲流通，甚爲重要。

（二）教師進修課程與教學內涵

教師進修的內涵可分爲「專門知能」、「專業知能」與「一般知能」。其中「專門知能」包括學科知識、教材發展和研究知能；「專業知能」涵蓋教學技術、教育新知、班級經營與學生輔導；「一般知能」則不外人生修養、家庭婚姻、身心健康、休閒理財與人際管理等（蔡培村，民85，164）。

根據吳明清等人（民84，129-136）調查研究國小教育人員意願與需求，以及師範校院初等教育研究所（後改稱國民教育研究所）四十學分班的課程與辦理方式，研究結果得知：國小教師進修活動內涵以輔導知能、教育理念和專業精神之類者居多，進修時間爲一週及一週內者爲多，教學方式以專題演講最多，其次，教學觀摩、實際操作最少，進修困擾爲時間無法配合或名額有限。至於進修的目的是爲增加專業知能；期望的教學方式以實際操作爲主，專題演講與教學觀摩爲輔；進修的報酬爲未來更換教師證書，不一定需要獎勵。如以四十學分班對課程安排的期望爲「電腦知能與應用」、

「班級經營」之類的知能，課程開設符合教師需求爲優先，以解決教育問題的能力培養和教學方法技術爲主，也建議分組設計課程，內容包含各科系專門課程。

教育部統計處（民88，4-6）舉辦的「跨世紀對談」問卷統計結果得知：認爲有效增強教師教育專業、提昇教學品質的進修方式爲「舉辦互動式研討、研習活動」（51.05%），其次才是參加學位班進修（20.77%）、參加學分班進修（17.77%）、舉辦專題演講（7.12%）等；而教師終身學習最迫切的需求依序爲：「充實各種電腦應用知能」（48.65%）、「進入大學修讀學分或學位」（17.21%）、「加強文化藝術新知」（16.89%）、「學習外國語文與鄉土語文」（10.78%）等進修內涵。

綜合言之，目前教師進修課程在師範校院舉辦的進修，多爲專門與專業課程的研習、學分或學位班；而教師對電腦應用知能課程的需求頗爲殷切，也希望以多型態的教學方式進行進修。

四、教師進修制度革新與教師專業發展探索

（一）教師進修制度革新

學校本位（School-Based）的教師專業發展是近來歐美教育改革與教師專業發展重視的趨勢。「學校本位」的教師專業發展意指教師的專業活動應儘量配合學校的需要推動，儘可能利用學校場所進行，同時師資培育機構也將教學和研究活動儘量移至中小學，和學校實務情境結合，直接協助學校推動專業發展；至於專業發展活動型態則有參觀與觀摩、協同成長團體、協同行動研究、引導式自

我探究、一般專案研究、個人導向式學習等六大類（饒見維，民86a，80-81）。國內實際的例證有國立花蓮師範學院和花師附小的「協同行動研究」（饒見維，民86b）。吳明清（民86）對教師進修的政策目標與制度規劃的建議中，也提出進修制度需重視學校的進修功能並加以發揮，賦予學校適當的權責與充足的資源，方能營造學校為專業的社群，成就學習型組織的願景。

（二）教師專業發展

教師職級制度與教師專業發展的可能關係

由於目前我國教師專業尚未建立生涯進階制度，各級學校資深優良教師能發揮督導或提昇教育專業水準的機會不多，因此國內教育學術界有部分學者倡議建立「教師職級制」引發教師專業發展動力（饒見維，民86a； 歐用生，民88）。不過教師職級之劃分涉及的不僅是薪資報酬、工作負擔、職位晉升與待遇公平合理等問題，也涉及對教師專業性質的認定（楊深坑，民88，27）。

根據顏慶祥（民87）的研究，中國大陸中小學教師採職務分級制，將中小學教師主要分為四個等級，名稱為：小學高級教師、小學一級教師、小學二級教師、小學三級教師；初中：中學高級教師、中學一級教師、中學二級教師、中學三級教師；高中：中學高級教師、中學一級教師、中學二級教師、中學三級教師。從一個職級晉升到另一個職級所需的條件（標準）通常要有合格的學歷和一定的教學年資；如小學教師須有中師或高中畢業學歷，初中教師要有師專或專科學歷，高中教師要有師院、師大或大學學歷。從一個職級晉升到另一個職級一般需要三至五年，有特殊貢獻者可以直接晉升，不受年限限制。不同職級的最大區別在於待遇上，如中學二

級教師和中學三級教師每月薪資平均相差十餘元；中學一級教師和中學二級教師每月薪資平均相差三十餘元；高中教師不同等級相差約五十元一個檔次。此外，職級越高，各方面條件也越優先，高級職稱的教師擔任校長主任的機會比較大。教師進修與教學表現是評定職級升遷的主要依據。

台灣地區對此教師職級的瞭解與分劃為何，近年來有學者積極投入研究。蔡培村曾調查中小學教師的生涯發展，並據此規劃教師的職級制度，分為初任教師、中堅教師、專業教師與資深教師四個階段（蔡培村主編，民85）。若詳細說明中小學教師職級可分成下列幾級：（1）初任教師：實習教師通過甄選，成為合格教師者；（2）中堅教師：初任教師任職滿六年以上者，即可申請升等中堅教師的審查，通過者即為中堅教師；（3）專業教師：中堅教師服務滿五年以上者，即可申請升等專業教師的審查，通過者即為專業教師；（4）資深教師：專業教師服務滿五年以上者，即可申請升等資深教師的審查，通過者即為資深教師。蔡氏對於教師職級晉升的審查標準包括：（1）考績；（2）專業研修：包括教育知能、學科知能與行政知能；（3）專業表現；（4）特殊表現；以及（5）其他。

蔡氏等人的研究乃是系統性地從「教師生涯進階」規劃進修的內涵、類型、場所與時間、獎勵措施以及應排除的進修障礙（蔡培村等，民85；蔡培村等人，民85），也試圖從教師的職級生涯發展進階，尋繹教師專業發展的軌跡。

不過張德銳（民88）指出我國實施教師分級（或職級、生涯進階）制度可能會遭遇的問題有：（1）立法修訂速度緩慢，欲納入「教師法」或「教育人員任用條例」修法將曠日費時；（2）經費預

算以目前教育財政難以支持研發、行政與激勵金等鉅額支出；（3）教師可能反對此一制度，並產生心理壓力與抗拒；（4）教師評鑑公平性與合理性的問題；（5）教師進修制度配合的問題。因此，教師職級制度的實施尚有待解決的問題，需周延規劃，方能防其弊、揚其利。

教師專業進修與課程發展

從建立教師生涯進修體系、規劃教師在職進修重點的角度，茲引述國內學者從不同階段的教師需求，歸納課程內容與教學方式如下（蔡培村，民84，60-70；蔡培村，民85，249-251；蔡培村、孫國華，民86，49-50）：

1. 初階教師階段：以學科知能、教學技術、班級經營與學生輔導等進修內容為主；可學分進修、講座與研討會、教學觀摩與演示、讀書會或成長團體等類型；進修場所則以教師研習中心、學校自辦進修、教育輔導團最為方便；利用週三下午與寒暑假進行之。獎勵措施可記功嘉獎、給予積分、補助進修費用等方式。

2. 中堅教師階段：加強學科教材研究、教育新知、學生輔導與人際管理；強化學位進修、專業學分進修、有結業證書的研習、讀書會或成長團體等類型；師範校院、研習中心、空中大學、學校自辦進修為主要進修場所；利用週三下午與寒暑假進行之。獎勵措施可晉級加薪、記功嘉獎、給予積分、補助進修費用等方式。

3. 專業教師階段：研修內容應偏重在學科教材研發、教學研究發展、教育新知、家庭婚姻、休閒理財與人際管理等項目。強化學位進修、研究所四十學分班進修、專業學分進修、讀

書會或成長團體等類型。

進修場所以師範校院、大學、研習中心、空中大學、企業機構與民間團體所辦的進修活動爲主。利用公假進修、週三下午與寒暑假參與進修。獎勵措施可休假進修、帶職進修、晉級加薪、記功嘉獎與補助進修費用等方式爲之。

4.資深教師階段：研修內容應偏重在教材研發、教學研究發展、人生修養並注重身心健康維護等進修項目。進修類型強化課程教材研究、研究所四十學分班進修、專業學分進修、讀書會或成長團體等類型；進修場所以師範校院、大學、研習中心、空中大學、企業機構與民間團體所辦的進修活動爲主。可公假進修與寒暑假參與進修。獎勵措施可休假進修、帶職進修、晉級加薪、記功嘉獎與補助進修費用等方式爲之。不過上述四階段的專業研修內容也會因學校層級不同而有所差異。

綜合上述有關台灣地區國民中小學教師在職進修問題、政策、法令、機構、課程與教學、制度革新與專業發展等方面文獻，成爲本研究設計問卷內容的基礎。

參、研究設計與方法

本研究的目的在探討國民中小學教師進修制度現況與問題，期建立一套符合中小學教師終身在職進修制度。所採用的方法，主要是以文件分析作爲研究的架構基礎，再以問卷調查蒐集實證資料，以瞭解台灣地區中小學教師進修制度之現況與問題。

一、研究工具

本研究以研究者自編之「國民中小學教育人員進修制度現況與問題意見調查」（以下簡稱國中小教師組），與「國民中小學教育人員進修制度現況與問題意見調查」（以下簡稱專家與行政人員組）為調查工具。由本研究小組歷經數次討論與修正，並經民國88年9月初針對國民中小學教育人員進行預試後，於9月底進行正式問卷的郵寄施測。

二、填答與記分

本問卷內容第壹部分為基本資料，因不同問卷內容有異，但其共同的資料包括：性別、年齡、最高學歷、職稱與服務機關所在地。問卷題目本身的第肆部分，採李克特氏（Likert Type）量尺方式，答案從「很符合」到「很不符合」，共分為五個等級，得分為：5分、4分、3分、2分、1分。得分越高者表示符合程度越佳。

其次，第參部份為單選題共21題，利用百分比、百分比交叉分析、卡方考驗與次數分配表統計之，不過本文僅呈現百分比的統計結果分析。第貳部分複選題方面，由填答者根據每一題的敘述，填答自身的經驗或意見，只要符合其自身情形，即可自由複選最多三個選項，再由研究者根據各選項所勾選答案做累計次數與百分比，以瞭解教師之意見。最後，第伍部分為願意接受訪談或參加分區座談會之意願調查表。

三、研究樣本

本研究以台灣地區（含台北市與高雄市）現職國民中小學教師、師資培育機構教師、教師進修機構人員與教育行政人員為研究母群體。國民中小學教育人員取樣方面，係依行政院主計處（民82）「中華民國統計地區標準分類」把台灣地區中小學地區所在地依都市化程度分為八個等級，本研究將此八個等級併成都市（1-2級）、城鎮（3-5級）、偏遠地區（6-8級）三類，採分層叢集隨機取樣（Stratified Cluster Random Sampling）之方式，選取研究樣本共644位，民國88年9月28日寄出問卷，民國88年10月26日回收完畢，剔除無效問卷後，有效問卷540份，回收率為83.9%，回收率頗佳；師資培育機構教師、教師進修機構人員與教育行政人員方面，於11月6日分別寄出49、4、7份，共計60份問卷，回收40份問卷，回收率66.7%；全部有效問卷為580份。

肆、研究結果分析

一、在職進修制度與教師需求同意度之綜合評估結果

本問卷先對進修活動程序做主成分分析，所得到 λ 值大於1的因素有兩個，能解釋72.0%的變異，隨後並進行Oblimin斜交轉軸，所得的因素一命名為「教師教學與學習」，因素二命名為「進修制度與措施」，因素分析的結果（表8.1）及背景變項對進修制度與需求的迴歸分析（表8.2、表8.3、表8.4a與表8.4b）。以下先從因素一

表8.1 因素分析表

題目	教師教學與學習	進修制度與措施	特徵值	總變異量
8. 我同意參加省市級的教師研習會（中心）對教師的教學有幫助	.90145		9.75094	72.0%
7. 我同意參加學分或學位的在職進修對教師的教學有幫助	.88942			
9. 我同意參加縣內研習中心所舉辦的在職進修對教師的教學有幫助	.88820			
6 我同意利用教師進修護照來規劃教師進修，以利終身學習	.87618			
11. 我同意參加民間專業團體所舉辦的教師在職進修對教師的教學有幫助	.87231			
4 我同意教師的研究著作或文章，可換算進修時數	.84048			
10. 我同意參加學校自行舉辦的教學觀摩會或研討會對教師的教學有幫助	.83849			
12. 我同意學校舉辦的校內進修，較配合老師個別的需求	.75381			
2 我同意滿三十五小時換一張研習證書的措施會增加教師的研習意願		.81452	1.05188	
13. 我同意目前教師進修活動，整體而言會配合老師進修的需求……		.80430		
1 我同意教師參加在職進修，滿三十五小時換一張研習證書的措施		.79851		
14. 我同意目前校內進修符合教師的時間安排		.78988		
3 我同意教師參加在職進修活動，作為考績之依據		.74723		
15. 我對於目前的教育改革措施深具信心		.71210		
5 我同意教師實施分級制度（將教師分為若干職級）		.64479		

表8.2 不同背景對二因素之迴歸分析

因素一：教師教學與學習				因素二：進修制度與措施			
類別	B	β	顯著性	類別	B	β	顯著性
國中小教師	-.82	-.30	＊	國中小教師	.04	.15	
婚姻	-.06	-.04		婚姻	-.13	-.05	
性別	.13	.05		性別	.03	.01	
地區	-.16	-.09		地區	.07	.04	
最高學歷	-.19	-.07		最高學歷	.10	.04	
教師別	-.10	-.06		教師別	-.00	-.00	
職務別	-.10	-.04		職務別	.11	.04	
學校規模	-.23	-.17	＊	學校規模	.22	.16	＊
服務年資	-.11	-.09		服務年資	.01	.02	
任教科別	-.03	-.03		任教科別	.01	.02	
年齡	.12	.09		年齡	.11	.08	
R Square=.13 N=516				R Square=.05 N=516			

※ 以國中、未婚、21-30歲、5年以下、級任老師、師範體系畢業、未兼行政業務、學校規模12班以下、女性、偏遠地區當虛擬變項。

※ ＊表p＜.05。

表8.3 教師組與專家組對二因素之迴歸分析

因素一：教師教學與學習				因素二：進修制度與措施			
	B	β	顯著性		B	β	顯著性
組別	-1.20	-.22	＊	組別	.74	.13	＊
R Square=.05 N=576				R Square=.02 N=576			

※ 已教師組當虛擬變項。

表8.4a　不同背景變項對因素一（教師教學與學習）之認知的進一步迴歸分析

類別	B	β	顯著性
服務36年以上	-.05	-.15	
服務26-35年	-.07	-.21	*
服務16-25年	.03	.09	
服務6-15年	.05	.15	
學校61班以上	-.05	-.15	*
學校37-60班	.04	.11	*
學校13-36班	-.03	-.09	
主任校長	-.00	-.01	
實習代課教師	-.01	-.03	
31-40歲	-.02	-.06	
41-50歲	-.03	-.08	
51-64歲	.06	.19	*
城鎮地區	-.01	-.01	
都市地區	-.03	-.09	
	R Square=.15		
	N=516		

※以21-30歲、年資在5年以下、級任老師、學校規模12班以下、偏遠地區當虛擬變項。

※＊表p＜.05。

「教師教學與學習」分析，再從因素二「進修制度與措施」陳述之。

（一）因素一「教師教學與學習」統計結果分析

首先，以教師研究成果換算成進修時數，以及運用教師進修護照來規劃教師終身學習，專家與行政人員組有極高的比例贊成此兩項措施，然而國中小教師所持態度卻不一致。

表8.4b 不同背景變項對因素二（進修制度與措施）之認知的進一步迴歸分析

類別	B	β	顯著性
服務36年以上	.05	.14	
服務26-35年	.04	.11	
服務16-25年	-.03	-.09	
服務6-15年	-.05	-.15	
學校61班以上	.03	.10	
學校37-60班	-.01	-.02	
學校13-36班	.01	.02	
主任校長	.01	.04	
實習代課教師	-.00	-.00	
31-40歲	.04	.13	
41-50歲	.04	.13	
51-64歲	-.06	-.20	＊
城鎮地區	.01	.02	
都市地區	.03	.08	
R Square=.04			
N=516			

※ 以21-30歲、年資在5年以下、級任老師、學校規模12班以下、偏遠地區當虛擬變項。

※ ＊表p＜.05。

　　以教師的研究著作或文章換算為進修時數，研究結果顯示：一半教師表示支持，但不支持的也佔了四成；專家與行政人員方面，其同意度卻高達九成五。另一項利用教師進修護照來規劃教師進修，以利終身學習的看法上，將近一半教師表示支持，但表示不支持的也有四成四；反而專家與行政人員有高達九成五的同意度。

　　其次，各機構所辦理的進修活動，對教師教學助益的情況，國中小教師組的反應處於兩極化狀態，但專家與行政人員組則抱持樂

觀支持的態度。

就各級單位舉辦教師進修，是否有助於教師教學而言，國中小學教師組同意有助益的比例依次為：學分學位的進修（50.3%）、省市級教師研習中心（46.5%）、縣市級教師研習中心（46.3%）、學校自行舉辦的進修（46.2%）和民間專業團體（44.3%）；但是認為不同意者也大致在四成二左右。專家與行政人員方面，同意有助益的百分比依次為：學分學位的進修（92.1%）、省市級教師研習中心（89.5%）、民間專業團體（86.5%）、縣市級教師研習中心（84.2%）和學校自行舉辦的進修（81.6%）。足見兩組研究樣本認知上的不同。

第三，國中小教師組對於「中小學校內舉辦進修活動較符合教師個別的需求」抱持不同看法，認為符合教師需求者約46%，而不符合需求者約39%；然而專家與行政人員組卻大多肯定校內進修符合教師個別需求。

中小學學校舉辦的進修活動，其配合老師個別需求的狀況，教師組認為符合或非常符合的比例在四成七左右；專家與行政人員方面卻有81.6%的比例認為符合，此一現象也反映出國中小學教師組與專家行政組兩類人員看法不同。

（二）因素二「進修制度與措施」方面統計結果分析

首先，國中小教師組與專家行政組對於研習證書的看法，認知上有所差距，國中小教師同意與不同意比例相近，而專家與行政人員傾向肯定態度居多。

國中小教師組同意「在職進修滿三十五小時，換一張研習證書之措施」，其符合和不符合的比例相近（四成四與四成二）。專家與

行政人員組其符合程度卻占了將近八成。此一結果顯示，專家行政人員組與國中小基層教師對於換研習證書措施的同意度不同。至於「滿三十五小時換一張研習證書的措施，會增加教師研習意願」，教師表示同意態度的有43.8％，另外，有35.6％的教師認為不太能增加教師研習意願。專家與行政人員方面則有78.9％的受試者同意此作法，與基層教師對換研習證書會增加研習意願之認知亦不同。

其次，以參加在職進修作為考績依據的措施，國中小教師組與專家學者組認知上有所差距；國中小教師組近47％同意，但也有近36％不同意；而專家與行政人員組高達83％左右同意此一作法。

以參加在職進修作為考績依據的措施，教師組表示同意的有46.5％，不同意的比例亦達35.8％。專家與行政人員方面，其同意程度高達82.9％。研究結果顯示：基層教師與專家行政人員方面對以參加在職進修，作為考績依據的措施，兩類人員意見也不相同。

第三，專家與行政人員組同意教師職級制高達87％；但國中小教師組反應兩極化。

實施教師職級制度的看法上，教師組表示同意和不同意的比例相近，分別為44.1％和44.2％，看法兩極。專家與行政人員方面，其同意程度高達87％。研究結果顯示出專家行政人員和基層教師對實施教師分級制度的看法上有明顯的差異。

第四，國中小學教師組與專家行政人員組雖近半數肯定以學校為本位的進修方式符合教師時間安排，卻也顯現學校本位的時間安排需再檢討以符合大多數教師的需求。

就校內進修活動是否符合教師時間安排來說，專家行政人員與國中小學教師的看法類似，表示符合或非常符合均不到五成，但在無意見方面較高（分別占了三成與二成多）。國中小學教師組與專

家行政組分別有46.5％與50％的受試者，認為非常符合或符合教師時間的安排，但也有32.7％的教師認為不符合，因此學校進修活動的時間並未獲得過半數教師的肯定，有必要檢討與分析教師時間安排的需求。

第五，從目前整體進修活動能否符合教師需求進行分析，國中小學教師組認為符合者占46.5％，不符合者占34.3％；專家與行政人員則認為符合者占45.9％，無意見者27.0％，不符合者占27.0％。因此整體進修活動規劃實有檢討的必要。

專家學者與行政人員對於整體進修活動配合老師需求的情況，抱持同意態度的比例顯然低於校內自行舉辦的進修活動。換言之，專家行政組同意校內進修配合老師需求的比例高達81.6％，整體進修配合教師需求只占45.9％，兩者相差近一倍，這顯示專家與行政人員肯定學校舉辦進修活動較符合教師需求，但是整體進修活動仍有檢討的必要性。

最後，對教育改革有信心的受試者均不到五成。

47％的國中小學教師與42.1％的專家學者表示對於教育改革具有信心，24.3％的教師與31.6％的專家行政人員表示無意見，但也有26.7％的教師和26.3％的專家學者表示對教育改革不具信心。此一現象呈現教育改革目前有四成多的受試者深具信心，教育改革的路仍很漫長，尚待努力與耕耘。

（三）統計結果

國中教師、學校規模越小的學校教師較不肯定因素一「教師教學與學習」。至於因素二「進修制度與措施」方面，學校規模越大的教師越滿意於因素二。專家行政人員對於因素一與因素二較持肯

定的態度。

　　從表8.2的統計結果得知：國中教師、學校規模越小的學校教師較不肯定因素一「教師教學與學習」。至於因素二「進修制度與措施」方面，學校規模越大的教師越滿意於因素二。專家行政人員則對因素一與因素二均較持肯定的態度（詳見表8.3）。再由表8.4a與表8.4b進一步迴歸統計結果，呈現出服務二十六至三十五年的中小學教師較不支持因素一，反映不滿於教師進修的學習與對教學的助益，反而51至64歲的教師同意因素一；不過51至64歲的教師並不支持因素二的內涵，有關進修的制度與新措施。

二、教師在職進修現況與教師需求結果分析

（一）複選題部分

　　主要有問卷第貳部分的五個題目，茲整理歸納成「進修動機與目的」、「鼓勵進修方式」與「終身進修制度」三方面。

進修動機與目的

　　國中小學教師組認為參加在職進修主要的理由前五名依序是：教師專業化的時代需求（68.5％）、知識資訊的暴增（54.7％）、可提昇教育品質（43.0％）、可晉級換證加分（34.5％）以及有助於教師生涯規劃（30.2％）。專家與行政人員組則認為是：教師專業化的時代需求（70.0％）、可晉級加薪（45.0％）、知識資訊的暴增（40.0％）、有助於教師生涯規劃（32.5％）以及可提昇教育品質（30.0％）。由上述可知：教師專業化時代需求與知識資訊暴增是過半數以上的受試者認為教師參加在職進修主要的理由。

其次，參加進修主要能達成哪些目標，國中小教師與專家行政人員均認為是加強專業知能，不同類別的人員填答比例分別是52.0％與77.5％，培養解決問題的能力（46.8％；50.0％）以及加深加廣專門學識（43.4％；40.0％）。因此過半數的受試者認為進修目標為加強專業知能，頗能與其進修動機相互呼應。

再次，國中小學教師與專家行政人員均認為一般教師不想參加進修活動可能的前三項理由是：研習制度忽略教師個別需求（50.3％；52.5％）、工作忙碌無暇進修（47.7％；52.5％），以及進修效果欠佳（39.0％；40.0％）。

鼓勵進修方式

鼓勵教師進修有效的方式，國中小學教師和專家與行政人員均認為是晉級加薪（55.8％；57.5％）、列為升遷或調校聘任參考（52.3％；35.0％）、列為升遷或調校遴選積分（28.6％；27.5％）和依法令規定必須進修（21.9％；65.0％）。只是教師從實際的觀點把晉級加薪列為第一位；而專家行政人員則著重制度層面與教師專業性，將「依法令必須進修」列為鼓勵進修的第一要項，其次才是外誘動機的晉級加薪。

終身進修制度

建立教師終身進修制度方面，最迫切要做的工作，國中小學教師組前三項依序是：配合教師專業發展的需求（42.1％）、整合機構建立終身教育體系（41.0％），與強化教師進修動機（38.6％）。專家與行政人員組則認為是修訂有關教師進修法令（47.5％）、整合機構建立終身教育體系（40.0％），以及強化教師進修動機（40.0％）。兩相比較之下，得知教師組強調專業發展的需求，專家行政人員組較從法令層面著手改革。除此之外，兩類人員均強調整合機

構建立終身教育體系，以及強化教師進修動機的重要性。

（二）單選題部分

本部分從「進修目的」、「機構或地點」、「參加人員」、「經費」、「課程與教學」、「時間」、「師資」、「進修推廣」、「困擾或問題」、「終身學習制度」等方面分析之。

進修目的

全體有68.8％的受試者認為，「充實專業知能」是教師參加進修的最主要目的。本研究結果與複選題進修目標的調查結果一致。

機構或地點

教師較願意參加何種機構舉辦的進修，以及最適合舉辦進修的地點兩方面所得結果，全體受試者填答舉辦教師進修最適合的前三項機構為：研習機構（52.3％）、大專校院（23.4％）與中小學學校（20.0％）。全體受試者最願意參加的進修機構依序為研習機構（38.3％）、師範院校（16.2％）、一般大學（15.4％）、教育專業團體（13.9％）、中小學校本身自辦（7.5％）、教育專業團體（6.6％）與其他（2.2％）所舉辦的活動。

分就國中小學教師組與專家行政人員分析之。研習機構（54.2％）為國中小學教師認為最適合舉辦進修的地點，其次為大專院校（23.2％）；教師組最願意參加研習機構所舉辦的進修活動（39.2％），至於填答參加師範校院、一般大學與教育專業團體的進修比例約15％上下，均未過半數。專家與行政人員組則認為理想的進修地點，統計選答的前三項結果為中小學學校（34.3％）、研習機構（26.1％）與大專院校（26.2％）；而有關參加意願的問題，參與教師研習機構、中小學校自辦與師範校院的進修活動，其比例皆介於

26％至24％之間，頗為相當，但比例不高。

參加人員

　　就全體受試者而言，參加進修的人員最好是依參加者自己的興趣（60.8％）做決定，以及依據參加機會的公平原則（27.0％）作為遴選的參考。而決定參加人員最好的前兩種方式是「自由報名」（76.8％）與「輪流參加」（17.5％）。教師與專家行政組均認為應以參加人員自己的興趣，其次是參加機會的公平原則來決定人選。因此自由報名與興趣原則，成為重要的選擇依據。而且值得肯定的是大部分（近七成）的學校行政人員或校長是鼓勵教師參加在職進修活動的，至於「不鼓勵也不反對」二成四左右比例的學校行政人員，也是需要注意的部分。

經費

　　教師進修所需經費的處理方式，全體受試者填答順序的前三項依次是：由上級全額補助（46.0％）、由上級、學校與參與教師共同負擔（34.9％）、由上級與學校共同分擔（12.4％）。國中小教師組認為參加在職進修活動的經費，「應由上級全額負擔」（48.3％）和「由上級、學校、參加教師共同負擔」（33.8％）為原則；專家與行政人員組則以由上級、學校、參加教師共同負擔（50.4％）為最多。

課程與教學

　　（1）教師能力

　　從整體分析，教育新知（23.4％）、教學技能（18.3％）、課程設計與發展（16.3％）、學科教材教法（14.9％）、班級經營（13.4％）、與輔導知能（9.3％）為教師進修課程最需要增進的能力。國中小教師組認為最需要：教育新知（24.3％）、教學技術（18.8

％）、學科教材教法（15.2％）、課程設計與發展（14.8％）、班級經營（13.2％）等能力；專家與行政人員組則認為課程設計與發展（40.0％）、班級經營（17.1％）、教育新知（11.4％）、各科教材教法（'11.4％）和教學技術（11.4％）等是教師最需增進的能力。從上述統計結果看出不論整體受試者或是不同組別，其意見均未過半數，因此還需進一步研究教師所需培養的能力。

（2）研習科目

若從最需要辦理的研習科目整體分析之，顯示前三項需求的科目分別是：資訊電腦（37.1％）、輔導知能（14.7％）和鄉土教育（19.8％）。國中小學教師組選填資訊電腦（37.2％）、鄉土教育（20.2％）與輔導知能（14.7％）較多，但均未過半數；專家行政人員組則以資訊電腦（51.4％）與輔導知能（20.2％）為多。此一研究結果顯示，專家行政人員認為資訊電腦是最需要辦理的研習科目。

（3）課程設計依據

至於目前承辦進修活動者，分析整體結果，設計課程的主要依據以「其他」（30.8％）、教師實際需求（29.0％）、依上級經費多寡（23.1％），以及過去承辦經驗（13.6％）為多，反而依舉辦研習的目的（3.5％）為最少。因此承辦人員依據何種理念設計課程尚待澄清與探討。

進一步分析國中小教師組，其填答「其他」（33.3％）的比例則更高於全體；反而專家行政人員組認為課程設計的依據為「依教師的實際需求」（63.2％），由此顯現兩組人員意見的歧異性，實值檢討與分析。

（4）學校進修課程認定

整體而言學校舉辦進修活動的認定問題，選填由學校核定送教育局核備（39.6％）乙項居多，其次依序為縣市政府組織教師進修事務委員會（20.4％）、縣市教育局（17.9％）、教育專業團體（13.4％）、學校組織委員會（6.4％）、校長與主任（2.3％）。國中小教師組和專家行政人員也傾向進修活動認定由學校核定後，再送教育局核備。

教學方式

就教學而言，整體趨勢均認為互動式研討（25.3%）、教材教法研習（21.7%）、參觀演示（15.9％）等進修方式，最能增進教師專業知能。國中小學教師組選答互動式研討（24.1%）、教材教法研習（22.1%）、參觀演示（16.5％）為最多，而專家行政人員組選答互動式研討（45.9%）、教材教法研習（18.9%）、問題討論（10.8）、參觀演示（8.1％）為最多。

進修時間

（1）實際進修時間

國中小學教師選填目前教師參加進修活動的實際時間，較集中安排在週三下午（37.8％）、平時上課時間（18.7％）、寒暑假（18.5％），以及週六日（16.1％）。

（2）理想進修時間與理由

就整體受試者觀點而言，認為理想的進修時間以寒暑假（49.7％）、周三下午（24.3％）和平時上課時間（13.5％）為最多。而選擇進修時間最主要考慮的依據，其順序是以不影響正常教學（58.0％）、不影響個人作息（12.0％）和自己較有時間（11.4％）為最多。

師資

　　整體而言擔任研習師資應具有的特質，對研習主題學有專精（31.9％），以及具有中小學教學經驗，熟悉目前教學狀況（30.9％）是受試者選填最多的特質。但是教師組選擇有中小學教學經驗，熟悉目前教學狀況的比例最高（32.1％），其次是對研習主題學有專精（29.7％）；將近七成（69.4％）專家行政人員認為對研習主題學有專精最為重要，反而選填有中小學教學經驗此一特質者僅為16.7％，呈現出兩類人員對師資要求的不同看法。

進修推廣

　　整體而言，為了擴大進修效果，將研習資料影印發給全體教師（49.5％）、做書面資料影印發送（20.5％）與教學演示（16.2％）是受試者認為最能推廣的三種方式。有過半數（51.5％）的中小學教師認為將研習資料影印發給全體教師做推廣較佳；但是專家與行政人員選填各種推廣方式比例相近（不超過27％），顯得意見分歧。

困擾與問題

　　（1）進修困擾

　　全體受試者選填結果，認為課務與行政難以安排（28.5％）、進修效果欠佳不符實際需要（25.3％）、有家累生活不便（10.5％）、進修制度不健全（9.4％）、交通或食宿不便（6.9％）是教師參加在職進修感到困擾的前五項原因。國中小教師與專家行政人員均認為課務與行政難以安排（27.5％；41.7％）、效果欠佳不符實際需要（26.2％；13.9％）、進修制度不健全（9.1％；13.9％）以及工作忙碌無暇進修（5.8％；13.9％）造成教師進修困擾。不過教師認為有家累生活不便（11.1％）以及交通或食宿不便（7.2％），亦是

讓教師感到困擾的因素。選填上述這些困擾因素，人數比例雖未過半數，但是減少困擾，增加支援系統，方有助於教師參與進修。

（2）進修問題

整體而言，目前在職進修主要的缺點為忽略教師的個別差異（31.0％），以及過分理想化的教學情境（21.7％）。國中小教師選填忽略教師的個別差異與需求（30.2％）和過分理想化的教學情境（23.0％）居多。專家與行政人員也認為進修制度的缺點：忽略教師的個別差異與需求（47.2％）最為嚴重，其次為研習活動目標不明確（16.7％）和學校指派非自願（16.7％），反而填答過分理想化的教學情境（5.6％）者不如國中小學教師組多。此一結果有待進一步進行差異性比較。

終身學習制度

（1）宣傳途徑

從全體受試者分析，建立教師終身學習的宣傳管道，前三項分別為：事先公布進修行事曆（42.2％）、透過行政體系宣導或發送（23.7％）與網際網路（18.1％）。其中國中小教師認為事先公布進修行事曆（42.8％）和透過行政體系宣導或發送（23.8％）為最多；專家行政人員的選答則是事先公布進修行事曆（35.0％）和網際網路（30.0％）兩項。所以事先公布進修行事曆讓基層教師瞭解進修的訊息，再透過多管道輔助進行之，以相輔相成。

（2）終身知能

建立教師終身學習所需之知能，全體受試者選填前五項依序是：終身學習能力（36.2％）、資訊科技運用（35.9％）、未來社會知能（11.8％）、批判反省能力（8.2％）和加強外語能力（4.9％）。國中小學教師組以資訊科技運用（36.3％）、終身學習能力

（35.9％）、未來社會知能（12.0％）等知能爲最多；專家行政人員
則選填終身學習能力（35.9％）、批判反省能力（28.2％）、資訊科
技運用（25.6％）此三項爲多。

　　兩類人員有「終身學習能力、資訊科技運用」的共識，然而其
中不同之處在於專家行政人員近三成重視批判反省能力，中小學教
師則不到一成，其間差異性需再進一步分析。

伍、研究結論

一、 國中小教師組與專家行政人員組對於進修制度現況與需求的認知不同

　　基層教師的認知與需求，和專家行政人員不太相同。專家學者
與行政人員絕大多數同意教師研究成果換算成進修時數，實施進修
護照，建立教師職級制度，肯定各機構舉辦的進修活動有助於教
學，也贊同學校本位進修時間安排適當與內容符合教師需求的看
法。反而國中小教師對於上述看法意見分歧，同意與不同意的比
例，互爲軒輊，但均未過半。換言之，具有影響教師進修制度的專
家與行政人員，就某些層面而言，可能不太瞭解教師的眞正需求。

二、教師認爲目前給予研習證書，以鼓勵進修的措施效果不彰

　　國中小教師對滿三十五小時換一張研習證書的看法，表示肯定

者僅四成四；會增加研習意願者也不到一半。如此的措施，無法得到大多數教師的支持，亦無法引起大多數教師的肯定，當教師發現即使不用進修，亦可獲得目前的待遇與福利，也不影響升遷與調動時，教師進修動機亦隨之消弱，所以有必要檢討研習證書的功能。由於研習證書為教師進修辦法落實實施的一種措施，故進修辦法的檢討與修正實為斧底抽薪之計。同時，兼具內發與外在籌賞機制的鼓勵措施，如將進修列入晉級加薪、升遷調動的考慮之中，使進修成為教師專業中的要素。

三、教師研究成果換算進修時數、教師職級制度與進修護照等措施，未獲大多數教師支持

就教師研究文章轉換成進修時數、或實施教師職級制度、或者利用進修護照來規劃進修的看法上，教師的意見分歧，表示符合或者不符合的比例相近。這或許是教師對此方面資訊的認知不足，亦有可能此種制度不符合教師所需，對於改革不安、缺乏信心所致。所以任何新措施實施之前，推廣單位有必要詳加說明，深入教師內心想法，瞭解原因，才能獲得支持。

四、因應教師專業化時代需求與知識資訊的暴增，教育人員均認為充實專業知能是教師參加進修最主要的目的

綜合分析調查研究結果，教師進修主要動機為教師專業化時代需求與知識資訊的暴增，而參與進修最主要目的在充實教師專業知

能。若從教師專業的觀點視之，頗符合服務重於報酬、不斷地在職進修等條件，可能意謂著大部分教師對教師專業的認同。

五、教師研習機構是最適合舉辦教師進修的機構與地點

教師認為研習機構是最適合舉辦進修的地點，同時也較願意參加。但是專家與行政人員認為理想上的進修地點，最主要為中小學學校，其次才是研習機構與大專院校。因此研習機構辦理進修，為何優於學校本位的中小學的進修型態，值得探討與發展。

六、教師參加各機構辦理的進修活動，對教學的助益情況，雖然國中小教師持肯定態度稍多，但未過半數，反而專家與行政人員均持樂觀肯定態度

學分學位的進修獲得國中小教師半數的肯定，認為對教學有所助益外，其餘省市、縣市教師研習機構、學校自辦研習、民間專業團體舉辦的進修活動，獲得約四成四至四成六的肯定。因此教師研習機構雖是教師認為適合舉辦之機構，但其成效仍有待加強，使進修意願與成效相得益彰。專家與行政人員對各機構舉辦進修成效，持樂觀肯定態度，有助於理想進修環境的塑造與耕耘。

七、採取自由報名為主，輪流參加為輔的方式，以興趣與公平原則作為決定參加人員的依據。所需進修經費可有全額補助，或上級、學校與教師共同負擔等方式維持之

八、教師認為進修課程最需要辦理的是資訊電腦、輔導知能與鄉土教學

教師認為最需要辦理的研習是資訊電腦則屬教育新知和教學技術，此點頗符合教師需求。從最需要辦理的研習科目，依序為資訊電腦、輔導活動、鄉土教學來看，頗能呼應新課程之學科改變特色：輔導活動、鄉土教學活動等設科，國小教師似有感於新課程的改變，與補充教學能力的需要而亟需研習。

九、資訊科技運用與終身學習能力是教師終身學習最需要的知能

教師與專家行政人員普遍認為要建立教師終身學習，最迫切需要的知能是科技運用能力、終身學習能力與批判反省能力。因為教師是知識的傳播者，身處在新知不斷湧現、知識日新月異的時代，教師為了教學效能，須不斷地學習以補充新知和修正舊觀念。

十、互動式的研討與教材教法研習是教師認為最好的進修方式

最能增進教師專業知能的是互動式研討和教材教法研習，以增進教師教育新知、教學技術以及課程設計與發展能力。因為互動式的研討可以解決教師所面對的教學問題，是雙方面的意見交流，比單向的演講形式效果好。

十一、教師實際參加進修活動及理想上的進修時間，均是週三下午、平時上課與寒暑假

週三下午與暑假是教師認為理想的進修時間，所持的理由主要為不影響正常的教學、自己較有時間。但在實際參與進修上，因限於師資的安排與作業的考量，安排在平時上課期間參與進修亦常有之。不過，從本調查中可發現大部分教師已有利用非上課時段從事進修活動的觀念，以免影響正常教學。

十二、擔任進修研習的講師應聘請學有專精和熟悉目前教學狀況的教師

教師與專家行政組雖然均認為是對研習主題學有專精和有中小學教學經驗，熟悉目前教學狀況的教師最適合，但教師選擇有中小學教學經驗，熟悉目前教學狀況的比例最高，而專家行政人員將近七成認為對研習主題學有專精最為重要。這顯示基層教師與專家人員的認知不同，亦可能是專家學者是理論導向，而基層教師偏重的

是實務導向而言。

十三、教師本身認為中小學舉辦的進修活動尚符合教師時間安排，但是進修內容能否滿足教師個別需求，或對教學的助益仍有限，且教師參加學校自辦的進修活動意願不高

　　近半數的教育人員肯定學校本位的進修方式，符合教師時間的安排，但也有三成多的人員認為不符合。其次，在進修活動上有四成六教師認為符合教師個別需求，也有三成九教師認為不符合。再者，有四成六的教師認為參加學校舉辦的進修後，對教學有助益，其受惠的比例仍不夠高。尤其教師參加學校自辦的研習活動意願並不高。因此有必要檢討學校本位的進修時間、內容與方式，並透過學校核定進修活動後，送教育局核備者的作法，以滿足教師個別需求。

十四、進修效果欠佳、進修內容不符合實際需求是最大的困擾

　　教師進修應建立在以學習者為中心的概念上。由於教師是教師進修教育的學習者，教師有權選擇自己有興趣或有需要的主題或課程。根據本研究調查顯示：目前的教師進修活動，會配合老師需求表示無意見或不符合的有五成多，且教師認為參加在職進修，自己感到最大的困擾來自效果欠佳，不符實際需要。影響教師進修意願的主要理由有忽略個別需要、工作忙碌與效果欠佳等因素。因此目

前教師進修制度對於教師個別需求與進修效果的積極改進實為當務之急。

十五、忽略教師個別差異與過分理想化的教學情境是教師進修制度最主要的問題

本研究調查統計結果得知，教師認為目前所舉辦的在職進修最主要的缺點是忽略教師個別差異與需求及過分理想化的教學情境兩項；專家行政人員亦認為忽略教師個別差異與需求是目前教師進修的最大缺點，而一般教師未能參加進修活動，最主要的原因還是來自研習制度忽略教師個別需求。因此，要增進教師進修動機，掃除目前造成教師進修最大困擾，針對教師的需求和個別差異來設計課程是刻不容緩之事。

陸、建議

一、修訂教師進修辦法與相關法令，暢通進修管道，加強進修制度與辦法的宣導

建議修訂進修辦法，具體訂定教師應享之權利與進修義務。教育人員應把教師進修視為自己的權利與義務，尤其是教育行政人員與學校行政主管的支持是推動進修的主要關鍵所在。對於進修資格、條件、方式、獎懲辦法均需詳細明列，並且對於新制度、新措施的推行或實施，應有一段宣導期，同時透過行政管道、專屬網站

與網路的便利性進行宣導。有關主管教師進修的機關與負責進修活動的機構應形成進修網路，各司其職，共謀發展。

二、釐清教師進修的意義乃是首要之務

目前給予研習證書的措施，教師認為效果不大，因為當教師完成階段性任務後或不用進修亦能取得目前薪資時，研習證書意義與功用何在？教師進修的目的又為何？是強迫進修或是自發性學習。唯有釐清教師進修的意義與目的，才能漸漸化解形式主義的教師進修。教育人員認為充實專業知能是教師參加進修最主要的目的，則進修兼具補充專業不足、更新知能、晉升專業之功能。

三、應廣設教師研習機構，滿足教師進修需求

教師認為最適合舉辦的進修地點以及教師較願意參加何機構舉辦的進修，教師認為研習機構最適當，也最願意參加研習機構所舉辦的活動。所以需要進一步研究研習機構吸引教師之處，並增強進修效果，如此廣設研習機構後方能滿足教師進修的需求。

四、教師進修管道應多種、多樣、多元化與組織化

大學校院、專業團體、研習機構、中小學、社教機構、民間組織機構等合作形成進修網，除進修學分、學位屬長期性進修外，應多鼓勵開設短期性但非一次性的進修研習。為避免研習內容的重疊與缺漏。建議政策性者由政府機關規劃辦理，如新課程研習、小班

教學、開放教育等議題；技術性層面如教學技巧、班級經營、教訓
輔合一等盡量交由中小學校辦理。教育行政機關負責建立教師進修
檔案，將不同機構的定期性的進修訊息能於事前公布進修行事曆，
不定期者也能廣布周知。

五、應先調查學校教師需求，據以設計課程，且評鑑進修效果，逐步建立教師學習檔案

教師進修應建立在學習者為中心的概念上。由於教師是教師進
修教育的學習者，教師有權選擇自己有興趣或有需要的主題或課
程。進修內容可規劃為以下幾類：教育基礎知識方面、教育的專業
知識、任教專門學科方面、班級經營方面、學生輔導能力、促進教
師身心健康的研習等。針對教師的需求和個別差異來設計課程，並
利用教師學習檔案評鑑進修成效，也為終身進修制度建立連結機
制。

六、教師終身學習最需要的知能，應著重在資訊科技運用、終身學習能力與批判反省能力上，近期需要辦理資訊電腦、輔導知能與鄉土教育的進修課程因應教育改革需要

教師認為最需要辦理的研習是資訊電腦，屬教育新知和教學技
術，此點頗符合教師需求。從最需要辦理的研習科目，依序為資訊
電腦、輔導活動、鄉土教學來看，頗能呼應新課程之學科改變特
色：輔導活動、鄉土教學活動等設科，教師似有感於新課程的改

變，與補充教學能力的需要而亟需研習。

七、應以互動式的研討與教材教法研習爲主要進修方式

最能增進教師專業知能的是互動式研討和教材教法研習。從這些進修研習過程，增進教師教育新知、教學技術，以及專家行政組認爲的課程設計與發展能力。從目前教師喜愛的資訊教育、輔導教學等課程中，如能利用討論、實驗、互動研討會等不同的教學方式呈現，則研習的效果相信會更佳。

八、教師進修的安排應避免影響正常教學活動的進行，多利用週三下午進修時間、寒暑假與不影響教學的平時上課時間進修

教師進修的目的在改善學校教育，所以教師進修的時間應避免影響正常教學，調查研究結果也是以不影響正常的教學、教師自己較有時間來選擇進修時間。因此，寒暑假或是國小部分的周三下午，以及不影響教學的平時上課，是一種很適宜的學習成長時間。此外，教師進修的安排也應注意進修機會的均等，尤其避免固定的研習人員。

九、擔任研習講授師資應有教育理論與實際兼顧之特質

國中小教師進修的目的，主要在獲致有用的教育知能，以充實專業知能，提昇教學品質。因此進修的內容，最好理論與實際兼

顧，如此對教師才具有吸引力。是故，擔任進修研習的講師應具備的條件最好對研習主題學有專精、有中小學教學經驗，熟悉目前教學狀況等條件。

十、改進與推展「學校為本位」的教師進修模式，以教師為焦點的進修內容應是首要之務

中小學有必要在校長或行政人員的領導下，自行規劃辦理進修活動，由下而上讓教師依據規劃、組織與研擬，再以整體學校發展形成學校整體性的進修計畫，專家與行政人員則站在協助者的角色，如此有助於教師的專業性成長。而且學校為本位的進修主要目的為「補充」與「更新」教育專業知能，具有短期、立即性、實務性的效用，非為學分、學位或晉級加薪而準備的性質。如果能重視中小學本身舉辦的活動或者拓寬教師進修內容的認定，讓教師進修不受地點的影響，讓民間亦能參與與促進教師專業成長的活動，對教師的幫助應該更大。學校本位的課程可透過邀請大學教授到中小學演講、成立教師專業成長班（以學習成果評量代替研習時數），以及教師獨立研究能力加強等方式進行。

所以中小學應重新檢討進修時間的規劃、進修內容是否符合教師個別需求、進修效果的檢討，方能健全學校本位的教師在職進修制度。

十一、教師職級制度、教師進修護照、研究著作換算進
　　　修時數等措施，應在實施前透過多重管道宣傳與
　　　討論，方能確保教師對於各項教育進修改革的瞭
　　　解與信任，不宜貿然實施

　　由於國中小教師對教師職級制度、進修護照、研究著作的意見
不一致，雖然專家學者與行政人員大多贊同，本研究認為須再對新
措施的內容、實施方式、配套措施規劃草案進行研究，方能見其共
識，不宜貿然實施。

參考書目

王文科、王智弘譯（S. Vaughn, J.S. Schumm & J. Sinagub）（民
　　88）。《焦點團體訪談——教育與心理學適用》。台北：五南圖
　　書出版有限公司。

王家通、丁志權、蔡芸、李惠明（民86）。〈台灣省國民中小學教
　　師在職進修現況與需求調查結果分析〉，輯於中華民國師範教
　　育學會主編：《教學專業與師資培育》。台北：師大書苑。頁
　　353-391。

行政院教育改革審議委員會（民85）。《教育改革總諮議報告書》。
　　台北：行政院教育改革審議委員會。

吳明清、沈姍姍、林天祐、林文律（民84）。《師範學院研究所提
　　供國民小學教師在職進修方案研究》。教育部中等教育司委託
　　研究專案。國立臺北師範學院初等教育研究所研究。

胡幼慧主編（民85）。《質性研究：理論、方法及本土女性研究實
　　例》。台北：巨流圖書公司。

唐玉光（1995）。〈中學教師在職培訓的現狀、問題及展望〉。國立
　　台灣師範大學教育研究中心主辦：兩岸師範教育研討會論
　　文。

國立高雄師範大學成人教育研究所編（民84）。《中小學教師職級
　　制度研討會論文集》。教育部中等教育司主辦，國立高雄師範

大學承辦：中小學教師職級制度研討會，民84年5月11日~12
　　日。

教育部（民84）。《中華民國教育報告書——邁向二十一世紀的教
　　育遠景》。台北：教育部。

教育部（民86）。《師資培育法及相關法規選輯》。台北：教育部。

教育部（民87）。《邁向學習社會》。台北：教育部。

教育部統計處（民88）。《部長與屏東縣教師代表「跨世紀教育對
　　談」調查問卷統計結果》。88年1月25日。

陳舜芬、丁志仁、洪儷瑜（民85）。〈師資培育與教師進修制度的
　　檢討〉。《教育研究所集刊》，37，頁40-100。

張松田（民87）。《中國大陸中小學教師在職進修教育之研究》。國
　　立台東師範學院國民教育研究所碩士論文（未出版）。

張德銳（民88）。〈我國中小學教師分級制度可能面臨的問題與因
　　應策略〉，發表於國立教育資料館主辦：《中小學教師分級制
　　度的實施展望》。台北市立師範學院承辦：現代教育論談壇研
　　討會。88年5月19日。頁49-53。

楊深坑（民88）。〈教師職級制度之國際比較〉，發表於國立教育資
　　料館主辦：《中小學教師分級制度的實施展望》。台北市立師
　　範學院承辦：現代教育論談壇研討會。88年5月19日。頁27-
　　30。

蔡培村（民84）。〈中小學教師生涯進階與等級劃分可行性之研
　　究〉，《教育研究資訊》，3（4），頁54-72。

蔡培村（民85）。〈我國實施教師職級制度之研析〉。載於中華民國
　　師範教育學會主編：《師範教育的挑戰和展望》。頁241。台
　　北市：師大書苑。

蔡培村主編（民85）。《教師生涯與職級制度》。高雄：復文。頁170。

蔡培村、王政彥、蔡清華、鄭彩鳳、梁瑞安、孫國華、黃玉幸（民85）。《中等學校教師在職進修內涵與在職進修體系規劃研究》。教育部中等教育司委託研究專案。國立高雄師範大學研究。

蔡培村、孫國華（民86）。〈從教師生涯發展論析在職進修的規劃策略〉，輯於國立花蓮師範學院進修暨推廣部主編：《進修暨推廣教育的挑戰與展望》。台北：師大書苑。頁37-75。

歐用生（民85）。教師專業成長。台北：師大書苑。

歐用生（民88）。〈籲請實施教師分級制〉，《國民教育》，39（1），頁2-5。

劉問岫（1993）。《當代中國高等師範教育》。北京：教育科學出版社。

顏慶祥（民87）。〈大陸地區中小學教師在職進修之探討〉。《國教天地》，130，頁80-88。

饒見維（民86a）。〈學校本位的教師專業發展活動在我國之實踐途徑〉。輯於國立花蓮師範學院進修暨推廣部主編：進修暨推廣教育的挑戰與展望》。台北：師大書苑。

饒見維（民86b）。《學校本位的教師專業發展活動之協同行動研究》。臺灣省政府教育廳專題研究成果報告。

本研究係民國87年8月至89年元月期間，接受行政院國家科學委員會專題研究計畫補助「台灣地區中小學教師在職進修現況與問題研究」（計畫編號：NSC 88-2413-H-153-019-F17）。

大陸中小學教師在職進修現況與問題研究

顏慶祥

屏東師範學院初等教育系副教授

　　師資培育在國際諸多國家走向多元開放的制度層面下（教育部，民80；毛連塭等，民83），又出現教師專業的維護與教學品質提昇的呼籲；從教師生涯發展的觀點，將關注的層面，從職前的師資培育，逐漸擴展至實習教師階段，或初任教師的輔導，與在職教師繼續教育的進修教育階段，期使教師通識能力、專門知能與專業素養與日俱增，達到終生學習的目的。在職進修係屬師資教育的第三階段，爲期最長，可資改變的內容與型態也最具多樣性，就教師的生涯而言是極爲重要的一個階段。因此，教師在職進修成爲師資教育的主要焦點，亦無可厚非，值得進行廣泛且深入的研究。

　　中國大陸自1985年頒佈〈中共中央教育體制改革的決定〉之後，一再強調教育改革的決心該份文件相當於教育改革的白皮書，對於中國大陸邁向國家現代化，具有相當重要的指標意義；文中不管是高等教育的改革，九年義務教育的實施，改革的重心與主軸大多圍繞著師資教育，將師資素質與社會地位的提昇視爲教育改革成敗的關鍵（顏慶祥，民80a）。因此，〈中共中央教育體制改革的決定〉中，強調推動大陸中小學教師「教師專業合格證書」以及「教

師職務分級制度」的建立。是項變革除了爲確保教師品質之外，亦爲推動教師在職進修教育的誘因。

壹、緒論

按大陸地區現行師資培育政策，其中小學教師的養成主要是由獨立設置的師資培育機構負責，並採取中小學教師分離培養的方式（顏慶祥，民80a）。對於中小學教師的在職進修教育，亦採取獨立於師資培育機構之外，主要是由單獨設置的教師進修院校實施（顏慶祥，民80b、民80c）。

根據大陸的教育統計資料，至1994年大陸中小學教師的合格率，小學教師爲84.73%；初中教師爲59.5%；高中教師爲51.1%（《中國教育統計年鑑》，1995）。與1984年的中小學教師合格率相互比較，十年間，大陸每年平均約提升2%~3%的教師合格率。惟大陸的中小學教師人數合計約有九百七十萬多人（《中國統計年鑑》，1997），若乘以未達合格標準的比率，再加上爲數二百多萬名的「民辦教師」（多爲不合格教師），大陸地區目前仍有爲數龐大的中小學教師，需要透過各種途徑與各種方式的在職進修教育，使之「達標」（達到教師合格標準）。而所謂的達標，依照大陸的現行標準係指小學教師要具備中等師範學校或高中的學歷標準，初中教師要達到師專或專科學校的學歷，高中教師則要求要具有師範學院或大學校院的文憑，才算是合格教師（溫寒江，1989；顏慶祥，民83）。這項學歷基準並未對教師的專業教育進行把關，易言之，只要符合學歷的相應標準，有無接受教育專業訓練並非教師合格審查的重要關鍵。此一現象，也說明了大陸以往的教師在職進修教育的

重心，不在提升教師的專業發展與專業知能，而在於如何「多、快、省」地使大量不合格教師成為合格的教師。

　　以上的論述反映出一些值得探究的課題，其一是大陸如何以靈活、彈性且多元化的制度設計，進行教師的在職進修教育，方能符合大量中小學教師的各種需求，以提升其教師素養，進而增進其整體的教育品質；其二是教師在職進修教育的重心如何逐漸轉移，期望由過去以學歷達標為主軸，移轉至以教師專業成長的繼續教育作為教師在職進修教育的核心；其三是如何促進教師在職進修教育的意願。

貳、研究方法

　　本研究為探討上述的課題，採取文件分析法與訪問調查法進行之。運用文獻分析以瞭解大陸中小學教師在職進修教育的發展背景、沿革及其政策；經由訪問調查以瞭解大陸中小學教師在職進修教育的機構、管道、進行方式及其實施之課程與教材；最後歸納整理大陸中小學教師在職進修教育的制度、改革趨勢與啟示，提供規劃我國中小學教師在職進修教育制度之參鑑。

一、訪問調查對象

　　本研究調查訪問的主要對象為大陸地區教師在職進修機構、師資培育機構以及在職的中小學教師。總計調查訪問的人數，共計有33名。

二、研究工具

本研究係採用訪問調查法，研究工具是研究者根據文獻探討以及與大陸地區的教師初步訪談後編製而成，多為開放式問題。問卷內容由指導語、填答者基本資料、開放式問題等三大部分構成（參閱〔附錄一〕）。問題主要有：（1）中小學教師職務分級；（2）中小學教師在職進修機構；（3）中小學教師在職進修方式與途徑；（4）中小學教師在職進修課程；（5）中小學教師在職進修相關問題。

三、實施程序與資料分析

（一）實施程序

本研究於民國88年6月由研究者親赴大陸地區進行實地訪問調查。訪談的方式，部分是採取一對一進行，部分是以小型座談會為之。

（二）資料處理與分析

本訪談的問卷內容主要為開放式問題，因此根據訪談的記錄與錄音整理出本研究主要結果。

參、中小學教師在職進修現況

基本上，中國大陸的中小學教師進修形式是多種多樣，不過，

其教師進修主要是在彌補在職教師的學歷不足。目前中小學在職教師培訓的主要任務為：一是學歷提高，二是質量提高（柳斌，1992；薛天祥，1995）。綜合而論，大陸地區中小學教師在職進修制度可簡要歸納如下：

一、在職進修的目的與規定

1. 目前大陸地區中小學教師進修的主要目的，係使學歷不合格教師達到合格的學歷水準，亦即以學歷補償教育為主，以繼續教育為輔。

2. 如上海市規定，具有初級、中級職稱的教師其進修時間每五年累計不少於240學時，高級教師每五年不少於540學時；北京市規定，在五至七年內，初級職務教師要接受180學時培訓、中級職務教師240學時、高級職務教師為360學時（唐玉光，1995，頁6）。

3. 中小學教師在職進修的另一項主要動機在於提高學歷，以確保晉級；因為職級的提升不僅可以提高工資，獲得較高職務，其他教師福利也會增加；因此，職務晉級是中小學教師在職進修的重要誘因。

二、在職進修的機構

1. 大陸的教師在職進修機構自成單一體系，一般由專門的機構（教育學院、教師進修校院）、高等師範院校的函授部，各大學培訓中心、夜大學、廣電大學、鄉鎮教學輔導班、中央機

關講師團辦理或實施，以及由學校自行辦理校內進修。

2. 目前大陸地區教師在職進修機構漸有合併的趨勢，部分併入師範校院，部分則併入綜合大學；不過目前仍以獨立設置的教師進修校院占大多數。縣級教師進修學校以培訓小學教師為主，地級教育學院或教師進修學院培訓初中教師為主，省級教育學院或教師進修學院培訓高中教師為主。各級教師在職進修機構的行政管理單位即為各省、地、縣的教育局或教育委員會。

3. 師範院校在教師在職進修的角色與功能，主要在提升中小學教師的學歷水準和專業發展；受訪的對象大多認為將師資培育與在職進修機構分別設立是不適當的作法。

三、在職進修的內容與課程

1. 中小學教師在職進修教育之課程，主要比照職前教育（中師、師專、高師本科）之課設置，較少針對教師之特性與需要設計課程。

2. 由於教師在職進修主要的目標在取得合格學歷，小學教師進修中師，基本上是參照職前教育的中師教學計畫而制定的，中學教師的培訓是參照全日制高師教學計畫制定的，培訓內容則重專門知識，是一種專門學科知識的進修，教育專業課程所占的比例較低。

四、在職進修的方式與途徑

　　大陸中小學教師進修方式，一般以業餘進修、自學、函授、短期培訓爲主，以脫產離職進修的中、長期培訓爲輔。教師在職進修的方式主要有六種：（唐玉光，1995；溫寒江，民1989；張松田，民87；劉問岫，1993；顏慶祥，民80a、80b、83、87）

1. 教師自學考試：無合格學歷中小學在職教師利用業餘時間自學，最後可參加大陸「自學考試」制度。考試合格一科，即取得一科合格證書，合格學科累計到某一「專業」所規定的全部課程，即取得學歷證書。

2. 學校本位在職進修：目前中國大陸比較發達的地區嘗試進行學校中心的在職進修方式（亦即在中小學校內進行研修、討論等），邀請優秀且富經驗的中小學教師或學科專家蒞校講座和討論或進行教學觀摩。

3. 短期進修：如各地教育學院、教師進修院校或教研室，舉辦教材教法短訓班，這一類短訓班一般有兩種情況，一種是爲不能勝任教學工作的教師舉辦的；一種是爲講授新教材有困難的教師學習新教材而舉辦的。

4. 舉辦講座或報告會：如各地教育行政部門或教育學院、教師進修院校、教研室，舉辦專題講座或報告會，組織教師學習新知識，瞭解教育發展的新成就。

5. 學位進修：這種培訓班由各地教育學院、教師進修院校舉辦，有離職進修和業餘進修兩種形式。其主要在進修學位課程，學員結業，若考核合格，發給學歷證書或其它有關證

書，可以此享有與全日制高等師範、中等師範畢業學生同等待遇。

6.其它方式：如夜大學、函授、廣播電視教學等。函授教育之培訓形式多用於廣大農村地區在職教師的培訓；大中城市則有為中小學教師開辦夜大學、電視大學、廣播電視大學等。

五、在職進修機構的入學方式

在職進修機構的入學方式主要是採取考試的方式，申請的方式較少；一般而言，須任教滿五至七年才可採用申請的途徑。考試主要是參加成人高考；考試的科目分為文理兩大類組，文組考語文、數學、政治、歷史、地理；理組則考語文、數學、政治、物理、化學。考試時間多在每年5月第二週的週六、週日舉行。錄取的先後次序，是依據考試成績排序錄取，而非教學年資、學歷。

六、中小學教師職務分級

1.根據中國大陸教師職務分級制，目前將中小學教師主要分為四個等級，名稱為：小學高級教師、小學一級教師、小學二級教師、小學三級教師；初中：中學高級教師、中學一級教師、中學二級教師、中學三級教師；高中：中學高級教師、中學一級教師、中學二級教師、中學三級教師。

2.從一個職級晉升到另一個職級所需的條件（標準）通常要有合格的學歷和一定的教學年資；如小學教師須有中師或高中畢業學歷，初中教師要有師專或專科學歷，高中教師要有師

院、師大或大學學歷。從一個職級晉升到另一個職級一般需要三至五年，有特殊貢獻者可以直接晉升，不受年限限制。

3. 不同職級的最大區別在於待遇上，如中學二級教師和中學三級教師每月薪資平均相差十餘元；中學一級教師和中學二級教師每月薪資平均相差三十餘元；高中教師不同等級相差約五十元一個檔次。此外，職級越高，各方面條件也越優先，高級職稱的教師擔任校長、主任的機會比較大。教學表現是評定職級升遷的主要依據。

肆、中小學教師在職進修問題

大陸地區教師在職進修方式的最大的優點可說是多種多樣，透過各種形式的培訓網絡，提供教師進修的機會，所謂「多形式、多渠道、多層次」，因應城鄉教師因地區之差異，採用不同的進修方式來實施。大陸地區透過教師進修途徑，讓不合格的教師取得合格教師的資格，迄1996年止，小學教師合格率達90％以上，初中教師75％以上，高中教師58％以上（《中國教育統計年鑑》，1997），每年均呈固定比率的提升，亦可見其對教師在職進修教育之關切。

惟大陸目前中小學教師的地位與待遇有待持續的提升，致使教師的缺額與流動率仍屬偏高，尤其是在廣大的農村地區、老少邊窮地區，仍充斥著不合格的教師以及待遇、地位更為低下的民辦教師，是以，中國大陸的教師在職進修仍有一些問題值得探討。

一、進修機會與員額有限

由於場所、師資、設備的限制，大陸中小學教師在職進修機構主要是為骨幹教師或領導人員（校長、主任）開設，至於為數眾多的一般教師的進修則是透過業餘、自學、函授或廣播電視來學習，是一種廉價的「多快省」的進修方式，因此，其實質功效可能要打折扣。

二、師資培育機構與進修機構分離的問題

大陸中小學教師的進修機構一般是由專門的進修機構（教育學院、教師進修學校）、高等師範院校的函授部、夜大學部、廣播電視大學以及教師任職的學校承擔進修的工作等。從進修機構數量分析來看，存在幾個問題：其一，進修機會與員額無法滿足需要進修教師的需求；其二，教育學院、教師進修院校負責在職教師進修，而其本身的師資素質、辦學條件均不如師範院校，對於完成在職教師專業知能的提昇，可能力有未逮，如此，將不利於中國大陸教師進修工作重點由學歷補償教育向繼續教育的轉移（唐玉光，1995）；其三，兩種機構的分離不利於教育規模效益的提高。大陸地區大多數教育學院平均專任教師不足百人，招生規模不足三百人，在校生規模不足千人。就師資培育與進修而言，大陸多數地區都要設置兩個機構，配備兩套行政和教師系統，建兩處校舍，購置兩套教學設備，從而導致本來就薄弱的師範教育力量的分散，對於統籌安排師資力量，改善辦學條件，發揮圖書、設備的功能，有其不利之處。

三、進修教育目的與課程偏重學歷教育而輕繼續教育

中國大陸教師進修工作的重點長期以來放在中小學學歷不合格教師的學歷達標上，教育學院實際上進行的是學歷補償教育。雖然目前部分發達地區提出了以繼續教育作爲教師在職進修的重點，但從整個大陸地區來看，繼續教育還沒有成爲大陸教師在職進修的主流。也因此，大陸地區多數中小學教師在職進修教育之課程，主要係比照職前教育之課程設計，並未顧及進修者之特性與需要。

四、進修方式以離職進修爲主

目前大陸地區的中學教師的進修方式以離職進修爲主，其它形式的進修受到忽視，導致這一狀況的基本原因是：（唐玉光，1995，頁9）

1. 教師負擔較重，業餘學習精力、時間不足。一般中學教師每週授課時數在10-15節之間（約四分之三教師）。課時雖然不是很多，但過大的班級規模和大量的學生課外作業卻是造成教師負擔過重的重要因素。另外，在農村地區約有30％的教師教兩門以上的課程，也導致教師工作量的增加。教師的業餘時間大部分用於教學工作，難以騰出時間和精力進行學習。

2. 囿於各地區教育的條件，函授、電視大學等業餘進修的途徑受到限制，例如有些地區開不出英語、化學等的進修課程，有的地方則開不出中文、物理等課程，擔任這些科目的在職

中小學教師除了離職進修外，就沒有其他進修的途徑。不過在教師進修與教師職務分級相結合的中國大陸，仍有許多地區出現了學歷進修與所教學科毫無關係的現象，如教化學的教師卻進修歷史專門課程。

伍、結論與建議

綜合本研究發現，基本上中國大陸的教師在職進修教育呈現出：

一、結論

1. 中小學教師在職進修之目的主要係使學歷不合格的教師，成為合格教師，實為一種學歷補償教育，少數條件較佳的地區則開始將重心移轉到促進教師專業成長的繼續教育。
2. 中小學師資的職前教育與在職進修教育，主要分由獨立設置的培育與進修機構負責實施，惟有逐漸轉向合併兩類機構的趨向。
3. 獨立設置的進修機構可分為三個層級，分別培訓在職的中小學教師：（1）省級教育學院培訓中學教師，包括初中、高中和中等師範學校的教師；（2）地、市級教育學院和教師進修學院專門培訓初中教師；（3）縣級教師進修學校則負責培訓小學教師。
4. 除上述三級培訓機構外，各級師範學校、部分普通高等學校、中等專業學校以及廣播電視大學、電視師範學院、教育

電視台等，亦透過函授、面授、自學考試制度、廣播、電視等方式，培訓在職中小學教師；其進修途徑多元化，進修方式多樣化。

5. 中小學教師在職進修教育之課程，係比照職前教育之課程設置，並未顧及進修者之特性與需要。

6. 根據中國大陸教師職務分級制，目前將中小學教師主要分為四個等級，名稱為高級教師、一級教師、二級教師、三級教師；職級的提升不僅可以提高工資，獲得較高職務，其他教師福利也會增加；因此，職務晉級是中小學教師在職進修的重要動力來源。

7. 大陸地區小學教師合格資格僅需中等師範或高中（未受專業訓練），初中教師僅需師專或大專以上學校畢業，與其他各國相比，學歷偏低，因而中小學教師素質和學歷仍有待提升。

8. 大陸地區中小學教師在職進修教育的主要問題在於進修教育的目的與課程設計偏重在學歷補償教育而非專業成長的繼續教育；進修的機會與員額有限；進修機構不足、規模大多不符經濟效益等問題。

二、建議

根據本研究的結論，研究者試著從海峽兩岸的角度提供若干可供思考的方向。

（一）對大陸地區

1. 建議持續關懷並提高中小學教師的待遇與地位，大陸地區自1985年才開始有了自己的節日——9月10日教師節，以往都將教師放在5月1日過勞動節；因此中小學教師的待遇、社會地位並不高。單是這項因素便導致師範院校的招生發生困難，優秀的中學畢業生不願報考師範院校；在學的師範生不能安心學習；師範畢業生大多不願到中小學任教；而在職的中小學教師亦想盡辦法，希望能調離學校單位；中小學教師的缺額數無法降低，只好大量進用學歷不合格或未受過師範教育專業訓練的師資，影響其中小學師資的素質，連帶也造成在職教師進修教育的超荷負擔，也影響由學歷補償教育移轉到專業發展繼續教育的進程。

2. 建議將中小學教師在職進修教育與職前教育機構有效的擴大經營或合併，俾能運用與統整有限的資源，充分發揮最大效益。

3. 在職進修的課程設計宜考慮參加在職進修的中小學教師的特性與需求。

（二）台灣地區

海峽兩岸中小學教師在職進修制度的主要差異在於各自的教育制度、師資結構與素質不一，致產生所追求的目標不同，因而課程設計的成效也有異。但是，大陸地區多途逕、多樣式的進修體系，以及結合教師職級分級與晉升和在職進修的專業成長的設計，頗值得臺灣規劃教師在職進修時之參鑑。惟近年來臺灣地區倡導「邁向

學習社會」（教育部，民87），推展終身教育，其中的具體途徑之一即是「加強培育教師終身學習素養」，在教師在職進修過程中增加終身教育及學習方法的課程與活動，以培養終身學習理念，使教師均能成爲終身教育的教師，全面促成學習社會的建立。這樣的理念與作爲或許也是中國大陸邁向現代化過程中值得思考的課題。

參考書目

毛連塭、林永喜、張德銳、但昭偉、楊龍立、張芬芬（民83）。
　　《我國師範教育發展現況與評估之研究》。國立教育資料館。

王家通、丁志權、蔡芸、李惠明（民86）。台灣省國民中小學教師
　　在職進修現況與需求調查結果分析，輯於中華民國師範教育
　　學會主編：《教學專業與師資培育》。台北：師大書苑。頁
　　353-391。

行政院教育改革審議委員會（民85）。《教育改革總諮議報告書》。
　　台北：行政院教育改革審議委員會。

林新發（民85）。〈兩岸中小學在職進修制度之比較〉。《台北師範
　　學院學報》，9，頁83-107。

吳清山（民86）。〈師資培育法及相關法規內容評析〉。《教育資料
　　集刊》，22，頁97-118。

唐玉光（1995）。中學教師在職培訓的現狀、問題及展望。國立台
　　灣師範大學教育研究中心主辦：兩岸師範教育研討會論文。

教育部（民86）。《師資培育法及相關法規選輯》。台北：教育部。

教育部（民87）。《邁向學習社會》。台北：教育部

教育部中等教育司主編（民80）。《世界各主要國家師資培育制度
　　比較研究》。台北：正中書局。

張松田（民87）。大陸地區中小學教師在職進修教育制度之研究。
　　國立台東師範學院教育研究所碩士論文。

張家祥、金鏘（1991）。《中學教師繼續教育問題》。杭州：杭州師
　　範大學大學。

溫寒江主編（1989）。《師資培訓概論》。北京：北京師範大學出版
　　社。

歐用生（民86）。〈台灣地區的師資培育與進修制度〉，輯於國立台
　　東師範學院編：《兩岸師範大學校院長師範教育學術交流研
　　討會論文集》。民86年6月10日至12日。

劉問岫（1993）。《當代中國高等師範教育》。北京：教育科學出版
　　社。

顏慶祥（民80a）。《中共師範教育改革之研究》。台北：國立政治
　　大學教育研究所碩士論文。

顏慶祥（民80b）。〈中共師資培育制度改革之研究〉。《國立編譯
　　館館刊》，20（2），頁297-315。

顏慶祥（民80c）。〈大陸中小學教師在職進修教育之改革〉。《中
　　國大陸研究》，34（5），頁83~94。

顏慶祥（民83）。〈中國大陸普通中小學教育〉。《中國大陸研
　　究》，37（4），頁41-54。

顏慶祥（民87）。〈大陸地區中小學教師在職進修之探討〉。《國教
　　天地》，130，頁80-88。

附錄一　中國大陸中小學教師在職進修制度之研究

　　　　本研究旨在瞭解中國大陸地區中小學教師在職進修制度的現況與問題。您所提供的意見與訊息，將對本研究的素質和正確性起很大的作用，希望您能就您的理解儘量發表寶貴的意見，愈詳細愈好，俾使本研究達到一定的成果。最後，非常感謝您的支持與協助。謝謝！

台灣屏東師範學院

副教授顏慶祥敬啓

一、中小學教師職務分級

（一）根據中國大陸教師職務分級制，目前將中小學教師分爲哪些等級，名稱爲何？：

小學：＿＿＿＿＿＿＿＿＿＿＿＿＿＿＿＿＿＿＿＿＿＿＿＿

初中：＿＿＿＿＿＿＿＿＿＿＿＿＿＿＿＿＿＿＿＿＿＿＿＿

高中：＿＿＿＿＿＿＿＿＿＿＿＿＿＿＿＿＿＿＿＿＿＿＿＿

（二）從一個職級晉升到另一個職級所需的條件（標準）是什麼？例如，教齡、學歷、經歷、特殊表現或其他，請詳細說明：

＿＿＿＿＿＿＿＿＿＿＿＿＿＿＿＿＿＿＿＿＿＿＿＿

＿＿＿＿＿＿＿＿＿＿＿＿＿＿＿＿＿＿＿＿＿＿＿＿

＿＿＿＿＿＿＿＿＿＿＿＿＿＿＿＿＿＿＿＿＿＿＿＿

（三）不同職務等級的教師所受待遇的差別在哪裡？例如，工資、分到住房的先後、在學校的地位、擔任校長或主任的可能

性，敬請說明：

_____

_____

_____

二、中小學教師在職進修的機構

（一）中小學教師在職進修機構是否仍以教師進修院校爲主，師範
　　　大學、師範學院、師專和中師爲輔？

_____

_____

_____

（二）教師在職進修機構：1.目前是否仍分成三級制，省、直轄市
　　　教育學院、地（市）級教師進修學院、縣級教師進修學校？
　　　2.有無其他機構加入教師在職進修的服務陣容？3.中小學教師
　　　分別進入哪一進修機構進修？4.教師在職進修機構有無合併
　　　或增設的現象？

　　　1._____

　　　2._____

_____

　　　3._____

_____

　　　4._____

_____

（三）師範院校在在職進修的角色與功能？

（四）將師資培育與在職進修機構分別設立是否適當？未來的趨勢
　　　是保持現狀還是有合併的可能性？

_____

_____

（五）各級教師在職進修機構的行政管理單位爲何？

_____

_____

三、中小學教師在職進修的方式與途徑

（一）脫產、半脫產、業餘進修的定義及其各自申請的條件（或資
　　　格）爲何？

_____

_____

（二）進修的時間有全時制、部分時間制，其長短各爲何？進修的
　　　時段除了平時外，有無利用暑期、寒假、夜間或週末？

_____

_____

（三）進修的方式和途徑除在專門的進修機構外，也可利用函授、
　　　廣播電視、自學考試制度等。

（四）進修機構的入學方式：1.是採取申請或考試方式？2.如果是採

用申請的方式，試問申請的依據、資格？3.如果是需要參加考試，請問要參加普通高考或成人高考？考試的科目、成績與日期又爲何？4.如何排定錄取或入學的先後次序，是否顧及教學年資、學歷？

1.＿＿＿＿＿＿＿＿＿＿＿＿＿＿＿＿＿＿＿＿＿＿＿＿＿

2.＿＿＿＿＿＿＿＿＿＿＿＿＿＿＿＿＿＿＿＿＿＿＿＿＿
　＿＿＿＿＿＿＿＿＿＿＿＿＿＿＿＿＿＿＿＿＿＿＿＿＿

3.＿＿＿＿＿＿＿＿＿＿＿＿＿＿＿＿＿＿＿＿＿＿＿＿＿
　＿＿＿＿＿＿＿＿＿＿＿＿＿＿＿＿＿＿＿＿＿＿＿＿＿
　＿＿＿＿＿＿＿＿＿＿＿＿＿＿＿＿＿＿＿＿＿＿＿＿＿
　＿＿＿＿＿＿＿＿＿＿＿＿＿＿＿＿＿＿＿＿＿＿＿＿＿

4.＿＿＿＿＿＿＿＿＿＿＿＿＿＿＿＿＿＿＿＿＿＿＿＿＿
　＿＿＿＿＿＿＿＿＿＿＿＿＿＿＿＿＿＿＿＿＿＿＿＿＿
　＿＿＿＿＿＿＿＿＿＿＿＿＿＿＿＿＿＿＿＿＿＿＿＿＿

（五）目前中國大陸比較發達的地區有無進行學校中心的在職進修方式（亦即在中小學校內進行研修、討論或……），如何進行？

　＿＿＿＿＿＿＿＿＿＿＿＿＿＿＿＿＿＿＿＿＿＿＿＿＿
　＿＿＿＿＿＿＿＿＿＿＿＿＿＿＿＿＿＿＿＿＿＿＿＿＿

四、中小學教師在職進修的課程

（一）您認爲目前中小學教師在職進修機構的課程設計有何特色或問題？

　＿＿＿＿＿＿＿＿＿＿＿＿＿＿＿＿＿＿＿＿＿＿＿＿＿
　＿＿＿＿＿＿＿＿＿＿＿＿＿＿＿＿＿＿＿＿＿＿＿＿＿

（二）教師養成教育（職前教育）和教師在職進修課程在設計上有
　　　無差異？

　　　_____

　　　_____

　　　_____

五、中小學教師在職進修的相關問題

（一）您認為目前中小學教師所進行的在職進修教育是以學歷補償
　　　教育為主抑或繼續教育為主？

　　　_____

（二）請就所知，談談民辦教師的在職進修問題：

　　　_____

　　　_____

（三）進修機構提供的機會（名額）、方式、課程是否足以符合教師
　　　進修需求？

　　　_____

　　　_____

（四）教師職務分級與在職進修的關係如何？教師職務晉級與有無
　　　參加在職進修間的關係程度為何？

　　　_____

　　　_____

（五）您認為目前中小學教師在職進修的主要動機為何？

　　　_____

　　　_____

六、基本資料

1.性別：□男 □女

2.擔任職務：

□小學教師 □初中教師 □高中教師 □大學教師 □師範院校教師 □教育學院、校教師 □小學校長 □中學校長 □師範院校校長 □教育學院校校長 □其他

3.任教（工作）年資：＿＿＿＿＿＿＿＿＿＿＿＿＿＿＿

4.教師職級：

□高級教師 □一級教師 □二級教師 □三級教師 □新任教師

5.目前任教學校：＿＿＿＿＿＿＿＿＿＿＿＿＿＿＿

6.最高學歷：＿＿＿＿＿＿＿＿＿＿＿＿＿＿＿＿＿

Professional development with eyes wide shut

Bob Elliott, Associate Professor Director,

Centre for Professional Practice in Education and Training,

Faculty of Education,

Queensland University of Technology.

Introduction

Professional development is generally thought of as an activity that provides teachers with the opportunity to develop knowledge, skills and understandings so that they can undertake their work in a context that is ever changing. This activity is broad in scope and conducted in a variety of modes using a range of strategies. However, just as curriculum is a selection of knowledge from a society to be transmitted to learners to enable them to live in a future world, professional development activities select particular views of teaching, knowledge about teaching and implementation strategies to transmit to teachers. Thus, just as a curriculum presents a worldview and ideology through the specific knowledge it defines as legitimate and learning strategies to ensure the transmission of that knowledge, professional development opportunities present to, and constructs for, teachers a world view and ideology about teaching and learning.

In this paper I wish to explore this idea that professional development of teachers is a response not only to educational change but also to social change. In responding to such changes there have been various professional initiatives in Australia which when closely examined provide selective views about social issues or educational imperatives. Further, when considered collectively, these professional development initiatives have not always been consistent in the messages they have provided about the nature of the teaching profession. Such inconsistency has the potential to create confusion for teachers about their professional identity and construct particular views of teaching specifically, and the world generally, in the minds of teachers. This issue is significant because governments are becoming increasingly interested in professional development through the power of funding operations. Through the power of funding they control what initiatives are significant to address and how they should be addressed.

It is within this intention that the title of the paper should be understood. It takes its origins from the recent Stanley Kubrick film *Eyes Wide Shut*. While the film explores the juxtaposition of issues such as love and betrayal, it does so using the idea that we do not need to be asleep to dream and that we engage in dreaming episodes when we are awake that are related to our everyday personal lives. Extrapolating this idea to the professional context, the theme of this paper is that teachers need to be aware of the ideological framework in which the totality of professional development initiatives is set and not engage in such initiatives with "eyes wide shut"!

Thus the broad position I wish to explore in this paper is that, as changes occur in societies, teachers are seen to require professional development as a means of enabling or empowering them to respond to these changes. Because there is no overarching long-term framework for the professional development of teachers they move from one initiative to another often with the result of confused professional identities. Further, in providing particular opportunities for teachers to develop understandings about their profession they are encouraged to construct, perhaps sometimes unwittingly, particular views of teaching and of the world in general. These views are not only selective of all possible views but are often at odds with each other and ideologically driven. Selective views of teaching are likely to be constructed and perspectives on the world are likely to occur when only certain responses to social changes are identified as targets for professional development and others are ignored or rendered invisible- through a lack of response.

For example, if a response to the enormous growth of technology in our world is a professional development program to familiarise teachers with the mechanics of specific technology (e.g. hardware are software familiarisation) with no consideration of the impact of that growth on youth labour markets, environment or social dynamics then the professional development is obviously creating a particular world view in the minds of teachers.

While some of the issues I raise in the paper may be general in nature, I limit my consideration to the Australian context and I leave others to consider the thesis in their own context.

I seek to consider this thesis by identifying a range of changes that have occurred in recent times in the Australian context and examine the implications for each of these for professional development. In doing so I aim to point out how, taken together, certain responses to these changes not only create professional identity confusion for teachers but also establish particular mind sets amongst teachers with regard to social issues.

The changes that I seek to examine are:
· Globalisation
· Devolution of responsibility
· The determination of mandatory curriculum
· The increasing availability of technology
· Standards frameworks for teachers and principals
· Increasing interest in Vocationalism

Such changes are not meant to be exhaustive and comprehensive but merely exemplary for the thesis at hand.

Globalisation

As Anthony Giddens (1998) has recently noted, "globalisation" is a recent phenomenon. He argues that , while "only about ten years ago the word was hardly used in either academic works or the popular press" (p.28), now the word is all-pervasive in both contexts. It is at the centre of most political and economic debates and discussions. What is interesting is that the concept is generally defined in economic terms, suggesting a network of economic relations that weave all societies together. Local economies tend to be conceived as interconnected as part of a larger force that transcends national boundaries. This is extremely apparent in the world financial markets that operate around the clock and encourage investors to examine their capital in a world context. In such an environment small investors have been drawn into the economic net together with large-scale investors such as pension funds and endowment funds.

The only economic trend, which appears to move in a counter direction, is that concerned with world trade. There societies appear to have become more insular and trading blocks (eg European Union) restrict trade amongst member states. As Giddens notes:

> While the US has become more open, to the tune of doubling its exports during the same period, such developments fall well short of creating a "fully globalised economy". The advance of trade within and across different economic blocks has simply taken us back to the late nineteenth century. (p. 29)

Because of this apparent exclusive focus on economic rhetoric the concept of globalisation has marked a number of important issues and given rise to a number of unresolved tensions. Globalisation through communications revolutions, transport advances and technological advances transforms each individual's sense of space and time. Each of these advances has changed individual lives. However, at the same time the advances have caused individuals to reflect on their place in the world. Thus the phenomenon of globalisation has given rise to an important challenge for each person- a challenge which is both intellectual and political. This challenge concerns how we live together in the "global village", recognising individual and collective needs. The UNESCO report Learning: The Treasure Within (Delors, 1996) argues that such questions are central to democracy.

> The will to participate, it should be remembered, must come from each person's sense of responsibility; but whereas democracy has conquered new territory in lands formerly in the grip of totalitarianism and despotic rule, it is showing signs of languishing in countries which have had democratic institutions for many decades, as if there were a constant need for new beginnings and as if everything has to be renewed or reinvented. (p.14)

There have been various attempts by academics to re-engage with this process of democratisation as evidenced by discourses involving concepts such as "capitalism with a conscience" and in a western political framework, the movement to determining a "third way" for politics in the western world. Giddens (1998) has elaborated the rationale for such a re-engagement- through what has been referred to as "the third way".

Bates (1997) has argued that the rise of a global economy has been accompanied by many countries blaming education systems for the failure to cope with this change. The popular press in Australia is no exception to this. Youth are seen as incapable of fulfilling the roles required in a complex global economy, and business calls for a more competitive outlook. He says that:

> In OECD countries, in particular, one of the major reflexes has been to blame education systems for their "failure" to equip the young for this dramatically changed world and to seek to restructure education systems to produce higher levels of general education, employability, productivity and innovation in the belief that national competitiveness is directly affected by the performance of education systems. (p.3)

Just as the global economy sets nation against nation in competition for capital, resources and jobs education systems in Australia have set various agencies associated with professional development against each other for scarce teachers to undertake the professional development courses they offer. There continues to be discussion about the provision of "vouchers" for teachers to cash in at universities- or other providers- to gain access to professional development. Such a move assumes that highest quality will result when competition is maximised. However, it also assumes that teachers will select from a list of providers of professional development those providers that provide maximum learning opportunities. While this may be partially true it turns a blind eye to the fact that teachers may seek those opportunities which provide them with a qualification they feel they are capable of completing within their capabilities- rather than extending them beyond those capacities. It may also be true that teachers may seek professional development opportunities that enable them to fit obligations within an already over-crowded schedule and provide understandings that employers require.

The understandings that employers often require are those which, naturally, are complementary to a global economy viz. skills that will enable their students to secure immediate employment and improve the national economic outlook.

At the same time a number of issues are rendered invisible through a lack of response in professional development. Of particular note with regard to globalisation is the lack of response with regard to rising environmental degradation and the very large unequal distribution of the world resources. As Giddens (1998) notes, warnings about global catastrophe have been around since the 1960s and there have been warnings about the frightening rates at which the earth's resources are being diminished, increasing levels of pollution and the disruption to the ecological balance.

In response to these issues professional development initiatives remain at the margins of teacher development. The reasons for this are complex. For example, there is debate from various groups in the electorate about the validity of such claims and the general populace find it difficult to see the impact of such environmental changes. While recognising that we probably ignore environmental dangers at our peril, governments in Australia appear to be unwilling to confront environmental degradation when this agenda conflicts with industrial and economic development which enables the country to compete in the global context.

The evidence of a lack of emphasis on environmental issues in professional development is that environmental education has not been incorporated into school curricula (Walker (1995). As Clark and Harrison (1999) note "no teacher guide was produced on environmental education to accompany the release of the national Statements and Profiles. These omissions meant that there was no specific guidance or encouragement to teachers to address environmental education outcomes in schools." (p.24)

Concerning the issue of inequitable distributions of resources, the Delors Report has noted that, according to UNCTAD studies, "average income in the least developed countries (560 million inhabitants) is falling" (p.13). The estimated figure for least developed countries is $300 per year per inhabitant against $906 for developing countries and $21,598 for industrial societies. In reality, it is unlikely that economic growth models can be seen as the way by which material progress can be reconciled with equity.

Undoubtedly each developed country has aspects of professional programs by which teachers are informed about the uneven distribution of the world's resources but generally they do not move beyond that. It is as if a slight nod is given in the direction of equity but no real movement towards solution is taken. A society which was genuinely concerned with the reconciliation of equity and economic growth would facilitate professional development of its teachers in a way that expanded their horizons about the issues concerned through encouraging problem posing and encouraging reconceptualisation of problems rather than presenting problems in an uncritical manner.

Thus, it is argued that the way in which professional development has been provided for teachers in response to globalisation encourages them to develop not only particular understandings about teaching and the curriculum but also a particular ideological view of the world. This view is one that masks the social realities of a world characterised by inequity and ecological foreboding. In terms of the thesis of this paper, teachers need to be wide-awake to the way in which social issues are addressed through professional development programs. They need firstly to be well read about the issues that confront the "global village" and to petition those responsible for mind-widening professional development rather than development which presents a narrow view of reality. They need to have their eyes wide open!

Devolution of responsibilities to schools

A consistent theme in all aspects of western life has been the process of decentralisation and devolution- transfer of power to regions, centres and local areas. This trend has had significant impact on education. In all Australian states there have been movements to transfer managerial responsibilities of schools to the schools themselves. This has been marked in Victoria under the Schools for the Future policy initiative. As Thomas and Caldwell (1994) note:

> ... public schools in Victoria will have control of budgets covering 95 % of operating costs, with principals having the capacity to select and initiate the removal of staff. Each school will have a charter, which reflects an understanding between the school and its community on the one hand, and the school and the Directorate of School Education (DSE) on the other. The school charter will provide a three-year framework for resourcing and accountability. Along with range of supporting arrangements for curriculum (determined by the Board of Studies) and professional standards (determined by the Standards Council of the Teaching Profession), the initiative is known as Schools of the Future (SOTF) and is generally regarded as the centrepiece of the government's education program. (pp.1-2)

Such moves in Victoria have been replicated in other States. For example Queensland embarked on an ambitious program of devolution called 〝Leading schools〞in which schools would establish school boards in which the relationships between the school and its relating institutions, referred to by Thomas and Caldwell (1994) in Victoria, would be negotiated. Since the introduction of this scheme there has been a change of government in that state and the strategies have been modified. However, the general thrust of devolving managerial responsibilities has remained.

Under such devolution policies school principals are given the responsibility for managing the professional development of teachers in the school. In Victoria, for example, principals are expected to evaluate teachers with respect to career advancement and associated professional development needs. In this case professional development became closely tied to career development- in the belief that improved career structure information would provide teachers with stronger incentives for professional development. However, in their evaluation of the scheme Chadbourne and Ingvarson (1998) found that nearly 75% of teachers believe that the process had little impact on their own teaching but had significantly impacted on workloads and increased the prominence of administration work over teaching work. In other words the school had become a source of corporate business activity rather than one based on learning community principles.

The focus of teacher work has moved away from the "core business" of schools- teaching and learning to the management of the organisation. The Australian Teaching Council's 1994 study on this issue noted that "...there is also considerable frustration, anger and even despair among teachers, mainly arising from aspects of their working lives which are outside this central function." (p. 1).

These findings are similar to those noted in England and Wales. For example, Arnott et al, (1992) note that in excess of 60% of teachers feel that as a result of local management demands professional issues tend to be characterised as administrative rather than pedagogical,

In the devolution of a range of management functions to the school level one of the expected outcomes would be enhanced professional development opportunities for teachers to enable them to refine their skills and understandings related to their "core business" of teaching and learning. However, with such an initiative the work of teachers seems to have changed- to focus more on management. The resources of the school have to be managed and teachers require skills to do this. At the same time there has been a reduction in funding for professional development for teachers in some contexts. In Victoria, for example Bishop and Mulford (1996, p.199) point out that there has been a "slashing of professional development programs" which has given rise to teacher dissatisfaction. They argue that:

> The demise of career and professional development opportunities- at least in the interim- particularly disheartened participants in this study. It is interesting to speculate that the reason for the depth of feeling on these issues may be because professional growth opportunities, such as those gained through career advancements or in-service activities, may have represented one of the few extrinsic rewards previously available within the teaching force. (p.200)

A further issue with regard to devolution of responsibilities to schools is that schools are now required to budget for particular in-service programs for their teachers and select which initiatives will be undertaken by which teachers in the school. At the same time most state authorities have reduced their professional development services themselves- leaving schools to "buy" professional development activities from a range of providers- including universities and private organisations. In other words schools are now required to make selections based on identified needs and determinations of value for money. In such a climate it will be interesting to observe which types of service will be bought by schools and which teachers' needs to be addressed in in-service provisions. Given the needs of schools to develop new management systems and to promote themselves in a free market of competition for students it is easy to imagine how the needs of teachers for growth in aspects of pedagogy and curriculum understandings could be ignored.

Thus, in response to moves to "democratise" schools teachers views of their work are also beginning to change and their image of education is likewise being reframed. In this case, professional development initiatives are likely to take teachers understandings away from the core teaching and learning "business" of schools and hence reach into and shape their very ideas about education. In terms of the theme of not having "eyes wide shut" it is imperative that teachers critically examine the image of schools which underpin the professional development initiatives in which they are encouraged to participate. Only by being fully alert to how schools are being described and imaged can teacher play a fully professional role in their own development.

Determination of the mandatory curriculum

As Giddens (1998, p.78) notes, devolution leads to fragmentation "if not balanced with a transfer of power 'upwards'". In education this upward movement in power has been through curriculum control. As in other places of the world Australia has attempted to construct a mandatory curriculum for the compulsory years of schooling. Between 1986 and 1993, in order to promote economic reform at a national level a national curriculum framework was developed. Within the political context of corporate federalism (Lingard, Porter, Bartlett & Knight, 1995) the significant curriculum reform lead to the development of a national curriculum framework of statements and profiles in eight key learning areas viz: English, Mathematics, Science, Studies of Society and Environment, Arts, Health and Physical Education, Technology and Languages other than English. During this time there was a corporate approach to curriculum development (Marsh, 1994) with very little opportunity for community or professional input from teachers. After 1993 the process continued with the states taking the work that had been completed and adopting and adapting in their state context. Some states modified the statements and profiles and other accepted them as they had been developed.

Across the years 1994 to 1996 the Commonwealth provided in excess of $60 million over and above that provided by the states to enhance professional development activities for teachers. This money was provided to introduce teachers to the new curriculum initiatives. In reviewing this initiative Bates (1997) had this to say.

> In a mid-term review of the National Professional Development Program (NPDP) in September 1995 a national conference concluded that from the government's perspective the use of the grant money as seeding money for projects had been very successful (NEF, 1995). In particular the commitment and contribution of other partners in the various projects, state departments, teacher subject and professional associations, universities, had enhanced the objectives and reach of the program to the point where in the first twelve months some 50,000 (25%) of Australian teachers had participated in various programs. Moreover, the research capacity of universities had been used well in schools where many projects centred around the identification of issues for examination in schools, a jointly conceived research project and subject monitoring of intervention and change. (p.8)

While the thrust of these initiatives clearly met the government's agenda what it sought to do was provide teachers with a particular perspective on curriculum that was outcomes driven. The overt and covert agenda was aimed at ensuring teachers adopted this outlook with regard to teaching and learning. Such an outlook is consonant with other issues raised in this paper concerned with managerialism and global competitiveness.

The impact of these extensive professional development initiatives was varied.

Firstly, it reinforced the notion of a market with regard to professional development provision- a point noted elsewhere in this paper. In search of as much money as possible from the national allocation universities and other organisations competed with each other. Given the conditions of the grants to organisations, those that were funded were those which provided the most promise of teachers adopting the outcomes driven curriculum framework. At the same time universities were being starved of resources and were eager to be complicit in the activity on behalf of the government. Thus teachers were induced into such ways of thinking about curriculum through those programs that may not have been consonant with what they regarded as the best educational provision for their students.

The result of such initiatives has been teacher work intensification. At the same time teachers have become more aware of the need to focus on the outcomes of their programs but there has been a particularly serious side effect. As Hughes (1999) has noted in her research on the introduction of the outcomes driven curriculum ideology in a private school sector, teacher' s morale has suffered seriously- they question the capacity to teach in the ways that are implied by the changes and find that many of the activities which they found rewarding in their interactions with children are no longer valued and they have no time to engage in them.

Thus, professional development activities in this regard have been successful in providing information to teachers and leading them to adopt an outcomes driven curriculum but it has been at the expense of developing other understandings which they wish to develop that would enhance their satisfaction and assist in addressing student needs. This means, again that teacher need full understandings of what is happening in their profession so that they can critically reflect on developments. To remain with eyes wide shut is to commit what Brookfield (1995) calls "cultural suicide". As he notes, "the danger facing teachers who move into a critically reflective mode is that of being marginalised" (p.235). Accordingly, professional development needs not only to provide opportunities for individual learning but also assist teacher to remain "eyes wide open" by encouraging them to collectively question their taken-for granted assumptions and the assumptions in ideas that are unquestioningly presented to them.

The increasing availability of technology

In 1997 Russell and Russell reported that over 23 % of all Australian households use a computer regularly. In this regard it is interesting to note that American children now spend more time in front of computer screens than TV screens and Wimbledon's website received in excess of 417,000 visits per minute during the semi-finals of the championships this year. Undoubtedly given the trends in technology that figure in now well surpassed. For example, the

Employment and Skill Formation Council (1995) have reported increases of 400% in inter-connected computers. Computers are being used for most regular daily transactions-. For example, in 1998 Amazon.com sold US$610 million worth of books, videos and CDs.

Breen et al (1994) note that, in spite of this trend, many classrooms tend to be traditionally based with a dependence on the print medium. This has lead Russell and Russell (1997) to argue that "increasingly it is likely that Australian students will gain greater computer exposure at home than they will at school". (p.4).

Given the way in which technology has pervaded our world of work- with electronic business and computer driven machinery- it is surprising to note that the majority of teachers had completed little associated training, and possessed moderately low levels of computer competence (Russell & Bradley, 1995). They also note that there was evidence that computer anxiety or cyberphobia was a factor in teacher stress.

The evidence from Finger (1995) that when computers are used in classrooms it is likely that students will be more motivated and teachers are likely to report higher levels of satisfaction. Thus the disjuncture between the desirability of introducing state-of-the-art technology into classrooms and the anxiety of teachers to use such facilities implies a problem for professional development.

Many professional development programs aim to provide knowledge for teachers but it is clear that knowledge alone is not sufficient. Anxieties need to addressed- and so professional development programs must have affective components and address the needs of teachers in their own context.

Not withstanding this point, there is a further problem with regard to equity. There is little point in providing professional development for teacher when they do not have the appropriate conditions for adoption in their own classrooms. This is an equity issue for Australian education. While private schools are able to provide facilities and conditions appropriate to a cyberspace curriculum state schools are finding it harder and harder to match these provisions in reduced funding allocations to public schooling. As a consequence, students are drifting to private schools leaving not only a relatively barren school behind but teachers who need to cope with students who are less likely to have computers at home and fewer skills in that domain.

Thus, the identification of appropriate professional development in this area for the increasing diversity of teachers' needs is becoming more problematic. As teachers become further distanced from the technology with which their students are familiar through life style options it is likely that professional development will focus on skill development and accept in an unquestioning way the links between economies and technology, the immense gaps between the available technology in various countries and the social problems created by the endless quest for the latest inventions. It is only when teachers are awake to these issues that professional development will provide them with a comprehensive and balanced view of the world.

Standards frameworks for principals and teachers

As in most Australian states Queensland has developed a set of standards for both principals and teachers. In Queensland, the framework for principals is more fully developed but it appears that both are moving in similar directions.

The current framework (under review) for teachers consists of:

- A set of key Dimensions of a teacher's role
- Critical elements which constitute each such dimension (reflecting the complexity and diversity of teacher knowledge)
- Indicators appropriate for different levels of practice (three levels are noted)
- Tools to enable teachers these components

Accompanying this framework is a database of current professional development opportunities to address identified needs.

Five dimensions have been identified in this framework:

- Teaching understanding the learner, learning and what is learnt
- Teaching involves achieving learning outcomes through focused practice
- Teaching involves building worthwhile learning partnerships
- Teaching involves being accountable and professional
- Teaching involves being a leader of learning.

By way of illustration, the critical elements in the first of these dimensions are:

- Understand major aspects of the learning process and the implications for teaching
- Recognise the holistic development of learners
- Address factors which affect individual learners and groups of learners
- Understand the curriculum and develop content knowledge

While such a framework obviously has managerial overtones, it also points to a number of significant issues with regard to professional development in Australia.

As with other issues discussed in this paper, there is clearly an intention by education systems and departments to create a market for professional development initiatives shaped by frameworks of performance with their specifications of dimensions and critical elements. These frameworks and dimensions that reflect the corporate needs of the systems and departments will inevitably be ideologically and politically driven and hence narrow in scope. Thus, they shape the market for professional development in such a way that the ideological model of the system is further entrenched. For example, in Queensland the department of education has sought to develop a database of initiatives which address their framework and teachers are encouraged to use this database as a way of selecting their professional development options. This is clearly evident in the Draft Standards Framework for

Teachers (1998):

> The database comprises details of a wide range of
> professional development services quality assured by the
> Centre for Teacher Excellence. Teachers can search the
> database for information on services which can best address
> their specific professional development and training needs.
> Services that appear on this database are articulated to the
> Critical Element level of the framework.

Thus in an "eyes wide shut" mode teachers are encouraged to
move to the data base with little questioning of the corporately
established set of dimensions which underpin it. It is only when the eyes
are wide open that that the dimensions are critically examined. This is
not to say that the dimensions themselves are inherently defective or
inappropriate. However, each teacher should be encouraged to reflect on
them critically rather than blindly accept them.

Additionally, the focus of the framework is clearly on classroom
practice. Such a focus when placed alongside the expectations of
teachers to develop a management perspective on teacher work will
undoubtedly create identity confusion. In the absence of a clear
articulation of teacher work which encompasses all dimensions of
education teachers must feel pushed and pulled in an identify tug-of-
war. Professional development in an "eyes wide open" mode would
encourage teacher to construct a consistent and fully informed view of
professional practice and engage in professional development in a way

which was consonant with that view.

Increasing interest in Vocationalism

Perhaps the most significant transformations in education in recent years have been in the post-compulsory schooling arena. There has been an unprecedented growth in vocational education that has reshaped senior schooling in a far-reaching manner. Such changes have been the result of:

· increasing retention rates of students to year 12[1] resulting a diverse student population;

· the collapse of the youth labour market and high levels of youth unemployment;

· enhanced expectations across the whole community for education; and

· a greater demand from business and industry for a skilled workforce.

Such changes have forced both the schooling and vocational education and training (VET) sectors to re-examine the purposes, natures and provision of post-compulsory education arrangements. This re-examination has resulted in a range of reforms including:

---

[1] According to the Australian Bureau of Statistics there was been an increase in retention from 46% to 76% between 1985 and 1993 but this trend has levelled off in recent years.

- A range of school-TAFE (Technical and Further Education) co-operative programs;
- A range of work experience and industry placement programs for students;
- Development of vocational education subjects within the post-compulsory school curriculum;
- Embedding vocational education components within general education subjects- and in some cases counting these for entry to university;
- School-based apprenticeship and traineeships programs as way of introducing structured entry-level training arrangements; and
- Cross accreditation of studies between VET providers and schools.

In examining these initiatives, it is apparent that they focus on the national political realities of aligning schooling with economic objectives. Accordingly, the focus has been on short-term skill development for immediate employment of students. The pressures from industry accordingly have been to ensure that teachers of these students have recent and first hand experience of working in industry. For example, there have been various professional development programs for teachers that involve teacher release to industry programs such as the national Vocational Skills for Teachers Project.

Such initiatives tend to focus on short term employment skills for students. For example, one of Australia's leading recruitment managers has recently argued that "school curricula must be revised to provide practical skills tailored to the needs of today's workforce." (O'Brien, 1999, p.1). Such calls, while probably being best intentioned, ignore what many, including teachers themselves, believe are more significant needs of students viz. the development of personal, social and broad based vocational development (Hughes, 1992). In other words, a reductionist view of vocationalism, which has tended to be advocated by industry and education and training policy makers in Australia, has resulted in the provision of a narrow range of professional development initiatives for teachers that inevitably results in tensions for teachers.

On the one hand teachers are encouraged to believe that they require particular skills and understandings to enable them to appropriately teach an increasing diverse group of students so that they have maximum opportunities for the future. On the other hand, they are often presented with options that do not reflect these needs. Teachers themselves need to be encouraged to see this contrast for themselves are become empowered to identify ways in which their needs can be addressed.

Conclusion

Despite some concerns about the reduced number of options for teachers to engage in professional development activities (Bishop & Mulford, 1996), it is apparent that considerable opportunities are available for teachers to develop skills and understandings.

For each of the contextual issues noted in this paper, it has been argued that professional development options of teachers are either framed in a market which encourages a particular, and ideological, perspective on education and/or create a particular perspective on education- often one which is confining and narrow.

Concerning the global village in which we live teachers appear to have little opportunity to question the assumptions underpinning the global economy and the way in which they may be blinded to the realities which such an economy creates-particularly those related to equity and environmental degradation.

Concerning devolution of managerial responsibilities to schools, teachers' work is being reframed and they need to be alert to the fact that their core business of teaching and learning may well be inadequately addressed by the options that are available to them in professional development.

As a consequence of the introduction of a mandatory curriculum in the compulsory years of school professional development initiatives have tended to be limited to informing teachers about that curriculum and how it can be implemented. While this, of itself, in not a bad thing, it has a tendency to be restricting and hence incapable of addressing the variety of individual needs of teachers in a broad array of contexts catering for diverse student abilities.

The changes in technology in our society and the gaps between provision of resources and those available at homes may lead to the focus of professional development options on technical skills and becoming competent in the eyes of students who adopt technology in the form of a life style. Should this occur then teachers will be blinded to an array of embedded social and economic imperatives which, in turn, they will not raise with their students.

The way in which education systems and departments specify teacher characteristics and views about teaching and then encourage teachers to adopt these in an unquestioning manner appears to lead to a market for professional development which is narrow and corporate minded.

The rise of vocationalism in schools where the focus is the development of skills in teachers so that they can facilitate school leavers into employment opportunities rather than focussing on personal development and creative thinking for a yet unknown world is becoming increasingly obvious. Such a view disposes teachers to a particular ideological disposition about society in general and education specifically.

In summary, responses to the social and education issues noted in this paper appears to encourage an "eyes wide shut" approach to teacher professional development that is likely to provide conflicting ideas about teacher identity and the role of education in a quickly changing society; and/or present particular views about contemporary social issues which, overtly or covertly, lead to constructions of world views and models of education that are ideologically based.

The arguments in the paper lead to the conclusion that professional development initiatives for teachers have inherent political agendas that influence teachers to construct particular professional identities for themselves. Such identities have the potential to be confusing and conflicting or only partially reflective of the social realities of the time. For this reason, teachers have to avoid the syndrome of living their lives with "eyes wide shut" with regard to professional development. They need to be encouraged to be wide awake to the realities in their professional specifically and in social movements generally.

There are various ways in which such problematics can be addressed. For example, in order to address the likely confusion in professional identity, teachers need to be encouraged to develop a comprehensive articulation of their work that draws together all contemporary social and educational issues. This view of teachers' work should reflect the diversity of perspectives of these issues.

Likewise, professional development initiatives should be developed from a view of teaching that is all encompassing of these social and professional issues and not be developed piecemeal as a knee-jerk to individual issues as they become politically important.

This means that, from their very introduction to the teaching profession, teachers need to be encouraged to develop a broad understanding of their role and the issues which are significant in the world context. Initial teacher education programs, while of necessity have to focus on ensuring teachers are adequately prepared for the daily difficulties of classroom management, need to also develop broad a perspective of professional practice.

References

Arnott, M., Bullock, A. and Thomas, H. (1992). *Consequences of local management: an assessment by head teachers.* Paper presented at ERA Research Network.

Bates, R. (1997). *Teaching old dogs new tricks: On the continuing education of teachers.* Paper presented at the International Conference on Teacher Education in the Asia Pacific region. Beijing, China.

Bishop, P.W. and Mulford, W.R. (1996). *Empowerment in four Australian primary schools: They don't really care.* International Journal of educational reform. 5(2), 193-204.

Breen , M. Louden, W., Barrat-Pugh, C., Rivalland, J., Rohl, Rhydwen, M., Lloyd, S and Carr, T. (1994) *Literacy in its place: literary practices in urban and rural communities. Overview and interpretations.* Department of Employment, Education and Training, Canberra. 1994.

Brookfield, S. (1995). *Becoming a critically reflective teacher.* San Francisco: Jossey-Bass.

Chadbourne, R. and Ingvarson, L. (1998). Self-managing schools and professional community: The professional recognition program in

Victoria's schools of the future. The *Australian Educational Researcher.* 25(5), 61-94.

Clark, J. and Harrison, T. (1999). Environmental education in the primary school curriculum. *Curriculum Perspectives.* 19(1), 23-31.

Delors, J. (1996). *Learning: The treasure within. Report to UNESCO of the International Commission on Education for the twenty-first Century.* Paris: UNESCO. (page quotes from Highlight document).

Employment and Skill Formation Council (1995). *Converging communications and computer technologies- Implications for Australia's future employment and skills. Discussion paper.* Canberra: NBEET.

Finger, G. (1995). *Evaluating the integration of learning technology in Queensland schools.* Unpublished, PhD thesis, Griffith University, Queensland.

Giddens, A. (1998). *The third way: the renewal of social democracy.* Cambridge: Polity Press.

Hughes, C. (1999). *Impact of outcomes driven curriculum on teachers perception of professionalism.* Unpublished EdD thesis, QUT Brisbane.

Hughes, P. (1992) *Creating our future: a curriculum for the 21st century.* Paper presented at National Conference "Creating our future: Wider horizons- closer focus", Hobart, January, 1992.

Lingard, B., Porter, P., Bartlett, L. & Knight, J. (1995). Federal/State mediations in the Australian national education agenda: From the AEC to MCEETYA, 1987-1993. *Australian Journal of Education.*

39(1), 41-66.

Marsh, C. (1994). *Producing a national curriculum: Plans and paranoia.* St. Leonards. NSW: Allen & Unwin.

O'Brien, P. (1999). Schools must teach job skills. Article in Recruitment Section of Australian Newspaper, August 21, 1.

Russell, G. & Bradley, G. (1995). Implications of context-based software evaluation for education. *Australian Journal of Education.* 38(2), 157-73.

Russell, G. and Russell, N. (1977). Imperative or dissonance? Implications of student computer use for a cyberspace curriculum. *Unicorn.* 23(3), 2-10.

The Australian Teaching Council. (1994) Newsletter. November.

Thomas, F. and Caldwell, B. (1994). *Leading Victoria' s schools of the future: Some findings from the early stages of reform.* Paper presented at the Annual Conference of the Australian council for Educational Administration. Melbourne.

Walker, K. (1995). The teaching and learning of environmental education in NSW primary schools: A case study. *Australian Journal of Environmental Education.* 11, 121-129.

開拓專業發展的視野

謝斐敦　譯

暨南國際大學比較教育研究所博士班

壹、緒論

　　一般咸認為專業發展係提供教師機會，使其發展知識、技能與理解，如此教師才可以在變遷的背景中承擔工作。專業發展活動的範圍廣闊，且模式多元。專業發展活動，係選擇教學法與知識的特定觀點來傳達給教師。因此，亦代表教師在教學與學習上的世界觀與意識形態。

　　教師的專業發展不僅反應教育的變化，也反映社會的變化。在澳洲，為了因應這類變遷，出現各種與社會議題或教育命令有關的專業提案（Initiative）。而這些專業發展提案與教學專業的本質並不一致，甚至使教師在專業認同與特殊教學觀點的建構上產生混淆。此類議題相當的重要，因為藉著撥款的運作，政府對專業發展逐漸感興趣。透過撥款，政府掌控哪些提案被重視，與強調的方式。

　　本文的標題取自於Stanely Kubrick的影片《大開眼界》（*Eyes Wide Shut*），片中探討愛與背叛的議題，並提到一個與我們每天個人生活有關的觀點：我們不一定要在睡夢中才能作夢，即使我們醒

時，也可能作夢。將這個觀點類推到專業上，教師必須體察到專業發展提案之下的意識形態，並且不能以「完全閉眼」的方式來參與。

　　當社會改變，教師必須將專業發展當作方法，使他們有能力因應變遷。教師專業發展沒有一種全面而長期的架構，所以提案之間的轉移通常會造成專業認同的混淆。此外，提供教師機會，藉此鼓勵教師建構特定的教學觀與世界觀。這些觀點不僅是選擇性的，通常彼此間不一致，而且是意識形態導向的。當專業發展以反應社會變遷為目的，而將其他的予以忽略或視而不見，就可能建構出選擇性的教學觀以及世界觀。例如，如果專業發展計畫是對科技的成長作反應，使教師習慣特殊的科技機制（如對硬體或軟體的熟悉），而不慮及對年輕勞動市場成長、環境或社會動態的影響，那麼顯然地，教師專業發展是企圖在教師心中開創特定的世界觀。

　　本文以澳洲的變遷來檢證其對教師專業發展的意蘊。對這些變遷的反應，不僅使教師產生專業認同的混淆，而且也在教師間建立有關社會議題特殊的心向。

貳、全球化

　　誠如Anthony Giddens所提，「全球化」是一種最近的現象。十年前，不論是學術作品或大眾新聞皆甚少使用這個字彙，但現在卻廣泛應用。政治與經濟的論述以「全球化」為重心。有趣的是，這個概念通常被定義為經濟的字詞，提倡一經濟關係的網絡。地方經濟屬於廣大勞動市場相互聯結中的一部分，而跨越了國家的藩籬。在世界財政市場中，以中心運作為主，鼓勵投資者在世界的市場中

檢證其資本。在這種環境下，小額投資者與大額投資者（如退休基金和捐贈基金）一起被歸入經濟網當中。

世界貿易的經濟趨勢走向相反的方向，社會越來越偏狹，且貿易區（如歐盟）限制了成員國間的貿易。如Giddens所言：

> 當美國越開放，越難以達成「完全全球化經濟」的發展。在不同經濟區與跨經濟區中，這種貿易的進展將使我們回到19世紀末。

由於全球化這種僅以經濟為要的觀點，出現了諸多重大議題，並引起許多無法解決的緊張。透過通訊革命、運輸與科技進步，全球化改變了每個人的時空感與生活，同時也讓每個人想反映自己在世界中位置。是以，全球化的現象已對每個人造成重要的挑戰——知識的與政治的挑戰。這種挑戰為我們如何在地球村中一起生活，認識個人與集體的需求。聯合國教科文組織（UNESCO）的報告〈學習：內蘊其中的寶藏〉（Learning: The Treasure Within）主張，這類問題對民主是相當重要的：

> 這種參與的意志必須源於每個人的責任感。相對於許多極權與專制的地區已經民主化，而在許多早已實行民主數十年的國家中，則出現一項式微的警訊：好像有一不斷要求「新開始」的呼聲，而且每一件事都必須再更新與再發明。

許多學者企圖再投入（Re-Engage）民主化的過程，如有關「資本主義的良心」的論述，以及在西方的「第三條路」運動。Giddens已經闡明「第三條路」再致力的理由。

Bates主張，隨著全球經濟的興起，許多國家責怪教育制度無法應付改變。在澳洲，這種輿論的壓力亦無可避免。年輕人無法實現複雜的全球經濟下所要求的角色，以及企業更有競爭力的遠景。Bates說：

> 特別在OECD國家，最主要在譴責教育制度無法使年輕人有能力來面對激烈變化的世界。並且在深信教育制度表現直接影響國家競爭力的觀念下，企圖重新建構教育制度以產生高水準的普通教育、工作能力、生產力與革新。

正如全球經濟變成國與國在資本、資源與工作的競爭，澳洲已成立各種與專業發展有關的機構，並且討論提供教師教育到大學深造或其他的專業發展的途徑。這類主張假定：當競爭越大時，就可達到越高的品質。此外，教師會從各類名單中挑選出提供最大學習機會的供應者。教師也可能會選擇自己可以勝任，而非能力之外的活動。但也可能會尋找那些只要能應付義務的專業活動，或是能提供滿足老闆所要求的理解之專業活動。所謂雇主要求的理解為：補充全球經濟的理解，亦即，使他們的學生可以立即工作，以及增進國家經濟遠景的技術。

同時，許多的議題因為缺乏專業反應而無法得見，特別是缺乏對全球環境衰敗與世界資源不公平分配的反應。如Giddens警告，全球的災難從1960年代就已經開始，全球的資源即將殆盡、污染的程度日漸增加與生態平衡的瀕臨瓦解。

極少有教師專業發展的活動針對上述議題。原因很複雜。例如，不同選民爭辯這類主張的合理性，此外，一般人民難以察覺到環境改變所產生的影響。當我們體認到我們可能忽略環境時，澳洲

政府卻不願意面對環境衰敗的事實，因為這類議題通常和工業與經濟的發展相衝突，而這些發展卻可以促進國家在全球中的競爭力。

專業發展中缺乏環境議題，從環境教育無法納入學校課程即可為證。Clark 與 Harrison 指出：

> 有關於環境教育的教師教學指引，並沒有隨著國家「陳述與資料」（Statements and Profiles）的發表而出現。這種疏忽意味著不鼓勵教師重視學校環境教育。

有關於資源分配不平等，Delors 報告書已提及，根據 UNCTAD 的研究，最低度發展國家（56億的居民）的平均工資已下降。最低度開發國家是每年每一居民300美元，而開發中國家是906美元，工業化社會是21,598美元。實際上，經濟成長的模式不能與公平等同並論。

無疑地，每個已開發國家皆有其專業計畫的觀點，藉由這類計畫來告知教師世界資源的不平等分配，但一般而言，這些專業計畫並沒有突破。看似贊同公平，但卻沒有採取實際的解決方法。一個真正關心公平與經濟成長一致的社會，會協助教師專業發展，透過提出質疑與對問題的重新體認，來擴展教師的視野，而非以毫無批判的態度來陳述問題。

是以，為了反應全球化，專業發展不僅應鼓勵教師理解教學與課程，而且還要發展特定的意識形態世界觀。這種觀點遮掩不平等與生態預言形式的社會現實。教師必須透過專業發展計畫廣泛理解社會議題。首先必須接受有關地球村與開闊心靈的專業發展，而非狹隘的視野觀。教師必須打開自己的眼界。

參、責任下放至學校

在西方一直討論地方分權與責任下放，這對教育產生莫大的影響。在澳洲，所有省已經將學校經營責任轉移至學校本身。維多利亞（Victoria）省的「學校為未來」（School for School）政策提案就是權責下放。如Thomas與Caldwell所提：

> 維多利亞省的公立學校可掌控95%的營運花費，校長
> 有權任免人員。每一間學校都有特許，一方面反應學校與
> 社區間的理解，另一方面則是學校與「學校教育董事會」
> （Directorate of School Education）的理解。學校的特許可
> 以提供一個三年的「資源與績效」架構。隨著支持課程安
> 排與專業標準，這些提案像「未來的學校」一樣被廣為所
> 知，而且當作政府教育計畫的重心。

維多利亞省所發生的轉變也在其他省出現。例如，昆士蘭（Queensland）省就開始出現權責下放的計畫——所謂的「領導學校」（Leading Schools）。這類學校可以成立學校委員會，協調學校與其他機構的關係。自從引介這種設計之後，昆士蘭省府已改變，並修正策略。無論如何，這種管理責任下放仍繼續推展。

在權責下放的政策下，學校在經營教師專業發展方面，賦予學校校長責任。例如，維多利亞省就期望校長能評量教師的生涯精進，並交涉協商專業發展的需求。由於深信改進生涯架構可以激勵教師參與專業發展，專業發展與生涯發展的關係緊密。然而，在評量此設計上，Chadbooourne與Ingvarson發現，將近75%的教師認為權責下放對於他們的教學並無多大影響，但對工作負擔卻有重大影

響，而且顯然增加教學外的行政工作。換言之，學校已成為合作事業活動的資源，而非以學習社群原則為主的活動。

教師工作的重心已經從教學的「核心事業」（Core Business）轉向組織的經營。1994年「澳洲教學委員會」（Australian Teaching Council）的研究指出，「……在教師間出現了相當多的挫折、憤怒、甚至失望，這些情緒的產生是因為工作已遠離教學的中心功能。」

在英國和威爾斯也有類似的發現。例如，Arnott與其他人曾提及，超過60%的教師認為，在地方管理下，專業議題著重於行政而非教育。

在管理功能下放至學校的情形下，增加了教師專業發展的機會，使教師可以精練技術以及理解教學的核心事業。無論如何，教師的工作似乎將重心轉移至管理上，因為教師需要技術來管理學校以及經營學校資源。在同樣的背景因素下，縮減教師專業發展的撥款。例如Bishop與Mulford指出，在維多利亞省，因大幅縮減專業發展計畫而引起教師不滿。他們主張：

> 停止生涯與專業發展的機會，特別使參與者沮喪。有趣的是，仔細推敲這些議題的深層原因，也許是因為這類透過生涯進級或在職進修活動所獲得的專業成長機會，代表著少數以前在教學陣容中可以獲致的外在收穫之一。

除此之外，要求學校為教師的在職訓練編列預算，並選擇教師可以承受的提案。同時，大部分的省當局已減少專業發展服務，讓學校從眾多提供者中來購買專業發展服務，包括大學與私人組織。換言之，學校必須基於需求以及價值來決定。因此，在這種情境

下，學校會採購何種類型的服務，在職進修會強調何種教師需求，就相當令人玩味。在滿足學校發展管理制度以及提升自由市場的競爭力之需求後，將會忽略教師在教學與課程理解上的需求。

是以，為反映民主化，學校教師工作觀開始轉變，教育的印象也重組。因此，專業發展提案可能會使教師遠離學校教學的核心事業，轉而形塑特別的教育觀點。如果不想「完全閉眼」，就必須強迫教師批判地檢視學校的印象。只有完全警覺到學校如何被描述與呈現，教師才可以在自己的發展中扮演完全專業的角色。

肆、規定課程的決定

如Giddens所言，「如果無法和向上的權力平衡」，權力下放將導致分裂。在教育方面，透過課程控制已經達成中央集權。澳洲就如同世界其他國家一樣，企圖為強迫教育建構一「規定課程」（Mandatory Curriculum）。1986至1993年間，為了國家經濟改革，以及合作聯邦主義（Corporate Federalism）的政治背景下，課程改革發展出一套國家課程架構，包含六個關鍵學習領域：英文、數學、科學、社會與環境研究、藝術、健康與體育教育、科技以及英語之外的語言。在此期間，課程發展呈現合作的取向，社區與教師甚少參與。1993年之後，省持續接受與採用。某些省份修改條文，某些省則接受。

在1994至1996年間，澳洲政府提供超過6億元來增進教師專業發展活動。這筆錢主要花在把新課程介紹給教師。在檢討這項提案上，Bate如是說：

1995年9月「全國專業發展計畫」的中期回顧報告：

從政府的觀點，基金的撥款計畫已非常成功。計畫的實行與各類組織（省政府、教師科目與專業協會、大學）的貢獻已達成計畫的一項目標：在第一個十二個月，50,000名（25%）澳洲教師已參與各種計畫。甚而，學校廣用大學研究能力，許多計畫強調學校考試議題的認同、大學與學校合作發展的研究計畫與科目，而這些計畫與科目監督著涉入與改變。

這些提案明顯地迎合政府的議程，並企圖提供教師成果導向的課程觀。此議程旨在確保教師於教學中採用此種看法。這種看法與本文所關心其他議題的邊際化和全球競爭相符合。

因此，專業發展提案的影響可謂是各異其趣。

首先，以提供專業發展來強化市場的本質。在盡可能從國家撥款配置中尋求資金的情況下，大學與其他組織彼此競爭。在那些已經撥給基金的組織中，都是優先提供教師採用成果導向課程的組織。同時，大學亦缺乏資源，並渴望參與代表政府的活動。是以，教師很少會慮及：這種課程無法提供學生最佳的教育。

這類活動使得教師工作量增加，同時教師更能瞭解為何專業計畫必須要注重結果。不過出現一嚴重的副作用，如Hughes在以私立學校成果導向意識形態的研究之導論所提，教師的道德已嚴重的毀壞——他們質疑以這種暗示改變的方式來教學，並發現許多與學生互動的活動已不再有價值，而且也沒有時間來投入。

是以，專業發展活動已成功地提供教師資訊，並領導教師採用成果導向的課程，但這卻花到教師希望發展滿足感與重視學生需求的專業發展經費。這意味著，教師必須要完全理解在他們的專業中

到底發生了什麼，才可以批判地反省發展。維持眼界的封閉，就是實行Broodfield所謂的「文化的自殺」（Culture Suicide）。如其所言，面對教師轉向批判反省模式的危險就是邊際化。因此，專業發展不僅提供個人學習的機會，還要鼓勵教師質疑那些「理所當然」、未經懷疑的假定，藉此維持教師眼界的開闊。

伍、科技使用的增加

1997年的Russell與Russell報導，超過23%的澳洲家庭經常地使用電腦。有趣的是，現在美國孩童花在電腦螢幕前的時間比電視機前的時間還多。此外Wimbledons的網站在今年冠軍杯的準決賽中，每分鐘有超過417,000的人上網。此外，根據「職業與技術形成委員會」（Employment and Skill Formation Council）報導，相互連結的電腦（Inter-Connected）增加四倍。電腦最常應用在每日經常性的交流上。例如，1998年亞馬遜網站就出售了61億美元價值的書籍、錄影帶與CD。

Breen指出，許多教室依舊使用傳統的文字媒體。這使得Russell與Russell主張，「澳州的學生在家裡接觸電腦的機會比在學校中多」。

雖然科技已經存在於我們的工作生活中，但令人訝異的是：多數教師甚少接受相關的訓練，也不太擁有最基本的電腦能力。據此，電腦欲求與網路空間是教師壓力的一個因素。

Finger的證據顯示，把電腦應用在教室中，學生會更有動機，教師也會更有滿足感。是以，教室需要引進新式的（State-of-the-art）科技和教師渴望使用這類設備之間的落差，暗喻專業發展的問題。

許多專業發展計畫旨在提供教師知識。但只有知識是不夠的，專業發展計畫必須有情感的元素，而且要在教師的脈絡下來強調教師需求。

此外，如果教師沒有適當的條件在自己的教室採用電腦，很少有專門爲這類教師提供專業的發展活動。當私立學校可以提供網路課程適當的設備與條件時；相對於公立學校卻在降低撥款給公立學校的配置下，難以配合供應設備。結果，學生轉到私立學校，不僅公立學校變得相當地無能，而且教師還要處理家裡沒有電腦，以及沒有電腦技巧的學生。

是以，由於教師需求的逐漸多元，使專業發展認同變得更有問題。教師與科技疏遠，而學生卻與科技熟稔，在這種情況下，專業發展可能會著重技術發展，並且毫不質疑地接受經濟與技術連結，以及介於各國可用科技與對晚近發明不斷探求而形成的社會問題之間巨大的鴻溝。只有教師意識到這些議題，專業發展才可以提供教師一個綜合與平衡的世界觀。

陸、校長與教師的標準架構

如同澳洲其他大部分的省一樣，昆士蘭省已經發展校長與教師的標準。在昆士蘭省，雖然校長架構發展較完整，不過二者的發展類似。

教師現行的架構由下列組成：

1.一組教師角色的關鍵面向。

2.建構這類面向的批判要素（反省教師知識的複雜性與多元

性）。

3.適合各種不同教育階段實務的指標。

4.使教師構成上述成分的工具。

伴隨這個架構而來的是：一現行強調認同需求的專業發展機會之資料庫。此架構的五面向為：

1.教導理解學習者、學習與學習的內容。

2.教導有關於藉由重點實務達成學習結果。

3.教導有關於建構值得學習的伙伴關係。

4.教導有關於有績效與專業。

5.教導有關於成為一個學習的領導者。

經由闡明，這些面向的第一個批判要素為：

1.理解學習過程的主要觀點，與教學的意蘊。

2.認識學習者的全面發展。

3.強調影響個別學習者與學習群體的因素。

4.瞭解課程與發展內容知識。

教育部有一個明顯的企圖，就是以「表現架構」來創造專業發展提案的市場。這些架構與面向不可避免地被意識形態化與政治化，由是而範圍縮小。是以，這些架構與面向以意識形態固結的方式來型塑市場。例如，在昆士蘭省，教育部尋求發展一活動的資料庫，此資料庫強調架構與鼓勵教師使用資料庫來選擇專業發展活動。從「為教師草擬標準架構」（Draft Standards Framework for Teachers）可顯而得見：

此資料庫由大範圍的專業發展服務之細節所組成，且由「教師優異中心」（Center for Teacher Excellence）所認可。教師可在資料庫尋找強調特殊專業發展與訓練需求的服務資訊。此資料庫的資訊被明確地呈現於架構的批判成分階級。

是以，以合作建立機制為基礎的「完全閉眼」模式，會誤導教師去接受甚少被質疑的資料庫。只有在眼界開放下，才得以批判地檢驗這些面向。不用說，面向本身天生是有缺陷的或不適切的。但無論如何，應鼓勵每個教師批判地反省，而非盲目接受。

此外，此一架構著重教室實務，但教師卻期望發展管理，無疑地這將產生認同的混淆。在缺乏一清楚的、包含所有面向的工作細目下，教師在認同的拉鋸戰（Tug-of-War）中被拉扯。「大開眼界」的專業發展模式將鼓勵教師建構一持續且資訊充分的專業實務觀，並以與觀點一致的方式從事專業發展。

柒、對職業主義的逐漸重視

這幾年後強迫學校教育的變化甚巨。在職業教育上破天荒的成長，而此種成長重塑「高級學校教育」（Senior Schooling）。這類改變的結果為：

1. 增加學生延續到十二年的比率，而此形成學生人口的多元。
2. 年輕勞動市場的崩潰與年輕人的嚴重失業。
3. 增加整個社區對教育的期望。
4. 商業與工業對技術勞動力的廣大需求。

這類改變迫使學校教育與「職業教育與訓練」（VET）部重新驗證後強迫教育的目的、本質與條款。這種再驗證已引起下列改革：

1. 學校技術與擴充教育（Technical and Further Education）共同合作計畫。
2. 為學生工作經驗與工業安置計畫。
3. 在後強迫學校課程中發展職業教育科目。
4. 在普通教育科目中潛藏職業教育的成分，並當作大學入學的考慮標準。
5. 學校本位的師徒關係計畫作為引介與入門階段的訓練。
6. 職業教育與訓練的提供者和學校間研究的相互認可。

檢視這些提案，顯然都著重於國家政策的實際，把經濟目標與學校合在一起。所以，為了使學生能立即就業，而強調短期技術發展。此外，也必須保證教師有最新與第一手的工作經驗。例如，各種關於教師工業計畫的教師專業發展計畫亦因應而生，諸如國家的「教師職業技術計畫」（Vocational Skill for Teacher Project）。

這類提案強調學生短期職業技術。例如，澳洲一位重要的招募人事經理主張「修正學校課程，提供實務技術以符合今日工作力的需求」。這類的主張，忽略學生更有意義的需求（包含教師本身），亦即，個人的發展、社會與更廣的職業發展。換言之，在澳洲這些職業簡化主義者，已經造成教師職業發展提案狹隘的條款，引起教師的緊張。這種緊張是因為：一方面鼓勵教師相信他們需要特殊的理解來教導日漸多元的學生，但另一方面，專業發展的選擇卻不能反映這些需求。因此，應鼓勵教師看清這樣的差異：如果讓自己更

有能力來認同，注重自己的需要，這樣究竟會有什麼不同。

捌、結論

　　儘管教師參與專業發展活動的選擇減低，但顯然地，還是提供教師相當大的機會來發展技術與理解。本文所提及的教師專業發展不是建構特定意識形態觀點的市場，就是創造教育的特定觀點——通常是受限與狹隘的。

　　在全球化方面，教師很少有機會質疑隱藏在全球經濟下的假設，且無視於經濟所產生的真相——特別是那些有關於公平以及環境的毀壞。

　　在權責下放方面，教師的工作必須重構與改變。面對一項事實——或者專業發展中可獲得的選擇會很不適切地強調教師的教學核心工作。

　　在「規定課程」方面，出現一項結果：專業發展活動必須告知教師課程以及實行方式。因此，為符合學生多元的需求，無法強調教師個人的需求。

　　在科技的進步方面，科技變化以及介於「資源提供」和「家庭可用性」之間的距離，或許會導致專業發展著重科技技術，而且變成可以勝任學生眼中的科技生活形式。是不是應讓教師昧於一些潛藏的社會與經濟壓力？

　　在標準架構方面，教育部詳細訂定教師特色與教學視野，並鼓勵教師以不質疑的態度採用這些標準，而導致專業發展市場窄化與固結的心理。

　　學校職業主義的興起方面，主要著重在教師技術發展，協助離

校者進入就業市場，而非強調個人發展與創造思考。這類的觀點使教師傾向於特定的「社會普遍與教育特殊」之意識形態特質。

　　簡言之，應鼓勵「大開眼界」取向的教師專業發展，提供教學認同與教育角色的衝突議題，呈現當代社會議題之特殊觀點，如此才可以建構以意識形態為主的世界觀和教育模式。

　　教師專業發展活動有固定的政治議題，而此影響教師本身建構特殊專業發展認同。這類認同可能會混淆與衝突或部分地為社會實際的反映。因之，教師必須避免一症候群——以「完全閉眼」的方式來過活。必須鼓勵教師從專業發展的特殊化與社會運動一般化的事實中覺醒。

　　這類問題可以運用許多不同方式強調。例如，為強調專業發展認同的混淆，必須鼓勵教師發展一個工作的綜合詳目，包括所有現行社會與教育議題。教師工作的觀點應反映議題的多元觀點。

　　同樣地，專業發展活動應從教學的觀點來進行，而此含涉社會與專業議題，但不發展片段的個人議題。此即，必須鼓勵教師發展對教師角色以及對世界有重大意義的議題做廣泛之理解。為確保教師能為教室管理的困難作準備，初任教師的培育計畫必須發展出一廣博的專業實務視野。

各國中小學教師在職進修制度比較研究

著　　者／姜添輝　蘇永明　李奉儒　蔡清華　楊銀興　周蓮清　楊深坑
　　　　　楊思偉　舒緒緯　湯維玲、顏慶祥、李鴻章　Bob Elliot

譯　　者／謝斐敦

出　版　者／揚智文化事業股份有限公司

發　行　人／葉忠賢

責任編輯／賴筱彌

執行編輯／范維君

登　記　證／局版北市業字第 1117 號

地　　址／台北市新生南路三段 88 號 5 樓之 6

電　　話／886-2-23660309　886-2-23660313

傳　　真／886-2-23660310

E－mail ／tn605547@ms6.tisnet.net.tw

印　　刷／偉勵彩色印刷股份有限公司

法律顧問／北辰著作權事務所　蕭雄淋律師

初版一刷／2001 年 2 月

　ISBN　／957-818-242-2

定　　價／新台幣 420 元

郵政劃撥／14534976

帳　　戶／揚智文化事業股份有限公司

國家圖書館出版品預行編目資料

各國中小學教師在職進修制度比較研究／楊深坑，
李奉儒等著. -- 初版. -- 台北市：揚智文化，2001
〔民90〕
　　面；　公分
含參考書目
ISBN　957-818-242-2（平裝）

1. 小學教育 – 教師　2. 中等教育 – 教師　3.在
職進修 – 比較研究

523.5　　　　　　　　　　　　　　　　89020072

訂購辦法：
＊.請向全省各大書局選購。
＊.可利用郵政劃撥、現金袋、匯票訂講：
　郵政帳號：14534976
　戶名：揚智文化事業股份有限公司
　地址：台北市新生南路三段88號5樓之六
＊.大批採購者請電洽本公司業務部：
　TEL：02-23660309
　FAX：02-23660310
＊.可利用網路資訊服務：http://www.ycrc.com.tw
＊.郵購圖書服務：
　❑.請將書名、著者、數量及郵購者姓名、住址，詳細正楷書寫，以免誤寄。
　❑.依書的定價銷售，每次訂購（不論本數）另加掛號郵資 NT.60 元整。